教师资格考试和教师应聘指导用书

化学教学设计

化学(选修④) 化学反应原理

主编 吴晓红 倪 刚

北 京
冶 金 工 业 出 版 社
2018

内容提要

本书以笔者多年的教学实践经验为基础，应广大考生参加教师资格考试和教师公开招聘面试的需求编写而成，全书共分为4章，包括化学反应与能量、化学反应速率和化学平衡、水溶液中的离子平衡和电化学基础，涵盖了人教版高中《化学（选修4）》的所有教学内容。每个教学设计包括教材分析、学情分析、教学目标、教学重点和难点、知识框架、教学过程、板书设计7个栏目，共28个课时，全面地呈现了人教版高中《化学（选修4）》中相应4章的教学设计。除此之外，每章节内容前均进行知识梳理，力求形成系统框架。

本书可供参加教师资格考试和教师公开招聘的化学专业课面试的人员参考。

图书在版编目(CIP)数据

化学教学设计．化学．选修4：化学反应原理/吴晓红，倪刚主编．—北京：冶金工业出版社，2018.4
教师资格考试和教师应聘指导用书
ISBN 978-7-5024-7760-8

Ⅰ.①化…　Ⅱ.①吴…　②倪…　Ⅲ.①中学化学课—教学设计—高中—中学教师—资格考试—自学参考资料　Ⅳ.①G633.82

中国版本图书馆CIP数据核字（2018）第061193号

出版人　谭学余
地　　址　北京市东城区嵩祝院北巷39号　邮编　100009　电话　(010)64027926
网　　址　www.cnmip.com.cn　电子信箱　yjcbs@cnmip.com.cn
责任编辑　卢　敏　美术编辑　吕欣童　版式设计　孙跃红
责任校对　石　静　责任印制　李玉山
ISBN 978-7-5024-7760-8
冶金工业出版社出版发行；各地新华书店经销；三河市双峰印刷装订有限公司印刷
2018年4月第1版，2018年4月第1次印刷
787mm×1092mm　1/16；13.5印张；324千字；206页
42.00元

冶金工业出版社　投稿电话　(010)64027932　投稿信箱　tougao@cnmip.com.cn
冶金工业出版社营销中心　电话　(010)64044283　传真　(010)64027893
冶金书店　地址　北京市东四西大街46号(100010)　电话　(010)65289081(兼传真)
冶金工业出版社天猫旗舰店　yjgycbs.tmall.com
（本书如有印装质量问题，本社营销中心负责退换）

编委会

主　编：吴晓红　倪　刚

编　者：吴晓红　倪　刚　姜正毅　黑晓霞　贾　元

前　言

自2016年起，我国教师资格考试首次实现全国统考改革后，考试内容增加、难度加大，不再有师范生和非师范生的区别。除了获得教师资格证书外，教师公开招聘考试也已成为主要社会性考试，肩负着为基础教育选拔师资、评价高等师范教育质量的职能，对我国教育事业的发展有着十分重要的作用。改革后的教师资格证考试和教师公开招聘考试包括笔试和面试两部分，面试主要考查教育教学实践能力，形式为指定教科书的某一个问题或章节，通过讲课或说课的方式来考查应聘者的教学能力。

本书致力于化学教师资格证和化学教师公开招聘考试的专业课面试，秉承“高效、准确、及时”的宗旨，在深入研读高中化学教科书和课程标准的基础上，设计了全面、有效、实用的教学设计，帮助广大考生在短时期内及时地、高效地掌握面试中的说课、讲课内容，避免考生在备考过程中呈现出盲目性。

本书的编写以笔者多年的教学实践经验为基础，立足于广大考生参加教师资格考试面试和教师公开招聘面试的需求，全面地呈现了人教版高中《化学（选修4）》的教学设计。本书具有如下特点：

第一，基于标准，符合教材。本书的编写以课程标准为评价依据，以人教版《化学（选修4）》为载体，深入研究课程标准、教材，结合学生实际，对教材进行适当的取舍、整合，创造性地使用教材，达到标准的基本要求，符合教材的难度。

第二，设计合理，内容丰富。本书包括化学反应与能量、化学反应速率和化学平衡、水溶液中的离子平衡和电化学基础4章内容共28课时，涵盖了人教版高中《化学（选修4）》所有教学内容。每个教学设计包括教材分析、学情分析、教学目标、教学重点和难点、知识框架、教学过程、板书设计7个栏目。除此之外，每章节内容前均进行知识梳理，力求形成系统框架。

第三，讲解到位，深入浅出。本书教学过程主要包括导入新课、展开新课和归纳总结3个环节，在教学过程设计中追求讲解全面到位、深入浅出，使考生对教学内容有足够的理解，做到心中有数。

第四，方便实用，操作性强。本书的内容在多年实践应用中取得明显的效果，成书经历多次反复修改、综合评价、全面平衡的过程，方便考生短时间内掌握面试内容，减少了教学过程中的盲目性和随意性，具有很强的操作性。

本书是“宁夏普通高校教学名师吴晓红工作室”、宁夏大学化学教育“一流专业”建设及“宁夏教育厅研究生教育创新计划学位点建设项目——能力为本的全日制化学教育硕士培养模式的改革与创新”的阶段性成果。

在教材编写过程中，参考了部分院校的有关教材和专著，以及国内外相关资料和文献，在此表示诚挚的谢意。宁夏大学2017级学科教学（化学）研究生康志宁、康泽伟参与了书稿的校对工作，一并表示感谢。

本书可作为教师招聘面试用书，也可作为国家教师资格考试面试用书，也可供广大一线青年教师备课、教学参考。

由于时间和水平有限，书中不足之处在所难免，敬请广大师生给予批评指正。

编　者

2018年5月

目　录

第一章　化学反应与能量

本章知识框架

- 化学反应与能量
  - 化学反应
    - 本质：旧化学键的断裂，新化学键的形成
    - 分类
      - 放热反应—放出热量的化学反应—反应物总能量>生成物总能量—断裂化学键吸收的总能量<形成化学键放出的总能量—贮存在物质内部的能量部分转化为热能—$\Delta H<0$
      - 吸热反应—吸收热量的化学反应—反应物总能量<生成物总能量—断裂化学键吸收的总能量>形成化学键放出的总能量—热能转化为物质内部的能量储存起来—$\Delta H>0$
    - 规律：质量守恒和能量守恒
  - 反应热
    - 定义：化学反应在一定的温度下进行时，反应所释放或吸收的热量
    - 分类
      - 燃烧热：25℃、101kPa 时，1mol 纯物质完全燃烧生成稳定的氧化物时所放出的热量
      - 中和热：在稀溶液中，酸和碱发生中和反应生成 1mol H_2O 放出的热量
      - 溶解热
    - 产生原因
      - 微观角度：ΔH=反应物的键能之和－生成物的键能之和
      - 宏观角度：ΔH=生成物的总能量－反应物的总能量
    - 反应热的计算：主要依据热化学方程式、盖斯定律、化学键变化与反应能量变化、燃烧热等进行计算
  - 热化学方程式
    - 定义：表示参加反应物质的量和反应热关系的化学方程式
    - 意义：不仅可以表示化学反应过程中的物质变化，也可以表示反应中的能量变化
    - 书写
      - (1) 注明温度和压强
      - (2) 标明物质的聚集状态
      - (3) 标出热量数值、符号和单位
      - (4) 化学计量数只表示物质的量，可以是整数，也可以是分数
      - (5) 化学计量数与 ΔH 成正比，各物质系数加倍，ΔH 加倍
    - 应用：反应热计算的依据
  - 能源
    - 分类
      - 化石能源
        - 包括：煤、石油、天然气
        - 特点：蕴藏量有限，不能再生
      - 新能源
        - 包括：太阳能、氢能、地热量、风能、海洋能、生物质能等
        - 特点：资源丰富，可以再生，没有污染或污染很小
    - 能源危机的解决措施：提高能源的利用率、开发新能源

第一节　化学反应与能量的变化

第1课时　焓变　反应热

一、教材分析

本节内容选自人教版高中《化学(选修4)》第一章“化学反应与能量”第一节“化学反应与能量的变化”。依据课程标准“了解反应热和焓变的涵义”和“了解化学反应中能量转化的原因，能说出常见的能量转化形式”的要求，本节课安排了“反应热的概念、表示方法、吸热反应和放热反应的判断方法”等教学内容。

化学反应过程中，不仅有物质的变化，同时伴随有能量的变化。教科书先引出反应热的概念、符号及单位，并以氢气和氯气反应生成氯化氢为例，从微观角度定量地分析反应中能量变化的原因，得出该反应为放热反应。然后从宏观角度定性地分析反应中能量变化的原因，得出放热反应和吸热反应的表示方法，并通过放热反应、吸热反应与能量变化的关系图直观地呈现出化学反应过程中的能量变化。

《化学(必修2)》中介绍了“化学键与化学反应中能量变化的关系”和“化学能与热能的相互转化”等内容，这为本节课的学习奠定了良好的知识基础，有利于学生的理解和掌握。通过本节内容的学习，可以加深学生对化学反应中物质变化和能量变化的认识，也为本章后续内容的学习做了知识铺垫。

二、学情分析

在化学必修2的学习中，学生已经知道“反应物中化学键的断裂和生成物中化学键的形成是化学反应中能量变化的主要原因”，同时还定性地了解了吸热反应和放热反应，具备了一定的化学能与热能的知识。但还未更深入地理解和掌握从微观角度和宏观角度分析化学反应中能量变化的方法，因此需要继续引导学生加深对该部分内容的认识。同时，ΔH 与放热反应、吸热反应的关系也是学生新接触的知识，较为抽象，在教学过程中，可利用教科书中的图示进行说明，便于学生的理解。

三、教学目标

知识与技能	(1) 了解反应热的涵义，知道反应热的表示方法。 (2) 能对化学反应中能量变化的原因进行分析。 (3) 能判断吸热反应和放热反应
过程与方法	(1) 结合实例数据从微观角度定性地对化学反应中能量变化的原因进行分析，提高分析能力和计算能力。 (2) 从宏观角度对化学反应中能量变化原因的定量分析，促进归纳能力的形成
情感态度与价值观	(1) 通过分析化学反应中能量变化的原因，树立“透过现象看本质”的辩证唯物主义思想。 (2) 通过分析问题，养成勤于思考的学习习惯

四、教学重点和难点

（1）教学重点：反应热的涵义和表示方法；化学反应中能量变化的原因；吸热反应和放热反应的判断。

（2）教学难点：化学反应中能量变化的原因。

五、知识框架

- 反应热、焓
  - 反应热
    - 定义：化学反应在一定的温度下进行时，反应所释放或吸收的热量
    - 符号：ΔH
    - 单位：kJ/mol（或 kJ · mol^{-1}）
    - 产生原因
      - 微观角度：ΔH = 反应物的键能之和 − 生成物的键能之和
      - 宏观角度：ΔH = 生成物的总能量 − 反应物的总能量
    - 表示方法
      - 放热反应：体系 $\xrightarrow{\text{释放能量}}$ 环境，体系能量降低，$\Delta H<0$，规定为“−”
      - 吸热反应：环境 $\xrightarrow{\text{释放能量}}$ 体系，体系能量升高，$\Delta H>0$，规定为“+”
  - 焓
    - 焓：与内能有关的物理量，用 H 表示
    - 焓变：$\Delta H = H_{\text{生成物}} - H_{\text{反应物}}$
    - 反应热与焓变的关系：恒压条件下，焓变等于反应热

六、教学过程

环节一：导入新课

【导入】 我们知道一个化学反应过程中除了生成新物质外，还伴随有热能、电能和光能等能量变化。化学反应过程中为什么会伴随着能量的变化呢？接下来就让我们一起进入今天的学习内容——化学反应与能量的变化。

【板书】 1. 1. 1　化学反应与能量的变化

环节二：展开新课

1. 反应热的基本概念

【提问】 在化学必修 2 的学习中，我们曾做过铝片与盐酸、氢氧化钡与氯化铵晶体反应的实验。在这两个实验当中，热量有什么变化呢？

【讲述】 铝片与盐酸反应会放出热量，氢氧化钡与氯化铵晶体反应会吸收热量，我们把化学反应过程中吸收或放出的热量称为化学反应的反应热。反应热的符号表示为 ΔH，ΔH 的单位常用 kJ/mol（或 kJ · mol^{-1}）。

【板书】 一、焓变　反应热

1. 反应热

（1）定义：化学反应在一定的温度下进行时，反应所释放或吸收的热量

（2）符号：ΔH

（3）单位：kJ/mol（或 $kJ \cdot mol^{-1}$）

【提问】为什么要用 ΔH 表示反应热呢？

【讲述】其实，在恒压条件下，反应热又称为“焓变”。焓是与内能有关的物理量，用 H 表示，焓变就是化学反应前后焓的变化量，即焓变为生成物总焓与反应物总焓的差值，用 ΔH 表示。由于在恒压条件下，反应的焓变等于反应热，因此反应热也用 ΔH 表示。

【板书】2. 焓变

（1）焓：与内能有关的物理量，用 H 表示

（2）焓变：$\Delta H = H_{生成物} - H_{反应物}$

（3）反应热与焓变的关系：恒压条件下，焓变等于反应热

2. 反应热产生的原因

【提问】化学反应过程中会放出或吸收热量，为什么会有热量变化，即反应热产生的原因是什么呢？

【讲述】从微观角度来说，在化学反应过程中，各原子内部并没有发生变化，但原子间的结合方式发生了变化。在反应过程中，反应物分子中的化学键部分或全部遭到破坏，生成物分子中会形成新化学键。当反应物分子的化学键断裂时，需要克服原子间的相互作用而吸收能量；当原子重新结合成生成物，即形成新化学键时又要释放能量。旧键断裂时所吸收的总能量与新键形成时所放出的总能量是不相等的，二者的差值就是反应中的能量变化。

【讲述】下面我们就以氢气和氯气的反应为例，从微观角度来定量地分析反应中能量的变化。

【投影】$H_2(g) + Cl_2(g) \xlongequal{\quad} 2HCl(g)$，实验测得 1mol H_2 与 1mol Cl_2 反应生成 2mol HCl 时放出 184.6kJ 的热量，从微观的角度如何解释？

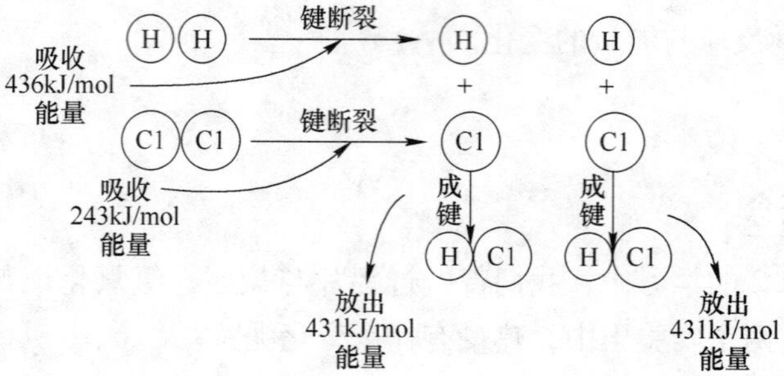

$H_2(g) + Cl_2(g) \xlongequal{\quad} 2HCl(g)$ 反应的能量变化示意图

【分析】在该反应中，1mol H_2 中的化学键断裂时需要吸收 436kJ 的能量，1mol Cl_2 中的化学键断裂时需要吸收 243kJ 的能量，而 2mol HCl 中的化学键形成时要释放 431kJ/mol×2mol = 862kJ 的能量，该反应的反应热为生成物分子形成时所释放的总

能量（862kJ）与反应物分子断裂时所吸收的总能量（679kJ）的差，即放出183kJ的能量。

【投影】（1）化学键断裂时需要吸收能量为436kJ + 243kJ = 679kJ

（2）化学键形成时需要释放能量为431kJ + 431kJ = 862kJ

（3）反应中放出的热量为862kJ − 679kJ = 183kJ

【讲述】通过理论计算，我们发现计算所得的反应热（183kJ）与实验测得的该反应放出的热量（184.6kJ）很接近。由此可以得出化学反应的反应热就是生成物新化学键形成时所释放的总能量与反应物旧化学键断裂时所吸收的能量之差。

【板书】3. 反应热产生的原因

（1）微观角度（化学键角度）：ΔH=反应物的键能之和 − 生成物的键能之和

【讲述】刚才我们从微观角度对化学反应中的能量变化进行了分析，下面从宏观角度进行分析。从宏观角度来说，化学反应中的能量变化取决于反应物的总能量和生成物的总能量的相对大小。还是以H_2在Cl_2中燃烧为例，该反应为放热反应，说明该反应中，反应物氢气和氯气所含的总能量高于生成物氯化氢所含的总能量。

【讲述】由此我们可以得出，若反应物的总能量高于生成物的总能量，当反应物转化为生成物时，多余的能量会以热能、电能或光能等形式释放出来。同理，若反应物的总能量低于生成物的总能量，当反应物转化为生成物时，热能、电能或光能等会转化为物质内部的能量储存起来。即化学反应的反应热就是生成物的总能量与反应物的总能量之差。

【板书】（2）宏观角度（总能量角度）：ΔH=生成物的总能量 − 反应物的总能量

【讲述】对于放热反应而言，由于反应后放出热量（释放给环境）而使反应体系的能量降低，因此规定放热反应的ΔH为“−”或$\Delta H < 0$，即上述反应的反应热表示为$\Delta H = -184.6\text{kJ/mol}$。当生成物的总能量大于反应物的总能量时，则反应为吸热反应，由于通过加热、光照等方法吸收能量，使体系本身能量升高，因此规定吸热反应的ΔH为“+”或$\Delta H > 0$。

【讲述】大家需要注意的是，化学反应中的能量变化，无论是用“焓变”“反应热”表示，还是用“ΔH”表示，其后所跟数值需带“+”“−”符号，所带“+”“−”符号均具有数学意义，参与大小比较。通过上面的分析，我们就可以画出放热反应、吸热反应与能量变化的关系图。

【投影】放热反应、吸热反应与能量变化的关系图

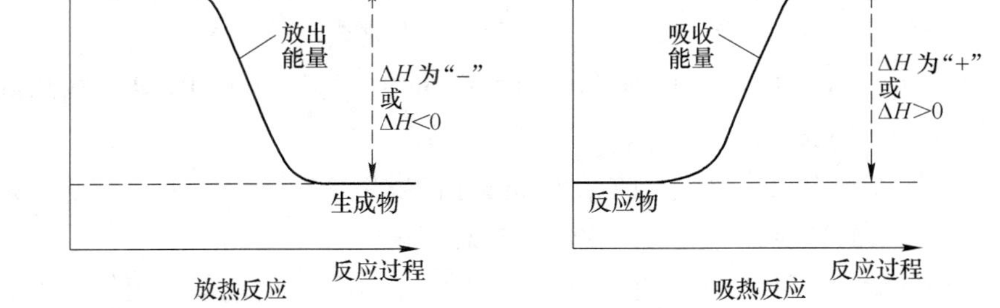

【板书】4. 反应热的表示方法

放热反应：体系 $\xrightarrow{\text{释放能量}}$ 环境，体系能量降低，$\Delta H<0$，规定为“-”

吸热反应：环境 $\xrightarrow{\text{释放能量}}$ 体系，体系能量升高，$\Delta H>0$，规定为“+”

3. 吸热反应、放热反应的判断方法

【提问】认识了吸热反应和放热反应后，请同学们思考浓硫酸溶于水放出大量的热，该过程是放热反应吗？

【讲述】不是，反应热描述的是化学反应前后的热量变化，而这是一个物理变化，因此不是放热反应。在必修 2 中，我们已经学习了判断吸热反应和放热反应的方法，请同学们讨论并总结常见的化学反应类型中哪些是吸热反应，哪些是放热反应。

【板书】5. 吸热反应、放热反应的判断方法

（1）常见反应类型

放热反应：金属和酸反应、酸碱中和反应、所有的燃烧反应和大多数的化合反应

吸热反应：分解反应、$Ba(OH)_2\cdot 8H_2O$ 晶体和 NH_4Cl 晶体反应、少数的化合反应（如 CO_2 和 C 反应）、H_2O 和 C 反应

【练习】下列反应中生成物总能量高于反应物总能量的是（　　）

A. 碳酸钙受热分解　　B. 钠和水反应

C. 铝粉与氧化铁粉末反应　　D. 氧化钙溶于水

【提问】以上只是经验结论，并不包括所有的化学反应。通过今天的学习，一个化学反应是吸热反应还是放热反应取决于什么呢？

【讲述】判断一个化学反应是放热反应还是吸热反应，我们常从宏观角度和微观角度进行考虑，即宏观上取决于反应物和生成物的总能量的相对大小，若反应物的总能量大于生成物的总能量，则为放热反应；反之，则为吸热反应。微观上取决于断键吸收的总能量与成键放出的总能量的相对大小，ΔH 等于反应物的键能之和减去生成物的键能之和，当 $\Delta H>0$ 时为吸热反应，当 $\Delta H<0$ 时为放热反应。

【板书】（2）定性判断（宏观）

若反应物的总能量 > 生成物的总能量，则为放热反应

若反应物的总能量 < 生成物的总能量，则为吸热反应

（3）定量判断（微观）

ΔH= 反应物的键能之和 - 生成物的键能之和

当 $\Delta H>0$ 时为吸热反应，当 $\Delta H<0$ 时为放热反应

【练习】已知反应 $Ba(OH)_2\cdot 8H_2O+2NH_4Cl=BaCl_2+2NH_3\uparrow+10H_2O$ 为吸热反应，下列对该反应的说法正确的是（　　）

A. 因该反应为吸热反应，故必须加热才能发生

B. 反应物的总能量一定低于生成物的总能量

C. $Ba(OH)_2\cdot 8H_2O$ 的能量一定低于 $BaCl_2$；NH_4Cl 的能量一定低于 NH_3

D. 破坏 $Ba(OH)_2 \cdot 8H_2O$、NH_4Cl 中化学键所吸收的能量小于形成 $BaCl_2$、NH_3、H_2O 中化学键所释放出的能量

环节三：归纳总结

【投影】

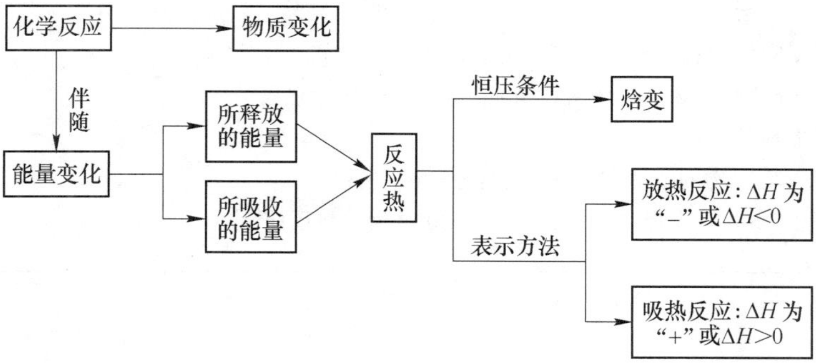

【总结】 化学反应过程不仅有物质的变化，同时伴随着能量的变化，我们把在一定温度下，化学反应过程中吸收或放出的热量叫做反应热，在恒压的条件下，又称为“焓变”，当 $\Delta H>0$ 时为吸热反应，当 $\Delta H<0$ 时为放热反应。除此之外，大家还要掌握吸热反应和放热反应的判断方法，希望同学们课后能够认真复习巩固本节课所学的内容，并完成练习册相应习题。

七、板书设计

1.1.1　化学反应与能量的变化

一、焓变　反应热

1. 反应热

（1）定义：化学反应在一定的温度下进行时，反应所释放或吸收的热量

（2）符号：ΔH

（3）单位：kJ/mol（或 $kJ \cdot mol^{-1}$）

2. 焓变

（1）焓：与内能有关的物理量，用 H 表示

（2）焓变：$\Delta H = H_{生成物} - H_{反应物}$

（3）反应热与焓变的关系：恒压条件下，焓变等于反应热

3. 反应热产生的原因

（1）微观角度（化学键角度）：ΔH = 反应物的键能之和 − 生成物的键能之和

（2）宏观角度（总能量角度）：ΔH = 生成物的总能量 − 反应物的总能量

4. 反应热的表示方法

放热反应：体系 $\xrightarrow{释放能量}$ 环境，体系能量降低，$\Delta H<0$，规定为“−”

吸热反应：环境 $\xrightarrow{释放能量}$ 体系，体系能量升高，$\Delta H>0$，规定为“+”

5. 吸热反应、放热反应的判断方法

（1）常见反应类型

放热反应：金属和酸反应、酸碱中和反应、所有的燃烧反应和大多数的化合反应

吸热反应：分解反应、$Ba(OH)_2 \cdot 8H_2O$ 晶体和 NH_4Cl 晶体反应、少数的化合反应（如 CO_2和 C 反应）、H_2O 和 C 反应

（2）定性判断（宏观）

若反应物的总能量 > 生成物的总能量，则为放热反应

若反应物的总能量 < 生成物的总能量，则为吸热反应

（3）定量判断（微观）

ΔH=反应物的键能之和 − 生成物的键能之和

当 $\Delta H > 0$ 时为吸热反应，当 $\Delta H < 0$ 时为放热反应

第2课时　热化学方程式

一、教材分析

本节内容选自人教版高中《化学(选修4)》第一章“化学反应与能量”第一节“化学反应热的计算”。依据全国高考化学考试大纲“了解热化学方程式的含义，能正确书写热化学方程式”的要求，本节课安排了“热化学方程式的定义、意义和书写”等教学内容。

质量和能量虽然属于两个不同范畴的概念，但它们是密切相关的，通过热化学方程式可以直观地建立化学反应中“质”和“能”的关系。教科书先以氢气与碘蒸气反应生成碘化氢为例，采用对比方法启发学生从条件和状态进行讨论，认识到热化学方程式与普通化学方程式的不同之处。然后以氢气与氧气反应生成气态水和液态水的热化学方程式为例，解释参加反应物质的状态与能量的关系，并说明化学计量数在热化学方程式中的意义。最后得出热化学方程式的概念，并在“思考与交流”栏目中讨论热化学方程式与普通化学方程式的区别以及正确书写热化学方程式的注意事项。

本节内容将上节课学习的反应热与化学方程式结合在一起，探讨了“质”与“能”的关系，介绍了热化学方程式的书写方法，为后续“中和反应热的测定”“燃烧热”以及“反应热的计算”的学习奠定了基础。

二、学情分析

高中生对普通化学方程式较为熟悉，在热化学方程式的实例教学中，学生能够比较容易地理解普通化学方程式的局限性。通过对比热化学方程式和普通化学方程式，学生能够概括出热化学方程式的书写特点，找出它们的区别与联系，但在对比过程中，学生对热化学方程式中要标明所有反应物和产物的状态会产生一定的困惑。因此，在教学中可通过实例比较，促进学生理解标明状态的原因，达到正确地书写热化学方程式的目的。除此之外，学生会对热化学方程式中化学计量数以非整数形式表示产生疑惑，需要对普通化学方程式和热化学方程式中的化学计量系数的表示意义进行讲解，加强学生对热化学方程式的认识。

三、教学目标

知识与技能	（1）知道热化学方程式的涵义。 （2）认识热化学方程式的意义并能正确书写热化学方程式
过程与方法	（1）通过普通化学方程式和热化学方程式的对比，提高观察能力、对比分析能力和归纳总结能力。 （2）通过热化学方程式的书写练习，强化反应热的计算方法
情感态度与价值观	（1）体会获取新知识的喜悦，激发学习化学的积极性。 （2）在计算过程中，养成严谨求学、勤于思考的学习习惯

四、教学重点和难点

（1）教学重点：热化学方程式的涵义、意义及书写。

（2）教学难点：热化学方程式的书写。

五、知识框架

热化学方程式
- 定义：表示参加反应物质的量和反应热关系的化学方程式
- 意义：不仅可以表示化学反应过程中的物质变化，也可以表示反应中的能量变化
- 书写
  - （1）注明温度和压强
  - （2）标明物质的聚集状态
  - （3）标出热量数值、符号和单位
  - （4）化学计量数只表示物质的量，可以是整数，也可以是分数
  - （5）化学计量数与 ΔH 成正比，各物质系数加倍，ΔH 加倍
- 应用：反应热计算的依据

六、教学过程

环节一：导入新课

【导入】通过上节课的学习，我们知道化学反应过程中的反应热与断开反应物分子中的化学键吸收的热量和形成生成物分子中的化学键放出的热量有关，热量的变化是以发生变化的物质为基础的，如何更准确地表示一个化学反应的热效应呢？如何更直观地建立化学反应中“质”和“能”的关系呢？这就是我们今天所要学习的内容——热化学方程式。

【板书】1.1.2　化学反应与能量的变化

二、热化学方程式

环节二：展开新课

1. 热化学方程式的定义

【提问】什么是热化学方程式呢？我们通过下面几个例子的探讨来进行总结。

【例1】在 200℃、101kPa 时，1mol 氢气与 1mol 碘蒸气作用生成 2mol 碘化氢气体的反应为：

热化学方程式：$H_2(g) + I_2(g) \xlongequal[101kPa]{200℃} 2HI(g)\quad \Delta H = -14.9kJ/mol$

普通化学方程式：$H_2 + I_2 \xrightleftharpoons{\Delta} 2HI$

【提问】大家观察热化学方程式与我们学过的普通化学方程式两者有哪些不同呢？

【讲述】首先，我们发现热化学方程式指明了反应时的温度和压强；其次，热化学方程式中所有的反应物和产物都用括号注明了它们反应时的状态，气体用“g”表示，液体用“l”表示，固体用“s”表示，稀溶液用“aq”表示；最后，热化学方程式的右边还写了 ΔH 的符号、数值及单位，并用“空格”将化学方程式和 ΔH 隔开。

【提问】为什么要注明反应时的状态呢？大家再来观察下面的这个例子。

【例2】在25℃、101kPa时，有两个由H_2和O_2化合成1mol H_2O的反应，一个生成气态水，一个生成液态水，其化学方程式可表示为：

$$H_2(g)+\frac{1}{2}O_2(g)=\!=\!=H_2O(g)\quad \Delta H=-241.8kJ/mol$$

$$H_2(g)+\frac{1}{2}O_2(g)=\!=\!=H_2O(l)\quad \Delta H=-285.8kJ/mol$$

【讲述】通过观察上述反应，我们发现两个反应都生成1mol的水，但是释放的能量却不相同，这是由于生成物的状态不同造成的，液态水变成水蒸气又吸收热量，即：$H_2O(l)=\!=\!=H_2O(g)\quad \Delta H=+44.0kJ/mol$，因此在书写热化学方程式时要注明物质的状态。

【提问】大家观察这两个热化学方程式与我们之前学过的普通化学方程式还有什么不同？

【讲述】我们发现热化学方程式中化学计量数可以为整数或分数，而普通化学方程式中的计量数只能是整数，这是由于热化学方程式中化学计量数表示的是参加反应的各物质的物质的量，不表示分子个数或原子个数，我们可以将上述反应看成是1mol H_2与$\frac{1}{2}$mol O_2反应生成1mol H_2O，因此可为整数或分数。而普通化学方程式中化学计量数宏观上表示各物质的物质的量，微观上表示原子、分子数目，不能看成是1个H_2与$\frac{1}{2}$个O_2反应生成1个H_2O，因此只能为整数，不能为分数。

【提问】如果将这两个反应中的分数变成整数，应该怎样书写？

【讲述】如果我们将这两个反应中的分数变成整数，这里不仅要将反应中各物质的系数增大1倍，还要将反应热ΔH也增大一倍，即：

$$2H_2(g)+O_2(g)=\!=\!=2H_2O(g)\quad \Delta H=-483.6kJ/mol$$

$$2H_2(g)+O_2(g)=\!=\!=2H_2O(l)\quad \Delta H=-571.6kJ/mol$$

【提问】通过上述的两个例子，同学们能总结出热化学方程式的定义吗？

【板书】1. 定义：表示参加反应物质的量和反应热关系的化学方程式

2. 热化学方程式的意义及书写

【提问】认识了热化学方程式，它具有怎样的意义呢？

【板书】2. 意义：不仅可以表示化学反应过程中的物质变化，也可以表示反应中的能量变化

【提问】现在我们已经对热化学方程式有了一定的认识，在书写热化学方程式时应该注意哪些事项呢？

【小结】书写热化学方程式要点：

（1）热化学方程式中需注明反应的温度和压强。若温度和压强分别是25℃和101kPa时，则可不用注明条件。

（2）热化学方程式中必须标明反应物和生成物的聚集状态（g、l、s分别表示气态、液态、固态，水溶液中溶质用aq表示），热化学方程式中不用注明反应的条件、沉淀和气体不用标“↑”和“↓”。

(3) 热化学方程式必须在右端标出热量变化——ΔH，并用"空格"将化学方程式和 ΔH 隔开，吸热用"+"，放热用"-"，单位为 kJ/mol。

(4) 热化学方程式中的化学计量数只表示该物质的物质的量，不表示分子个数或原子个数，可以是整数，也可以是分数。

(5) 化学计量数与 ΔH 成正比，各物质系数加倍，ΔH 加倍。

(6) 不论化学反应是否可逆，热化学方程式中的反应热 ΔH 都表示反应进行到底时的能量变化。当反应逆向进行时，ΔH 改变符号，数值不变。

【板书】 3. 正确书写热化学方程式的注意事项

(1) 需注明反应的温度和压强

(2) 应标明反应物和生成物的聚集状态

(3) 右端标注热量数值、符号和单位

(4) 化学计量数只表示物质的量，可以是整数，也可以是分数

(5) 化学计量数与 ΔH 成正比，各物质系数加倍，ΔH 加倍

【练习】 依据实验数据，写出下列反应的热化学方程式。

(1) 1mol $C_2H_4(g)$ 与适量 $O_2(g)$ 反应，生成 $CO_2(g)$ 和 $H_2O(g)$，放出 1411kJ 的热量。

(2) 1mol C(g) 与适量 $H_2O(g)$ 反应，生成 CO(g) 和 $H_2(g)$，吸收 131.5kJ 的热量。

(3) 2mol Al(s) 与适量 $O_2(g)$ 反应，生成 $Al_2O_3(s)$，放出 1669.8kJ 的热量。

(4) 18g 葡萄糖与适量 $O_2(g)$ 反应，生成 $CO_2(g)$ 和 $H_2O(l)$，放出 280.4kJ 的热量。

【讲述】 通过上面的练习，我们可以看出应用热化学方程式能够计算反应热，这是反应热计算的依据之一，在后面的学习中我们还会学习其他的依据。

【板书】 4. 应用：反应热计算的依据

环节三：归纳总结

【总结】 通过今天的学习，我们发现热化学方程式与普通化学方程式有一定的区别，现在我们一起通过表格从以下 4 个方面进行比较和归纳。

【投影】 普通化学方程式和热化学方程式的区别

	普通化学方程式	热化学方程式
化学计量数的形式及表示意义	是整数，既表示微粒个数又表示该物质的物质的量	既可以是整数也可以是分数，只表示物质的物质的量
是否注明物质状态	不注明	必须在化学式后面注明状态
是否注明 ΔH 及其单位	不注明	必须注明 ΔH 的正负号及单位
表示意义	表示化学反应中的物质变化	不仅表示化学反应中的物质变化，也表示化学反应中的能量变化

【作业布置】请同学们完成课本第 6 页的 3、4 题，并预习下节课“中和反应反应热的测定实验”的有关内容。

七、板书设计

1.1.2　化学反应与能量的变化

二、热化学方程式

1. 定义：表示参加反应物质的量和反应热关系的化学方程式
2. 意义：不仅可以表示化学反应过程中的物质变化，也可以表示反应中的能量变化
3. 正确书写热化学方程式的注意事项

（1）需注明反应的温度和压强

（2）应标明反应物和生成物的聚集状态

（3）右端标注热量数值、符号和单位

（4）化学计量数只表示物质的量，可以是整数，也可以是分数

（5）化学计量数与 ΔH 成正比，各物质系数加倍，ΔH 加倍

4. 应用：反应热计算的依据

第3课时　中和反应反应热的测定

一、教材分析

本节内容选自人教版高中《化学(选修4)》第一章“化学反应与能量”第一节“化学反应与能量的变化”。依据课程标准“了解反应热的含义”的要求，本节课安排了“中和反应反应热的测定”的教学内容。

许多化学反应的反应热可以通过实验直接测得。为进一步加深学生对反应热的了解，教科书通过“实践活动”栏目里中和反应反应热测定的实验，使学生体验化学反应的热效应。实践活动的内容包括实验目的、实验用品、实验步骤和实验数据处理等，学生在明确实验目的的基础上，利用提供的实验药品，根据实验步骤测定盐酸和氢氧化钠溶液反应的反应热，了解反应热的测定及计算方法。通过本节课的学习，可以为后续学习燃烧热及反应热的计算奠定基础。

二、学情分析

通过前面的学习，学生已经知道了反应热的概念和表示方法，能够正确书写热化学方程式，但学生对反应热的测定并不了解。在本节课的学习过程中，学生能够通过实验测定强酸与强碱反应的反应热，直观地体验化学反应的热效应。学生在必修模块的学习中，已做过很多的化学实验，初步具备一定的实验操作能力、观察能力和分析能力，这为本节课实验的顺利进行奠定了能力基础。

三、教学目标

知识与技能	（1）了解中和反应反应热测定的实验目的，理解实验原理。 （2）能够对实验数据进行处理与分析
过程与方法	（1）通过亲自动手实验，提高实验操作能力和观察能力。 （2）通过对测量的实验数据进行计算与分析，提高实验数据的处理能力
情感态度与价值观	（1）运用实验测定化学反应的反应热，体验化学的魅力。 （2）养成良好的实验习惯，具备严谨求学的态度

四、教学重点和难点

（1）教学重点：中和反应反应热测定的实验原理、实验误差分析。

（2）教学难点：中和反应反应热测定的实验原理、实验误差分析。

五、知识框架

- 中和反应反应热的测定
  - 中和热
    - 定义：在稀溶液中，酸和碱发生中和反应生成 1mol H_2O 放出的热量
    - 注意事项
      - 条件——稀溶液
      - 对象——强酸和强碱
      - 标准——生成 1mol H_2O
  - 实验原理：$\Delta H=-\dfrac{c\cdot m\cdot(t_{末}-t_{始})}{n(H_2O)}=-\dfrac{0.418(t_2-t_1)}{0.025}$kJ/mol
  - 误差原因：隔热、保温效果不好，量取溶液的体积有误，温度计没有冲洗或读数有误差，混合过程中液体洒在外面

六、教学过程

环节一：导入新课

【导入】热化学方程式书写时必须要注明 ΔH 的数值，ΔH 的数值是怎么来的呢？其实许多化学反应的反应热都是可以通过实验直接测得的，今天我们就通过实验来测定强酸与强碱反应的反应热，体验化学反应的热效应。

【板书】1.1.3　化学反应与能量的变化

三、中和反应反应热的测定

环节二：展开新课

1. 中和热测定的实验原理

【讲述】中和反应的反应热又叫做中和热，中和热是反应热的一种，它是指在稀溶液中，酸和碱发生中和反应生成 1mol H_2O 放出的热量。

【板书】1. 中和热

（1）定义：在稀溶液中，酸和碱发生中和反应生成 1mol H_2O 放出的热量

【讲述】为了能够很好理解中和热的概念，需要注意的是中和反应的对象为酸、碱稀溶液，我们知道浓酸和浓碱溶液相互混合时因稀释会放出热量，导致测得的反应热不准确。而且酸和碱必须为强酸和强碱，这是由于弱酸或弱碱在溶液中不能完全电离，随着反应的进行，会继续电离并吸收热量，所以它们的中和热绝对值小于理论值。另外，中和热的标准是“生成 1mol H_2O”。

【板书】（2）注意事项：条件——稀溶液

对象——强酸和强碱

标准——生成 1mol H_2O

【讲述】在通过实验测定中和反应的中和热前，我们先要知道实验原理，从而明确所需测定的物理量。本次实验测定的是强酸与强碱反应的反应热，中和反应放出热量的计算公式为 $Q=m\cdot c\cdot\Delta t$，其中 m 为反应混合液的质量；c 为反应混合液的比热容且 $c=4.18$J/(g·℃)；Δt 为温度的变化量。

【讲述】强酸和强碱反应的热化学方程式为 $H^+(aq)+OH^-(aq)$ ══ $H_2O(l)$　$\Delta H<0$，本节

课我们要测强酸和强碱反应生成 1mol 水时的反应热 ΔH，需要用到的药品是 50mL 0.50mol/L 盐酸和 50mL 0.55mol/L NaOH 溶液。大家来计算盐酸和氢氧化钠的质量分别为多少?

【讲述】通过计算可知，由于 50mL 0.50mol/L 盐酸的质量 $m_1=50g$，并且 50mL 0.55mol/L NaOH 溶液的质量 $m_2=50g$，而且已知 $c=4.18J/(g \cdot ℃)$，所以中和反应放出的热量是 $Q=c \cdot m \cdot (t_2-t_1)=0.418(t_2-t_1)kJ$。另外，通过计算可得盐酸中 $n(H^+)=0.025mol$，氢氧化钠溶液中 $n(OH^-)=0.0275mol$，因此发生反应生成 0.025mol 水，所以中和热为

$$\Delta H=-\frac{c \cdot m \cdot (t_{末}-t_{始})}{n(H_2O)}=-\frac{0.418(t_2-t_1)}{0.025}\ kJ/mol$$

【板书】2. 实验原理

$H^+(aq)+OH^-(aq) = H_2O(l) \quad \Delta H$

$1 \quad \Delta H$

$n(H_2O) \quad Q=-c \cdot m \cdot (t_{末}-t_{始})$

$$\Delta H=-\frac{c \cdot m \cdot (t_{末}-t_{始})}{n(H_2O)}=-\frac{0.418(t_2-t_1)}{0.025}\ kJ/mol$$

【讲述】因此，在进行实验时，我们先分别测出稀盐酸和稀氢氧化钠溶液的起始温度，求其平均温度 t_1，然后将两溶液混合充分反应后，读取混合溶液的最高温度 t_2。

【提问】溶液的质量怎么得到呢？需不需要进行称量?

【讲述】不需要的，我们已知了溶液的体积，根据 $m=\rho V$，只需查得酸和碱的密度，代入公式分别计算出酸和碱的质量，再相加即得混合溶液的质量。然后代入公式进行计算即可得到 ΔH。以上就是本实验的实验原理，下面请同学们结合实验原理，自已先设计实验步骤，然后分组讨论实验设计是否合理。

2. 中和热测定的实验步骤

【讲述】大家已经设计出来了实验步骤，我们一起来看课本第 5 页的实验步骤。实验步骤 1 是组装实验装置，其中两烧杯口要相平且杯口盖泡沫塑料板或硬纸板以及在两烧杯间填充碎泡沫塑料或纸条，目的都是为了隔热、保温，减少热量的损失。

【讲述】实验步骤 2、3 为量取反应物、测反应前温度。分别量取 50mL 0.50mol/L 盐酸和 50mL 0.55mol/L NaOH 溶液，这里 NaOH 过量是为了保证 0.50mol/L 盐酸能被完全中和，然后分别测其温度，计算出二者的平均值 t_1。在此过程中，大家要注意温度计测完酸以后要进行冲洗，若不冲洗，在测量碱的温度时，残留的酸会和碱液发生中和反应而使热量散失，产生误差。

【讲述】实验步骤 4 为混合反应物，测反应后温度。这里要将量筒中的 NaOH 溶液一次倒入小烧杯中，而不能缓缓倒入，防止热量散失造成误差，测反应后混合液的最高温度 t_2。为了排除偶然性结果的影响，减小实验误差，我们需要重复实验 3 次。

【实验数据】

	起始温度 t_1/℃			终止温度 t_2/℃	温度差 (t_2-t_1)/℃
	HCl	NaOH	平均值		
1					
2					
3					

【讲述】下面大家根据实验数据，计算中和反应的反应热。

$$\Delta H=-\frac{c\cdot m\cdot(t_{末}-t_{始})}{n(H_2O)}=-\frac{0.418(t_2-t_1)}{0.025}\text{kJ/mol}=-57.3\text{kJ/mol}$$

3. 中和热测定的实验误差分析

【讲述】该中和反应测得的反应热的理论数据为57.3kJ/mol，大家实验结果是不是也是这个值呢？如果不是，思考产生误差的原因。

【板书】3. 可能产生误差的原因

(1) 隔热、保温效果不好

(2) 量取溶液的体积有误差

(3) 温度计没有冲洗或读数有误差

(4) 混合过程中液体洒在外面

【讲述】以上这些原因都会导致误差的出现，我们在实验过程中要做到又快又准，操作规范，养成严谨的实验习惯。

环节三：归纳总结

【总结】本节课我们通过实验测定了强酸和强碱反应的反应热，体验了化学反应的热效应，大家要掌握中和反应反应热测定的原理，知道测定的方法和过程，并要养成严谨的实验习惯。请同学们课后完成练习册相应习题，并预习下节课内容。

七、板书设计

1.1.3　化学反应与能量的变化

三、中和反应反应热的测定

1. 中和热

(1) 定义：在稀溶液中，酸和碱发生中和反应生成1mol H_2O放出的热量

(2) 注意事项：条件——稀溶液

对象——强酸和强碱

标准——生成1mol H_2O

2. 实验原理

$H^+(aq)+OH^-(aq)=H_2O(l)$　ΔH

1　ΔH

$n(H_2O)$　$Q=-c\cdot m\cdot(t_{末}-t_{始})$

$$\Delta H = -\frac{c \cdot m \cdot (t_{末} - t_{始})}{n(H_2O)} = -\frac{0.418(t_2 - t_1)}{0.025}\ \text{kJ/mol}$$

3. 可能产生误差的原因

（1）隔热、保温效果不好

（2）量取溶液的体积有误差

（3）温度计没有冲洗或读数有误差

（4）混合过程中液体洒在外面

第二节　燃烧热　能源

一、教材分析

本节内容选自人教版高中《化学(选修 4)》第一章“化学反应与能量”第二节“燃烧热　能源”。依据课程标准“通过查阅资料说明能源是人类生存和发展的重要基础，了解化学在解决能源危机中的重要作用，知道节约能源、提高能量利用率的实际意义”的要求，本节课安排了“燃烧热和能源”等教学内容。

资源、能源和环保是当今社会的重要热点问题，其中燃烧热和燃料的品质相关，实际应用较广。教科书先对燃烧热的概念进行了介绍，通过实例对其定义进行了说明，并呈现了一些物质的燃烧热。然后在“思考与交流”栏目中提出燃料选择标准的问题，通过提示引导学生从物质燃烧热、燃料的储量、开采等方面综合考虑。教科书还从人类对能源的需求以及如何合理利用并开发新能源的角度，通过资料展示介绍了能源在国民经济和社会发展中的重要地位和作用，同时结合新能源的开发，通过“科学视野”栏目简单介绍了最有希望的太阳能、风能和氢能等能源，以开阔学生的眼界，加强化学与社会的联系。

燃烧热是反应热的一种形式，本节内容是在反应热的基础上继续学习燃烧热，是对反应热的强化巩固，同时也为化学反应热的相关计算奠定基础。另外，日常生产生活中所使用的主要能源是化石燃料，而化石燃料是经过亿万年才形成的蕴藏量有限的非再生能源，社会的发展使得人类对能源的需求量越来越大，能源内容的教学能够促进学生认识到能源的现状，形成节能意识。

二、学情分析

在上节课的学习中，学生对中和热已经有了一定的认识，并通过实验感受了中和热，知道它是反应热的一种形式。因此，学生很容易理解燃烧热也是反应热的一种形式，并能够快速地理解和掌握燃烧热的概念以及燃烧热的热化学方程式的书写。在学习过程中，将燃烧热与中和热进行比较，也可以加深学生对燃烧热概念的理解。另外，学生经常从电视、网络、图书等渠道了解一部分关于能源危机、新能源等知识，这为本节课更深入地学习能源的相关知识奠定了基础。

三、教学目标

知识与技能	（1）理解燃烧热的含义。 （2）掌握表示燃烧热的热化学方程式的写法，能够进行有关燃烧热的简单计算。 （3）了解能源的分类方法和我国的能源现状
过程与方法	（1）通过交流讨论“应根据什么标准来选择燃料”的话题，学会从多角度综合分析问题的方法。 （2）通过互联网、专业书籍等了解能源现状，具备主动获取相关知识的能力

续表

情感态度与价值观	（1）在了解我国能源现状的过程中，形成能源危机意识。 （2）通过对能源的学习，认识节约能源、提高能量利用效率的实际意义，形成节能意识

四、教学重点和难点

（1）教学重点：燃烧热的热化学方程式的写法和有关燃烧热的简单计算。

（2）教学难点：有关燃烧热的简单计算。

五、知识框架

- 燃烧热、能源
  - 燃烧热
    - 定义：25℃、101kPa 时，1mol 纯物质完全燃烧生成稳定的氧化物时所放出的热量
    - 单位：kJ/mol
    - 注意事项
      - （1）反应条件：25℃，101kPa
      - （2）可燃物的量：1mol 纯物质
      - （3）反应程度：完全燃烧
      - （4）生成稳定的氧化物：$C \rightarrow CO_2(g)$、$H_2 \rightarrow H_2O(l)$、$S \rightarrow SO_2(g)$
      - （5）燃烧为放热反应，其 $\Delta H<0$
    - 表示方法
      - 语言表述："正的数值"，如 CH_4 的燃烧热为 890.3kJ/mol
      - 符号表示：ΔH 时要带"-"，如 CH_4 的燃烧热为 $\Delta H=-890.3$kJ/mol
    - 意义：研究燃烧热可以合理使用能源，充分利用能源，减少环境污染
  - 能源
    - 分类
      - 化石能源
        - 包括：煤、石油、天然气
        - 特点：蕴藏量有限，不能再生
      - 新能源
        - 包括：太阳能、氢能、地热能、风能、海洋能、生物质能等
        - 特点：资源丰富，可以再生，没有污染或污染很小
    - 能源危机的解决措施：提高能源的利用率、开发新能源

六、教学过程

环节一：导入新课

【导入】在第一节中我们学习了反应热的相关知识，由于反应的情况不同，反应热可分为多种，例如燃烧热、中和热、溶解热等，其中跟燃料品质相关的燃烧热实际应用较广。本节课我们来学习有关燃烧热和能源的知识。

【板书】1.2　燃烧热　能源

一、燃烧热

环节二：展开新课

1. 燃烧热

【讲述】什么是燃烧热呢？请同学们阅读课本找出燃烧热的概念。

【板书】1. 定义：25℃、101kPa 时，1mol 纯物质完全燃烧生成稳定的氧化物时所放出的热量

2. 单位：kJ/mol

【提问】如何来理解燃烧热的定义呢？

【讲述】燃烧热通常可利用仪器由实验测得，由于压强不同，反应热也不同，课本里的表1-1中这些物质的燃烧热都是在25℃、101kPa下测量出来的。为了增强可燃物热量的可比性，将可燃物的物质的量规定为1mol，因此，表示可燃物的燃烧热的热化学方程式中，可燃物的化学计量数为1，其他物质的化学计量数常以分数形式出现。

【板书】3. 注意事项

（1）反应条件：25℃，101kPa

（2）可燃物的量：1mol纯物质

【讲述】可燃物燃烧的程度为完全燃烧，如C完全燃烧生成CO_2而不是CO，因为CO是不完全燃烧的产物。另外，燃烧一般是在氧气中进行的，且生成物为稳定的氧化物。稳定的氧化物是指完全燃烧的最终产物，例如C在氧气中完全燃烧的产物为CO_2气体，H_2在氧气中完全燃烧的产物为液态H_2O而不是水蒸气，S在氧气中完全燃烧的产物为SO_2气体。燃烧是放热反应，其$\Delta H<0$。

【板书】（3）反应程度：完全燃烧

（4）生成稳定的氧化物：$C \rightarrow CO_2(g)$、$H_2 \rightarrow H_2O(l)$、$S \rightarrow SO_2(g)$

（5）燃烧为放热反应，其$\Delta H<0$

【练习】在25℃、101kPa时，1mol CH_4完全燃烧生成CO_2和液态H_2O，放出890.3kJ的热量，则CH_4的燃烧热为多少？

【讲述】在25℃、101kPa时，1mol CH_4完全燃烧时，放出890.3kJ的热量，即CH_4的燃烧热为890.3kJ/mol，也可以表示为CH_4的燃烧热为$\Delta H=-890.3$kJ/mol。

【板书】4. 表示方法

语言表述："正的数值"，如CH_4的燃烧热为890.3kJ/mol

符号表示：ΔH时要带"-"，如CH_4的燃烧热为$\Delta H=-890.3$kJ/mol

【练习】判断下列说法是否正确？

（1）C_8H_{18}的燃烧热为5518kJ/mol，用热化学方程式表示为

$$2C_8H_{18}(l)+25O_2(g)=\!=\!=16CO_2(g)+18H_2O(l) \quad \Delta H=-5518\text{kJ/mol}$$

（2）C的燃烧热为393.5kJ/mol，用热化学方程式表示为

$$C(s)+\frac{1}{2}O_2(g)=\!=\!=CO(g) \qquad \Delta H=-393.5\text{kJ/mol}$$

（3）H_2的燃烧热为285.5kJ/mol，用热化学方程式表示则为

$$H_2(g)+\frac{1}{2}O_2(g)=\!=\!=H_2O(l) \qquad \Delta H=+285.5\text{kJ/mol}$$

【讲述】第(1)题错误，可燃物的物质的量为1mol而不是2mol；第(2)题错误，生成的氧化物CO不是完全燃烧的产物，应为CO_2；第(3)题错误，燃烧热为负值，$\Delta H<0$。

【过渡】为什么我们要研究可燃物的燃烧热呢？也就是说，它具有什么意义呢？

【投影】一些物质的燃烧热

名称	化学式	ΔH/kJ·mol^{-1}	名称	化学式	ΔH/kJ·mol^{-1}
石墨	C(s)	-393.5	乙烷	$C_2H_6(g)$	-1559.8
金刚石	C(s)	-395.0	乙烯	$C_2H_4(g)$	-1411.0
氢气	$H_2(g)$	-285.8	乙炔	$C_2H_2(g)$	-1299.6
一氧化碳	CO(g)	-283.0	乙醇	$C_2H_5OH(l)$	-1366.8
甲烷	$CH_4(g)$	-890.31	丙烷	$C_3H_8(g)$	-2219.9
甲醇	$CH_3OH(l)$	-726.51	苯	$C_6H_6(l)$	-3267.5

【讲述】在工业生产中，许多过程都需要热量，这些热量大多数是通过可燃物燃烧产生的。热量多了浪费，热量少了不能满足要求，这都对生产不利。如果知道了燃料燃烧产生热量的多少，我们是不是就可以根据需求合理地选择燃料，这样可以更好地控制反应条件，充分利用能源，减少环境污染。

【板书】5. 意义：研究燃烧热可以合理使用能源，充分利用能源，减少环境污染

【讨论】我们刚从物质的燃烧热方面考虑了燃料的选择，还应根据什么标准来选择燃料呢？请同学们小组进行讨论，并举例说明。

【讲述】在工业生产中，常需从物质的燃烧热、燃料的储量、燃料的开采和运输、燃料储存的条件和价格、燃料燃烧对生态环境的影响等方面综合考虑来选择燃料。比如煤是我国储量最多的能源，是燃烧热较大的固体燃料，相对也便宜，获得方便。但是煤作为固体燃料，能源的利用效率低，运输不方便。另外，煤直接燃烧时产生 SO_2 等有毒气体和烟尘，对环境造成严重污染，大量开采时，会造成地面塌陷。

【讲述】现在我们学习了反应热的两种形式——中和热和燃烧热。它们之间又有什么异同点呢？下面我们通过表格进行归纳总结。

【投影】燃烧热和中和热的比较

		燃烧热	中和热
相同点	能量变化	放出热量，为放热反应	
	ΔH 及其单位	$\Delta H<0$，单位为 kJ/mol	
不同点	反应物的量	1mol	不一定为 1mol
	生成物的量	不确定	生成液态水的量为 1mol
	反应热的含义	25℃、101kPa 时，1mol 纯物质完全燃烧生成稳定的氧化物时所放出的热量	在稀溶液中，酸与碱发生中和反应生成 1mol 液态水时所放出的热量
	表示方法	燃烧热为 $\Delta H=-a$kJ/mol	中和热为 $\Delta H=-57.3$kJ/mol

2. 能源

【过渡】刚才提到在工业生产中，许多过程都需要热量，而热量的产生又离不开能源。那什么是能源？它在社会发展中具有怎样的作用呢？我国的能源状况又是怎样的呢？

下面让我们来学习能源的相关内容。

【板书】二、能源

【讲述】能源指的是能提供能量的资源，包括化石燃料（煤、石油、天然气）、阳光、风力、流水、潮汐以及柴草等。能源是国民经济和社会发展的重要物质基础，它的开发和利用情况可以用来衡量一个国家或地区的经济发展和科学技术水平。下面大家阅读课本，对能源进行分类并完成表格。

【板书】1. 能源的分类

【投影】能源的分类

标准	分类	定 义	举 例
按转换过程分	一次能源	从自然界直接取得的自然资源	煤、石油、天然气等化石能源，水能、风能等
	二次能源	一次能源经过加工转换后获得的能源叫二次能源	电能、氢能、沼气等
按能否再生分	可再生能源	具有自我恢复特性、可持续利用的一次能源叫可再生能源	风能、水能、生物质能、太阳能、潮汐能等
	非再生能源	短期内无法恢复的能源叫非再生能源	石油、煤、天然气等化石燃料，核能
按使用的类型分	常规能源	在一定历史时期和科学技术水平下，已被人们广泛利用的能源	煤、石油、天然气、水能、生物质能等
	新能源	随着科技的不断发展，才开始被人类采用先进的方法加以利用的古老能源以及新开发的利用先进技术所获得的能源	地热能、氢能、核能、风能、太阳能、海洋能等

【讲述】我国目前使用的主要能源是化石燃料，它们的蕴藏量有限，而且不能再生，最终将会枯竭，我们来了解一下我国能源的状况。

【板书】2. 能源问题

（1）我国目前使用的主要能源是化石燃料，它们的蕴藏量有限，而且不能再生，最终将会枯竭

【投影】我国能源状况

能源种类	我国目前已探明的储量	在世界所占地位
煤	1100 亿吨	世界人均值的 1/2
石油	32.6 亿吨	世界人均值的 1/10
铀	仅够 4000 万千瓦核电站运行 30 年	
水能	3.7 亿千瓦（年发电量 19000 亿度）	世界首位，但人均值不高

【讲述】通过上表可以看出我国能源状况不容乐观。另外，我国能源的开采、加工运输、终端的利用效率都很低，总效率为 9%，也就是说有 91% 的能源未被有效利用，

同时化石燃料的大量使用还会带来严重的环境问题。

【板书】(2) 化石燃料的大量使用还会带来严重的环境问题

【提问】面对我国目前的能源问题，又该采取哪些措施来防止能源枯竭呢？

【讲述】我国能源在开采、加工运输、终端的利用等方面的使用效率都很低，因此就要调节和优化能源结构，降低燃煤在能源结构中的比例，节约油气资源，加大科技投入，以达到改善开采、运输、加工等各个环节来提高能源的使用效率的效果。还要科学控制燃烧反应，使燃料充分燃烧，如鼓入空气、增大氧气浓度等保证燃烧时有适当过量的空气，也可将固体粉碎成粉末，使液体喷成雾状等保证燃料与空气有足够大的接触面积。

【讲述】除此之外，也要开发资源丰富、可以再生、没有污染或很少污染的新能源，如开发太阳能、氢能、风能等。

【板书】3. 能源危机的解决措施

（1）开源节流，提高能源的利用率

（2）开发新能源

环节三：归纳总结

【总结】本节课我们学习了另一反应热——燃烧热，在书写燃烧热的化学方程式时，严格遵循书写注意事项，并要掌握中和热与燃烧热的异同，避免在书写热化学方程式时出现混淆情况。另外，本节课还了解了我国能源的现状，希望同学们能为我国未来能源的开发添砖加瓦。请同学们课后完成练习册相应习题，并预习下节课内容。

七、板书设计

1.2　燃烧热　能源

一、燃烧热

1. 定义：25℃、101kPa 时，1mol 纯物质完全燃烧生成稳定的氧化物时所放出的热量

2. 单位：kJ/mol

3. 注意事项

（1）反应条件：25℃，101kPa

（2）可燃物的量：1mol 纯物质

（3）反应程度：完全燃烧

（4）生成稳定的氧化物：$C \rightarrow CO_2(g)$、$H_2 \rightarrow H_2O(l)$、$S \rightarrow SO_2(g)$

（5）燃烧为放热反应，其 $\Delta H<0$

4. 表示方法

语言表述："正的数值"，如 CH_4 的燃烧热为 890.3kJ/mol

符号表示：ΔH 时要带"－"，如 CH_4 的燃烧热为 $\Delta H=-890.3$kJ/mol

5. 意义：研究燃烧热可以合理使用能源，充分利用能源，减少环境污染

续表

二、能源 1. 能源的分类 2. 能源问题 （1）我国目前使用的主要能源是化石燃料，它们的蕴藏量有限，而且不能再生，最终将会枯竭 （2）化石燃料的大量使用还会带来严重的环境问题 3. 能源危机的解决措施 （1）开源节流，提高能源的利用率 （2）开发新能源

第三节　化学反应热的计算

第 1 课时　盖斯定律

一、教材分析

本节内容选自人教版高中《化学(选修 4)》第一章“化学反应与能量”第三节“化学反应热的计算”。依据课程标准“能用盖斯定律进行有关反应热的简单计算”的要求，本节课安排了“盖斯定律的概念、意义及应用”等教学内容。

1840 年，瑞士化学家盖斯通过大量实验得到盖斯定律。教科书先介绍了盖斯定律的内容，并以登山经验“山的高度与上山的途径无关”为例，浅显地对特定化学反应的反应热进行形象的比喻，帮助学生理解盖斯定律；然后通过对能量守恒定律的反证来论证盖斯定律的正确性；最后通过实例使学生感受盖斯定律的应用，并以此说明盖斯定律在科学研究中的重要意义。盖斯定律可以间接计算一些无法测量的反应的反应热，这为反应热的计算做了知识铺垫。

二、学情分析

盖斯定律对学生来说是一个陌生的概念，通过登山经验“山的高度与上山途径无关”可以引导学生更透彻地理解“反应热与途径无关”这一内容，在类比学习中，学生的比较分析能力得以提升。通过运用盖斯定律进行反应热的有关计算，可以提高学生的计算能力。

三、教学目标

知识与技能	（1）理解盖斯定律的涵义。 （2）能用盖斯定律进行有关反应热的简单计算
过程与方法	（1）通过从途径角度和能量守恒角度分析盖斯定律，提高分析问题的能力。 （2）通过反应热的有关计算，提高计算能力
情感态度与价值观	（1）通过对盖斯定律的发现过程的学习，感受化学原理的发现与生活的密切联系。 （2）通过计算实例感受盖斯定律，体会盖斯定律在科学研究中的重要作用

四、教学重点和难点

（1）教学重点：盖斯定律的涵义及应用。

（2）教学难点：盖斯定律的应用。

五、知识框架

盖斯定律
- 概念：化学反应的反应热只与反应体系的始态和终态有关，而与反应的途径无关
- 意义：可以计算出一些不能直接测量的反应的反应热
- 应用
  - 应用方法：虚拟路径法、加合法
  - 应用
    - （1）同素异形体转化的反应热的计算及稳定性比较
    - （2）根据一定量的物质参加反应放出的热量（或已知热化学方程式），进行有关反应热的计算
  - 注意事项
    - （1）当热化学方程式乘、除以某一个数时，ΔH 也应乘、除以同一个数
    - （2）反应方程式进行加减运算时，ΔH 也同样要进行加减运算，且要带“+”“-”
    - （3）将一个热化学方程式颠倒书写时，ΔH 的符号也随之改变，但数值不变

六、教学过程

环节一：导入新课

【投影】 判断以下热化学方程式表示的是 H_2的燃烧热吗？为什么？

$$H_2(g)+\frac{1}{2}O_2(g) \xlongequal{} H_2O(g) \quad \Delta H_1=-241.8\text{kJ/mol}$$

【讲述】 燃烧热是指 1mol 纯物质完全燃烧生成稳定的氧化物时所放出的热量，该反应生成的是气态水，它不是稳定的氧化物，所以 1mol H_2完全燃烧生成液态水的反应热才是 H_2的燃烧热。

【提问】 如果已知：$H_2O(g) \xlongequal{} H_2O(l) \quad \Delta H_2=-44\text{kJ/mol}$，我们能不能通过计算得到 H_2的燃烧热呢？

【副板书】 $H_2(g)+\frac{1}{2}O_2(g) \xlongequal{} H_2O(l) \quad \Delta H=\Delta H_1+\Delta H_2=-285.8\text{kJ/mol}$

【过渡】 通过上面的计算，我们得到了 H_2的燃烧热。其实在化学科学研究中，许多反应的反应热可以通过实验直接测得，但是某些反应的反应热，由于种种原因不能直接测得，只能通过化学计算的方式间接地获得。为了方便反应热的计算，我们先来学习盖斯定律。

【板书】 1.3.1　化学反应热的计算

一、盖斯定律

环节二：展开新课

1. 盖斯定律的内容

【提问】 某人去登山，要从山脚的 A 点到达山顶的 B 点，他可以翻山越岭攀登而上到达顶点 B 点，也可以直接坐缆车到达 B 点，还可以通过别的方式到达 B 点。请大家思考通过不同的途径从 A 点到达 B 点，山的高度有没有发生变化？山的高度与什么有关？

【投影】 山的高度与上山途径的关系

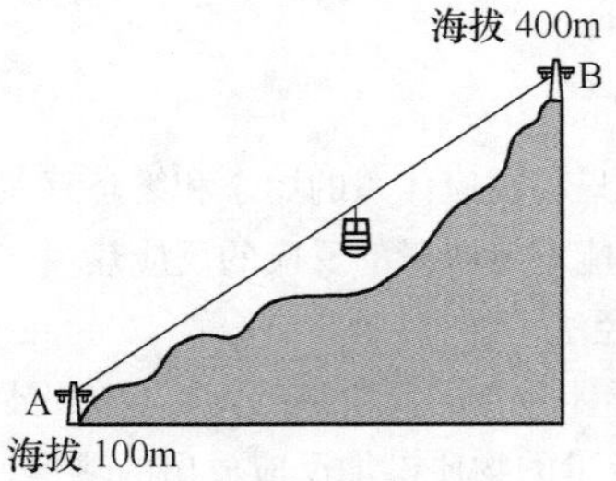

【讲述】根据生活经验我们知道，无论通过什么途径到达山顶，山的高度都是不变的，它只与起点 A 和终点 B 的海拔有关，与上山的途径是没有关系的。其实，化学反应的反应热也具有同样的规律，这就是著名的盖斯定律。

【讲述】盖斯定律是瑞士化学家盖斯（G. H. Hess，1802～1850）通过大量实验证明得到的，该定律的内容为不管化学反应是一步完成或分几步完成，其反应热是相同的。换而言之，就是化学反应的反应热只与反应体系的始态和终态有关，而与反应的途径无关。

【板书】1. 概念：化学反应的反应热只与反应体系的始态和终态有关，而与反应的途径无关

【投影】应用能量守恒定律论证盖斯定律图

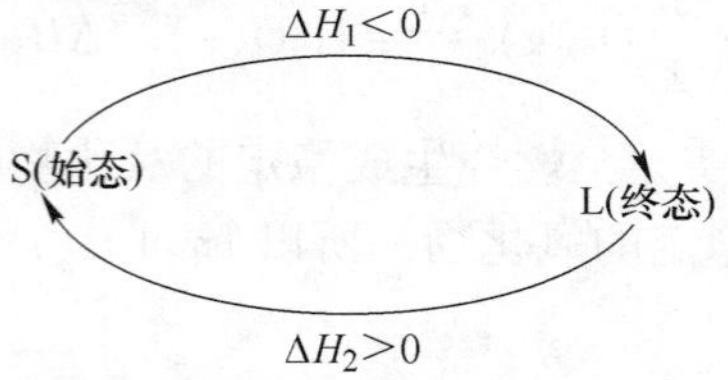

【讲述】我们可以应用能量守恒定律对盖斯定律进行论证。假设反应体系的始态为 S，终态为 L，它们之间的变化用两段弧线连接。从始态 S 变化到终态 L，此时体系放出热量，$\Delta H_1<0$；然后从终态 L 到始态 S，此时体系吸收热量，$\Delta H_2>0$。经过一个循环，体系仍然处于 S 态，所有的反应物都和反应前完全一样。我们知道能量的释放或吸收是以发生变化的物质为基础的，如果物质没有发生变化，就不能引起能量的变化。如果 ΔH_1 和 ΔH_2 之和不等于 0，那么在物质丝毫未损的情况下体系能量便发生了变化。这是违背能量守恒定律的一种情况，所以 $\Delta H_1+\Delta H_2=0$。

【讲述】通过从能量守恒定律的角度出发进行论证，我们可以得出化学反应的反应热只与反应体系的始态和终态有关，而与反应的途径无关。

【练习】写出 ΔH 与 ΔH_1、ΔH_2、ΔH_3、ΔH_4、ΔH_5 的关系

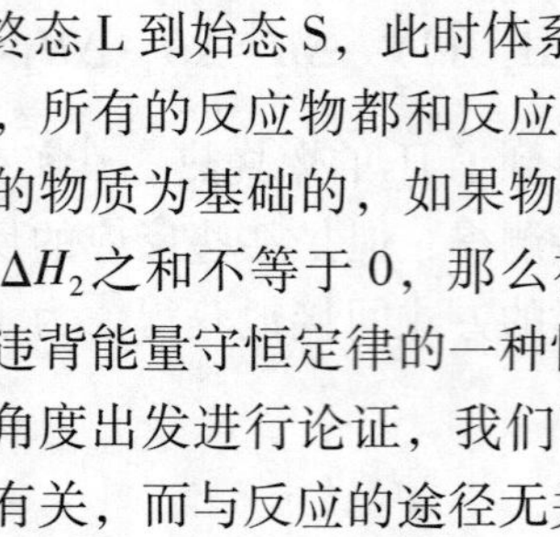

【讲述】从上图我们可以发现，从始态到终态有三条途径，但是其反应热都是相同的，即 $\Delta H=\Delta H_1+\Delta H_2=\Delta H_3+\Delta H_4+\Delta H_5$。

2. 盖斯定律的意义和应用

【讲述】反应热是可以通过实验直接测得的，但由于有些反应进行得很慢，有些反应不容易直接发生，有些反应有副反应发生导致产品不纯，这些会使测定反应热变得困难，如果此时采用盖斯定律，就可以间接地把它们的反应热计算出来。因此，盖斯定律在科学研究中具有重要意义。

【板书】2. 意义：可以计算一些不能直接测量的反应的反应热

【过渡】知道了盖斯定律的重要意义，我们利用盖斯定律进行一些计算。

【投影】① $C(s) + O_2(g) \xlongequal{\quad} CO_2(g)$　　$\Delta H_1 = -393.5kJ/mol$

② $CO(g) + \frac{1}{2}O_2(g) \xlongequal{\quad} CO_2(g)$　　$\Delta H_2 = -283.0kJ/mol$

③ $C(s) + \frac{1}{2}O_2(g) \xlongequal{\quad} CO(g)$　　$\Delta H_3 = ?$

【讲述】我们知道C在O_2中燃烧，O_2供应充足时，可以生成CO_2；如O_2供应不充足时，在生成CO的同时又生成了部分CO_2。在反应过程中，投影中的①、②反应的ΔH是可以直接测得的，但是③反应的ΔH却无法直接测得。

【提问】前面提到利用盖斯定律可以计算出一些不能直接测量的反应的反应热，如何应用盖斯定律进行该反应反应热的计算呢?

【讲述】通过观察我们发现，C变成CO_2，可以由C直接变成CO_2，反应热为ΔH_1；也可以由C变成CO再变成CO_2，每步的反应热分别为ΔH_3、ΔH_2。

【投影】

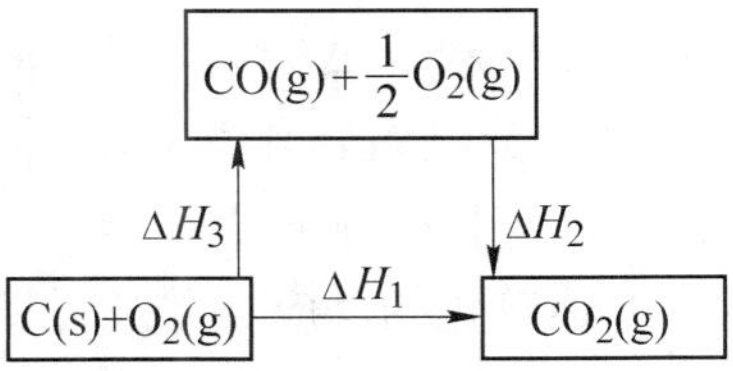

【解析】根据盖斯定律的定义，可以得出$\Delta H_1 = \Delta H_2 + \Delta H_3$，变形可得：

$\Delta H_3 = \Delta H_1 - \Delta H_2 = -393.5kJ/mol - (-283.0kJ/mol) = -110.5kJ/mol$

由此我们就可得出③的热化学方程式：

$$C(s) + \frac{1}{2}O_2(g) \xlongequal{\quad} CO(g) \quad \Delta H_3 = -110.5kJ/mol$$

【讲述】通过上述分析，我们可以总结出如果一个反应的进行有多条途径时，可以采用“虚拟路径”法，使一条途径由反应物直接变成生成物，另一条或多条由反应物经过中间产物变成最终生成物。比如反应物A变成生成物D，可以有两条途径：

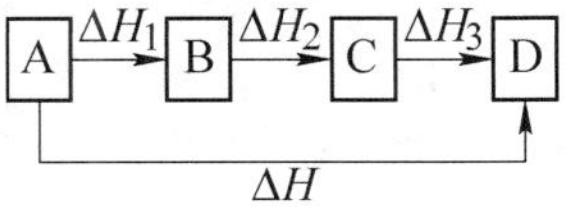

（1）由A直接变成D，反应热为ΔH；

（2）由A经过B变成C，再由C变成D，每步的反应热分别为ΔH_1、ΔH_2、ΔH_3。则有$\Delta H = \Delta H_1 + \Delta H_2 + \Delta H_3$。

【板书】3. 应用

（1）应用方法

1）虚拟路径法：反应物 A 变成生成物 D，可以有两条途径：

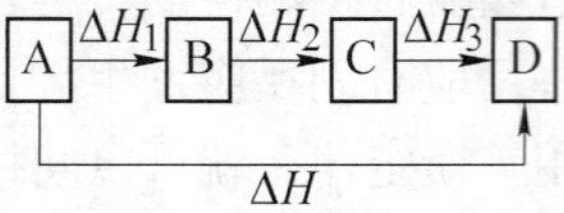

由 A 直接变成 D，反应热为 ΔH

由 A 经过 B 变成 C，再由 C 变成 D，每步的反应热分别为 ΔH_1、ΔH_2、ΔH_3

则有 $\Delta H=\Delta H_1+\Delta H_2+\Delta H_3$

【讲述】除此之外，还可以运用所给的热化学方程式，通过数学运算得到所求的热化学方程式，这种方法叫做加合法，比如前面提到的碳在氧气中不充分燃烧的反应热计算，就可以直接用① - ②得到目标方程式③。

【板书】2）加合法：运用所给的热化学方程式通过数学运算得到所求的热化学方程式

【练习】已知金刚石和石墨分别在氧气中完全燃烧的化学方程式如下：

$$\mathrm{C(s,金刚石)+O_2(g)=\!=\!=CO_2(g)}\quad \Delta H=-395.0\mathrm{kJ/mol}$$

$$\mathrm{C(s,石墨)+O_2(g)=\!=\!=CO_2(g)}\quad \Delta H=-393.5\mathrm{kJ/mol}$$

则金刚石转化为石墨时的热化学方程式为________________，由此看来更稳定的碳的同素异形体为________________。

【讲述】通过观察可以发现该反应没有中间产物生成，因此不能采用“虚拟路径法”进行计算，只能采用“加合法”进行计算。将两个热化学方程式相减并整理即可得到金刚石转化为石墨的热化学方程式。

【副板书】$\mathrm{C(s,金刚石)=\!=\!=C(s,石墨)}\quad \Delta H=-1.5\mathrm{kJ/mol}$

【讲述】$\Delta H=-1.5\mathrm{kJ/mol}$，可见由金刚石转化为石墨时放出热量，说明石墨的能量更低，能量越低越稳定，因此石墨比金刚石更稳定。通过这道习题，可以看出利用盖斯定律能够计算同素异形体转化的反应热并进行稳定性比较。

【板书】（2）应用

1）同素异形体转化的反应热的计算及稳定性比较

【讲述】除了上述应用外，还可以根据一定量的物质参加反应放出的热量（或已知热化学方程式），进行有关反应热的计算。

【练习】已知：① $\mathrm{2H_2(g)+O_2(g)=\!=\!=2H_2O(g)}\quad \Delta H_1=-483.6\mathrm{kJ/mol}$

② $\mathrm{H_2O(g)=\!=\!=H_2O(l)}\quad \Delta H_2=-44.0\mathrm{kJ/mol}$

要求写出 1mol H_2 完全燃烧生成 $H_2O(l)$ 的热化学方程式。

【解析】根据盖斯定律，将① $\times\frac{1}{2}$ + ②便可得出 $\mathrm{H_2(g)+\frac{1}{2}O_2(g)=\!=\!=H_2O(l)}$

则 $\Delta H=\Delta H_1\times\frac{1}{2}+\Delta H_2=(-483.6\mathrm{kJ/mol})\times\frac{1}{2}+(-44.0\mathrm{kJ/mol})=-285.8\mathrm{kJ/mol}$

故所求热化学方程式为：$\mathrm{H_2(g)+\frac{1}{2}O_2(g)=\!=\!=H_2O(l)}\quad \Delta H=-285.8\mathrm{kJ/mol}$

【板书】2）根据一定量的物质参加反应放出的热量（或已知热化学方程式），进行有关反应热的计算

【提问】通过以上练习题，请同学们总结应用盖斯定律计算反应热时都应该注意哪些问题？

【板书】（3）应用盖斯定律计算反应热时应注意的问题

1）当热化学方程式乘、除以某一个数时，ΔH 也应乘、除以同一个数

2）反应方程式进行加减运算时，ΔH 也同样要进行加减运算，且要带“+”“−”

3）将一个热化学方程式颠倒书写时，ΔH 的符号也随之改变，但数值不变

环节三：归纳总结

【总结】本节课我们学习了盖斯定律的内容，知道化学反应的反应热只与反应体系的始态和终态有关，而与反应的途径无关。盖斯定律在科学研究中具有重要意义，应用盖斯定律可以间接地计算一些测量困难的反应热，主要利用虚拟路径法和加合法进行计算。请同学们课后完成课本第 14 页的 1、3、5 题，并预习下节课的内容。

七、板书设计

1.3.1　化学反应热的计算

一、盖斯定律

1. 概念：化学反应的反应热只与反应体系的始态和终态有关，而与反应的途径无关

2. 意义：可以计算一些不能直接测量的反应的反应热

3. 应用

（1）应用方法

1）虚拟路径法：反应物 A 变成生成物 D，可以有两条途径：

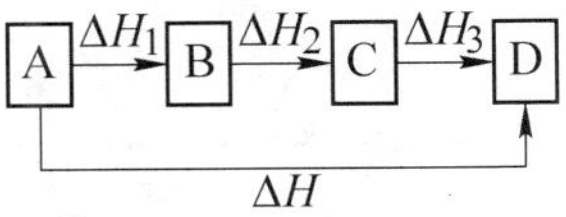

由 A 直接变成 D，反应热为 ΔH

由 A 经过 B 变成 C，再由 C 变成 D，每步的反应热分别为 ΔH_1、ΔH_2、ΔH_3

则有 $\Delta H=\Delta H_1+\Delta H_2+\Delta H_3$

2）加合法：运用所给的热化学方程式通过数学运算得到所求的热化学方程式

（2）应用

1）同素异形体转化的反应热的计算及稳定性比较

2）根据一定量的物质参加反应放出的热量（或已知热化学方程式），进行有关反应热的计算

（3）应用盖斯定律计算反应热时应注意的问题

1）当热化学方程式乘、除以某一个数时，ΔH 也应乘、除以同一个数

2）反应方程式进行加减运算时，ΔH 也同样要进行加减运算，且要带“+”“−”

3）将一个热化学方程式颠倒书写时，ΔH 的符号也随之改变，但数值不变

第2课时 反应热的计算

一、教材分析

本节内容选自人教版高中《化学(选修4)》第一章“化学反应与能量”第三节“化学反应热的计算”。依据课程标准“能用盖斯定律进行有关反应热的简单计算”的要求，本节课安排了“反应热的相关计算”的教学内容。

化学计算是运用数学工具从“量”的方面来研究物质及其变化的规律，化学知识是化学计算的基础。教科书安排了三道例题，强化反应热的计算方法。例1是依据反应热的概念、钠的摩尔质量，利用热化学方程式即可求解。例2要求理解燃烧热的计量是以燃烧1mol可燃物作为标准的，将乙醇的质量转换成物质的量，通过逆向思维来求解。例3是对盖斯定律的应用。

本节内容是前面所学知识和技能的综合运用，涉及有关物理量及各物理量间的换算，综合性较强。

二、学情分析

在本章内容的学习中，学生已经知道了化学反应中反应物和生成物之间的质量关系、物质的量的关系等知识，并能够利用盖斯定律进行简单的计算，但是对反应热的几种计算方法还不能熟练掌握。因此本节课通过典型例题的练习及讲解，促进学生掌握反应热的几种计算方法，在计算过程中提升学生的计算能力。

三、教学目标

知识与技能	（1）应用盖斯定律进行化学反应的反应热的计算。 （2）掌握多种反应热的计算方法
过程与方法	（1）通过反应热的有关计算，提高计算能力。 （2）通过练习反应热的常见题型，熟练应用反应热的几种计算方法
情感态度与价值观	（1）通过实例练习，养成严谨求实的学习习惯。 （2）通过进行有关反应热的计算，体会化学与生产、生活的联系

四、教学重点和难点

（1）教学重点：反应热的几种计算方法。

（2）教学难点：反应热的几种计算方法。

五、知识框架

反应热的计算
- 根据热化学方程式计算反应热
- 根据盖斯定律计算反应热
- 根据化学键变化与反应能量变化计算反应热
- 根据燃烧热计算反应热

六、教学过程

环节一：导入新课

【导入】 在上一节课的学习中，我们学习了利用盖斯定律的内容，以及利用盖斯定律进行有关的简单计算，本节课我们继续学习反应热有关计算的常见题型。

【板书】 1.3.2　化学反应热的计算

二、反应热的计算

环节二：展开新课

1. 根据热化学方程式计算反应热

【讲述】 在前面的学习中，我们知道反应物或生成物的质量、物质的量等与反应热成正比关系。依据这个正比关系可以计算一定量的物质反应放出（吸收）的热量、与已知热效应相对应的物质的消耗（生成）量、混合气体中各成分的物质的量。下面我们根据热化学方程式来计算化学反应的反应热。

【板书】 1. 根据热化学方程式计算反应热

依据反应物或生成物的质量、物质的量等与反应热成正比关系进行计算

【例1】 25℃、101kPa 时，使 1.0g 钠与足量氯气反应，生成氯化钠晶体并放出 17.87kJ 的热量，求生成 1mol NaCl 的反应热。

【解析】 钠与氯气反应的化学方程式如下：

$$Na(s)+\frac{1}{2}Cl_2(g)\xlongequal{\quad}NaCl(s)$$

1mol Na 反应后生成 1mol NaCl，Na 的摩尔质量是 23g/mol

设生成 1mol NaCl 的反应热为 x

$$1.0g:23g/mol=-17.87kJ:x$$

$$x=-411kJ/mol$$

【练习】 在一定条件下，CO 和 CH_4 燃烧的热化学方程式分别为：

$$2CO(g)+O_2(g)\xlongequal{\quad}2CO_2(g)\quad \Delta H=-566kJ/mol$$

$$CH_4(g)+2O_2(g)\xlongequal{\quad}CO_2(g)+2H_2O(l)\quad \Delta H=-890kJ/mol$$

由 1mol CO(g) 和 3mol CH_4(g) 组成的混合气体在上述条件下充分燃烧，释放的热量为（　　）

A. 2912kJ　　B. 2953kJ　　C. 3236kJ　　D. 3867kJ

【解析】由 CO、CH_4燃烧的热化学方程式得 1mol CO 充分燃烧，释放的热量为$\frac{566kJ}{2}$=283kJ，3mol CH_4充分燃烧，释放的热量为 890kJ×3＝2670kJ，因此，1mol CO(g)和 3mol CH_4(g) 充分燃烧，释放的热量为 283kJ+2670kJ＝2953kJ。B 选项正确。

2. 根据盖斯定律计算反应热

【讲述】上节课我们应用盖斯定律进行了简单的反应热计算，下面我们进一步应用盖斯定律进行有关反应热的计算。

【例 2】某次发射火箭，用 N_2H_4（肼）在 NO_2中燃烧，生成 N_2和气态 H_2O。

已知：（1）$N_2(g) + 2O_2(g) = 2NO_2(g)$　　$\Delta H_1 = +68kJ/mol$

（2）$N_2H_4(g) + O_2(g) = N_2(g) + 2H_2O(g)$　$\Delta H_2 = -534kJ/mol$

请写出火箭发射时燃烧反应的热化学方程式。

【讲述】反应物为 N_2H_4和 NO_2，通过观察可以发现没有中间产物生成，因此不能采用“虚拟路径法”进行计算，只能采用“加合法”进行计算。在求反应热前，大家先写出该反应的方程式为 $2N_2H_4(g)+2NO_2(g) = 3N_2(g)+4H_2O(g)$；然后与已知热化学方程式比较，遵从“同侧加，异侧减，系数不同乘倍数”的原则，利用热化学方程式的加减乘除消去未出现在目标热化学方程式中的化学式，肼在式（2）出现，且在反应等号的同一边，即同侧相加，观察所求方程式的化学计量数，对已知的热化学方程式（2）乘以 2，此时 ΔH_2也必须乘以 2；NO_2在式（1）出现，系数相同但在等号的异侧，即异侧相减。最后进行加合，即 2(2)－(1)，

$$\Delta H = 2\Delta H_2 - \Delta H_1 = -1136kJ/mol$$

得到的热化学方程式为 $2N_2H_4(g) + 2NO_2(g) = 3N_2(g) + 4H_2O(g)$　$\Delta H = -1136kJ/mol$

【练习】由金红石（TiO_2）制取单质 Ti，涉及的步骤为：

$$TiO_2 \rightarrow TiCl_4 \xrightarrow{镁/800℃/Ar/} Ti$$

① $C(s) + O_2(g) = CO_2(g)$　　$\Delta H_1 = -393.5kJ/mol$

② $2CO(g) + O_2(g) = 2CO_2(g)$　　$\Delta H_2 = -566kJ/mol$

③ $TiO_2(s) + 2Cl_2(g) = TiCl_4(s) + O_2(g)$　　$\Delta H_3 = +141kJ/mol$

则 $TiO_2(s) + 2Cl_2(g) + 2C(s) = TiCl_4(s) + 2CO(g)$的 ΔH=____。

【讲述】做这道题时，先要观察待求反应的方程式，然后找出待求反应方程式中各物质在已知方程式中的位置。通过观察可知，TiO_2和 Cl_2在③中且系数一样，C 在①中系数变为 2 倍，即为 2①，这三种物质都在各自反应等号的同一侧，因此进行相加，即为③＋2①；CO 在②中系数一样，但是位置不一样，因此减去②即可。根据待求反应方程式中各物质的化学计量数和位置对已知反应方程式进行处理，得到变形后的热化学方程式的反应热，即为③＋2①－②，

$$\Delta H = \Delta H_3 + 2\Delta H_1 - \Delta H_2 = -80kJ/mol$$

【提问】根据这两道练习题，大家能总结出应用盖斯定律计算反应热的步骤吗？

【板书】2. 根据盖斯定律进行计算

1）先确定待求的反应方程式

2）与已知热化学方程式比较，利用热化学方程式的加、减、乘、除消去未出现在目标热化学方程式中的化学式（同侧加，异侧减，系数不同乘倍数）

3）把已知 ΔH 带正、负号进行上述相同的数学运算，即得目标热化学方程式的 ΔH

4）写出待求的热化学方程式

3. 根据化学反应与能量的变化计算反应热

【提问】请同学们思考，一个化学反应是吸热反应还是放热反应取决于什么呢？

【讲述】宏观上，取决于反应物和生成物的总能量的相对大小，若反应物的总能量大于生成物的总能量，则为放热反应；反之，则为吸热反应。微观上，取决于断键吸收的总能量与成键放出的总能量，ΔH 等于反应物的键能之和减去生成物的键能之和，当 $\Delta H>0$ 时为吸热反应，当 $\Delta H<0$ 时为放热反应。

【板书】3. 根据化学键变化与反应能量变化计算反应热

ΔH=反应物的键能－生成物的键能

ΔH=生成物的总能量－反应物的总能量

【练习】已知：① $C(s)+H_2O(g)═══CO(g)+H_2(g)$　$\Delta H=a$kJ/mol

② $2C(s)+O_2(g)═══2CO(g)$　$\Delta H=-220$kJ/mol

H—H、O═O、O—H 键的键能分别为 436kJ/mol、496kJ/mol 和 462kJ/mol，则 a 为（　　）

A. −332　　B. −118　　C. +350　　D. +130

【解析】依据盖斯定律，②－①×2 得：$2H_2(g)+O_2(g)═══2H_2O(g)$　$\Delta H=-(220+2a)$ kJ/mol。由键能与 ΔH 的关系可得：$(2\times436+496)-4\times462=-(220+2a)$，解得 $a=+130$，D 选项正确。

4. 根据燃烧热计算反应热

【练习】已知葡萄糖的燃烧热是 2804kJ/mol，当它氧化生成 1g 水时放出的热量是（　　）

A. 26. 0kJ　　B. 51. 9kJ　　C. 155. 8kJ　　D. 467. 3kJ

【解析】葡萄糖的燃烧热的热化学方程式：$C_6H_{12}O_6(s)+6O_2(g)═══6CO_2(g)+6H_2O(l)$ $\Delta H=-2804$kJ/mol 由此可知，生成 6mol×18g/mol＝108g 水放出的 2804kJ 热量，则生成 1g 水时放出的热量为 2804kJ÷108≈26. 0kJ，A 选项正确。

【讲述】关于燃烧热、中和热的题目一定要掌握它们的概念。燃烧热是指 25℃、101kPa 时，1mol 纯物质完全燃烧生成稳定的氧化物时所放出的热量；中和热是指在稀溶液中，酸和碱发生中和反应生成 1mol H_2O 放出的热量。

【板书】4. 根据燃烧热计算反应热

环节三：归纳总结

【总结】本节课我们学习了化学反应热的 4 类典型计算，希望同学们课后通过习题继续巩固，能够熟练解决能量变化的实际问题。请同学们课后完成课本第 14 页的 6 题，并预习下节课的内容。

七、板书设计

1.3.2　化学反应热的计算

二、反应热的计算

1. 根据热化学方程式计算反应热

   依据反应物或生成物的质量、物质的量等与反应热成正比关系进行计算

2. 根据盖斯定律进行计算

   1）先确定待求的反应方程式

   2）与已知热化学方程式比较，利用热化学方程式的加、减、乘、除消去未出现在目标热化学方程式中的化学式（同侧加，异侧减，系数不同乘倍数）

   3）把已知 ΔH 带正、负号进行上述相同的数学运算，即得目标热化学方程式的 ΔH

   4）写出待求的热化学方程式

3. 根据化学键变化与反应能量变化计算反应热

   ΔH=反应物的键能－生成物的键能

   ΔH=生成物的总能量－反应物的总能量

4. 根据燃烧热计算反应热

第二章　化学反应速率和化学平衡

本章知识框架

- 化学反应速率和化学平衡
  - 化学反应速率
    - 定义：用来衡量化学反应进行快慢程度的一个物理量
    - 表示方法：用单位时间内，反应物浓度的减少或生成物浓度的增加来表示
    - 数学表达式：$v = \frac{\Delta c}{\Delta t}$
    - 注意事项
    - 测定方法
    - 影响因素
      - 内因：反应物的性质
      - 外因
        - 浓度：其他条件一定时，增大反应物的浓度能够使化学反应速率加快
        - 压强：对于有气体参加的反应，若其他条件不变，增大压强，反应速率加快
        - 温度：其他条件不变，温度升高，反应速率加快
        - 催化剂：一般来说，催化剂能够加快化学反应速率
  - 化学平衡
    - 定义：在一定条件下的可逆反应里，正反应速率和逆反应速率相等，反应混合物中参加反应的物质的量保持不变的状态
    - 构成条件
      - 前提：可逆反应
      - 实质：正反应速率=逆反应速率
      - 标志：反应混合物中各组分的浓度保持不变的状态
    - 判断标志
      - 直接标志：速率、含量
      - 间接标志：反应混合物体系的总压强、混合气体的平均摩尔质量、反应体系的体积、反应混合物体系中混合气体的密度、反应体系的温度和颜色
    - 特征：逆、等、动、定、变
    - 影响因素：浓度、压强、温度——符合勒夏特列原理
    - 化学平衡常数
      - 定义：在一定温度下，当一个可逆反应达到化学平衡状态时，生成物浓度幂之积与反应物浓度幂之积的比值
      - 符号：K
      - 表达式：$K=\frac{c^p(\mathrm{C}) \cdot c^q(\mathrm{D})}{c^m(\mathrm{A}) \cdot c^n(\mathrm{B})}$
      - 影响因素：温度
      - 意义：定量地衡量化学反应正向进行的程度
      - 应用：判断平衡移动的方向、判断反应的热效应、计算反应的转化率
  - 化学反应进行的方向
    - 焓判据：放热反应有利于反应自发进行
    - 熵判据：体系有自发地向混乱度增加的方向转变的倾向
    - 复合判据：在温度和压力一定的条件下，化学反应的方向是反应的焓变和熵变共同影响的结果，自发反应总是向 $\Delta H - T\Delta S < 0$ 的方向进行，直至达到平衡状态

第一节　化学反应速率

一、教材分析

本节内容选自人教版高中《化学（选修 4）》第二章“化学反应速率和化学平衡”第一节“化学反应速率”。依据课程标准“知道化学反应速率的定量表示方法，通过实验测定某些化学反应的速率”的要求，本节课安排了“化学反应速率的基本概念、表示方法、测定方法和有关计算”等教学内容。

为确保学生理解和掌握化学反应速率的基本概念、表示方法、测定方法和计算的相关知识，教科书首先结合学生对速率及其表示方法的已有认知，直接引入了化学反应中化学反应速率的表示方法。然后运用符号表达式直观展示化学反应速率的计算方法，并以氮气与氢气反应的化学反应速率的定量计算，揭示同一反应中“反应速率之比等于化学计量数之比”和“选用不同物质表示化学反应速率时，数值可能不同，但表示的意义均相同”的规律。最后对化学反应速率的实验测定原理和方法进行了介绍，并通过实验探究加深学生对有关知识的理解，同时在“学与问”栏目中设置问题“你还能根据反应速率相关量的哪些变化来测定该反应的反应速率?”以拓宽学生的视野。

本节内容是化学反应原理的重要组成部分，为本章学习“影响化学反应速率的因素”和“化学平衡”的有关知识奠定了基础。

二、学情分析

通过化学必修 2 第二章“化学反应速率和限度”的学习，学生已初步掌握化学反应速率的基础知识，同时学生对比较化学反应速率快慢的实验方法也有一定的认识，但只是停留在定性认识的阶段，还不能进行定量的比较，无法全面地认识化学反应速率。学生通过两年的化学学习，已具备一定的观察、描述和比较化学反应现象的能力，为定量探究化学反应快慢奠定了能力基础。

三、教学目标

知识与技能	（1）了解化学反应速率的概念和表示方法，掌握化学反应速率的相关规律与计算。 （2）了解化学反应速率的测量方法
过程与方法	（1）通过对有关化学反应速率的计算，掌握“三段式”计算方法。 （2）通过有关习题与实验结果的分析，增强分析问题、解决问题和收集处理信息的能力
情感态度与价值观	（1）通过观察与分析“测定化学反应速率”的实验，养成严谨求实的科学态度。 （2）通过生活实例，亲身体验化学与生活的紧密联系性，学会运用化学知识去解决生产生活中有关化学反应速率的问题

四、教学重点和难点

（1）教学重点：化学反应速率的表示方法和计算。

（2）教学难点：化学反应速率的相关计算。

五、知识结构

- 化学反应速率
  - 定义：用来衡量化学反应进行快慢程度的一个物理量
  - 表示方法：用单位时间内，反应物浓度的减少或生成物浓度的增加来表示
  - 数学表达式：$v=\frac{\Delta c}{\Delta t}$
  - 注意事项
    - 化学反应速率是平均速率，而不是瞬时速率，只取正值
    - 对于有纯液体或纯固体参加的反应，一般不用纯液体或纯固体来表示化学反应速率
    - 在表示化学反应速率时，必须指明是用反应体系中的哪种物质作标准
    - 用化学反应速率来比较不同反应或同一反应在不同条件下反应的快慢时，应选择同一物质来比较
  - 测定方法
    - 基本思路：与化学反应体系中任何一种化学物质的浓度（或质量）相关的性质在测量反应速率时都可以加以利用
    - 测量方法
      - 对于有气体生成的反应，可测定相同时间内收集气体的多少或测定收集等量气体所耗时间的多少
      - 对于有固体参加的反应，可测定相同时间消耗固体质量的多少
      - 对于有酸或碱参加的反应，可测定溶液 $c(H^+)$ 或者 $c(OH^-)$ 的变化
      - 对于有颜色变化或沉淀生成的反应，可测定溶液变色或变浑浊所耗时间的多少

六、教学过程

环节一：导入新课

【导入】我们知道烟花的绽放以及核反应、爆炸反应的发生瞬间就能完成，而煤、石油等的形成则非常缓慢，需要经过亿万年的时间，为什么有的过程较快，有的过程却较慢呢？实际上，刚才老师所提及的过程均涉及化学反应快慢的问题，那么我们该如何衡量化学反应的快慢呢？这就需要借助我们今天将要学习的物理量——化学反应速率来进行比较。

【板书】2.1　化学反应速率

环节二：展开新课

1. 化学反应速率

【提问】其实，我们对化学反应速率并不陌生，在必修 2 中我们学习了“化学反应速率”的有关知识，现在请同学们回忆并思考什么是化学反应速率？应如何表示化学反应速率？化学反应速率的单位是什么？

【板书】一、化学反应速率

1. 定义：用来衡量化学反应进行快慢程度的一个物理量

2. 表示方法：用单位时间内，反应物浓度的减少或生成物浓度的增加来表示

3. 数学表达式：$v=\dfrac{\Delta c}{\Delta t}$

式中：v—化学反应速率，Δc—反应物或生成物浓度变化，Δt—时间变化

4. 单位：mol/(L·s) 或 mol/(L·min) 或 mol/(L·h)

【讲述】刚才我们回顾并总结了化学反应速率的基本知识，现在请同学们一起完成例题。

【练习】在 2L 的密闭容器中，加入 1mol N_2 和 3mol H_2，发生反应 $N_2+3H_2 \rightleftharpoons 2NH_3$，在 2s 末时，测得容器中含有 0.4mol 的 NH_3，求该反应的化学反应速率。

【副板书】

	N_2	+	$3H_2$	$\rightleftharpoons$	$2NH_3$
起始量（mol）	1		3		0
变化量（mol）	0.2		0.6		0.4
2s 末量（mol）	1−0.2		3−0.6		0.4

则

$$v(N_2)=\frac{0.2\text{mol}}{2\text{L}\times 2\text{s}}=0.05\text{mol/(L}\cdot\text{s)}$$

$$v(H_2)=\frac{0.6\text{mol}}{2\text{L}\times 2\text{s}}=0.15\text{mol/(L}\cdot\text{s)}$$

$$v(NH_3)=\frac{0.4\text{mol}}{2\text{L}\times 2\text{s}}=0.1\text{mol/(L}\cdot\text{s)}$$

【讲述】这道题运用的计算方法叫做“三段式”，三段式包括起始量、转化量和某时刻量，我们来看一下“三段式”计算的基本模式。

【投影】运用“三段式”计算的基本模式

	mA(g)	+	nB(g)	$\rightleftharpoons$	pC(g)	+	qD(g)
起始浓度(mol/L)	a		b		0		0
转化浓度(mol/L)	x		$\dfrac{nx}{m}$		$\dfrac{px}{m}$		$\dfrac{qx}{m}$
某时刻浓度(mol/L)	$a-x$		$b-\dfrac{nx}{m}$		$\dfrac{px}{m}$		$\dfrac{qx}{m}$

【板书】5. 化学反应速率的简单计算

【提问】通过刚才的计算，请同学们思考以下两个问题：

（1）在表示化学反应速率时，应该注意哪些问题？

（2）分别用三种物质表示的反应速率之间有什么关系？

【讲述】通过上述计算，在表示化学反应速率时，我们应注意以下三点：第一，化学反应速率是平均速率，而不是瞬时速率，只取正值；第二，由于在反应中纯固体和纯液体的浓度是恒定不变的，因此对于有纯液体或纯固体参加的反应，一般不用纯液体或纯固体来表示其化学反应速率；第三，对于同一个反应来说，用不同的物质来表示该反应的速率时，其数值不同，但表达的意义相同。因此，在表示化学反应速率时，必须指明是用反应体系中的哪种物质作标准。

【板书】6. 注意事项

（1）化学反应速率是平均速率，而不是瞬时速率，只取正值

（2）对于有纯液体或纯固体参加的反应，一般不用纯液体或纯固体来表示化学反应速率

（3）在表示化学反应速率时，必须指明是用反应体系中的哪种物质作标准

【讲述】同时，通过观察这几个数据能够发现，在化学反应 $N_2+3H_2 \rightleftharpoons 2NH_3$ 中，$v(N_2):v(H_2):v(NH_3)=1:3:2$，而这个比值恰好是三种物质的化学计量数之比。也就是说，同一反应中，各物质的速率之比等于它们在化学方程式中的化学计量数之比，同样各物质的转化量之比也等于它们在化学方程式中的化学计量数之比。

【板书】（4）同一反应中，各物质的速率之比与转化量之比均等于它们在化学方程式中的化学计量数之比

【练习】可逆反应 $A(g)+B(g) \rightleftharpoons 2C(g)+2D(g)$，在四种情况下的反应速率如下，其中反应进行最快的是（　　）

A. $v(A)=0.15mol/(L\cdot min)$　　B. $v(B)=0.6mol/(L\cdot min)$

C. $v(C)=0.4mol/(L\cdot min)$　　D. $v(D)=0.01mol/(L\cdot s)$

【提问】这是一道比较化学反应速率大小的题，请同学们思考我们能否直接根据 4 个选项的数值大小来比较化学反应的快慢呢？

【讲述】这是不行的，原因有两点：一是单位存在差异，二是对于同一个反应来说，用不同的物质来表示该反应的速率时，其数值不同，但表达的意义相同。换言之，尽管数值不同，但实际表示的化学反应快慢是相同的。因此，我们并不能直接通过数值的大小来比较化学反应的快慢，那我们该怎么办呢？实际上就是要统一标准，即用化学反应速率来比较不同反应或同一反应在不同条件下反应的快慢时，应选择同一物质来比较。

【讲述】当我们以气体 A 作为标准，首先将分别用气体 B、气体 C 和气体 D 表示的化学反应速率运用“同一反应中，各物质的速率之比与转化量之比均等于它们在化学方程式中的化学计量数之比”的结论换算为用气体 A 表示的化学反应速率，然后统一单位，气体 B 表示的化学反应速率则被换算为 0.6mol/(L · min)，气体 C 表示的化学反应速率则被换算为 0.2mol/(L · min)，气体 D 表示的化学反应速率则被换算为 0.3mol/(L · min)。由此我们能够得知该题正确答案是 B 选项。

2. 化学反应速率的测定

【过渡】通过刚才的学习，相信同学们对化学反应速率的基本知识有了清晰地认识，那么这些化学反应速率的数值是如何测得的呢？依据的原理又是什么呢？接下来就让我们一起来学习化学反应速率的测定方法。

【板书】二、化学反应速率的测定方法

【实验演示】按下图所示安装两套装置，在锥形瓶中各盛有 2g 锌粒（颗粒大小基本相同），通过分液漏斗分别加入 40mL 1mol/L 和 40mL 4mol/L 的硫酸，比较二者收集 10mL H_2所用的时间。

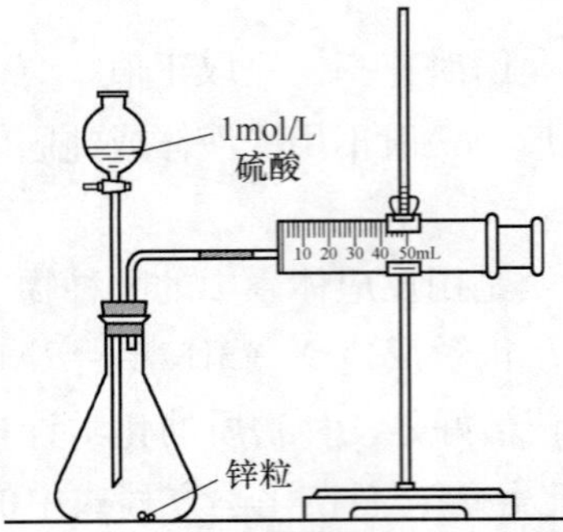

装置 (1)

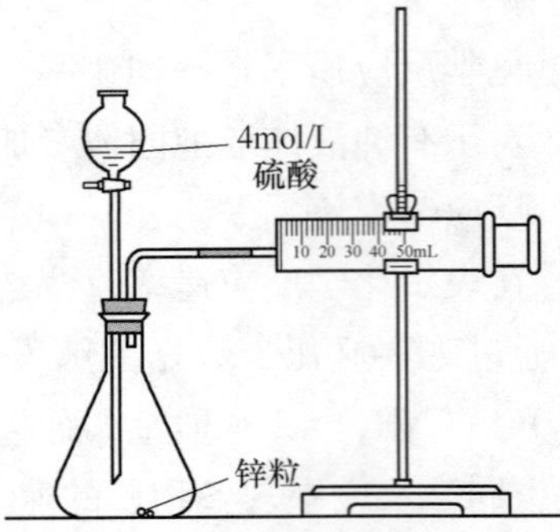

装置 (2)

【实验现象】两套装置中均有气泡产生，收集 10mL 气体装置（2）所用时间比装置（1）所用时间短。

【实验结论】4mol/L 的硫酸与锌反应比 1mol/L 的硫酸与锌反应快。

【讲述】刚才我们是通过测量收集相同体积的气体所需时间来间接测量该反应的化学反应速率，除此之外，我们还能够利用相同质量的锌完全溶解所用时间的不同、稀硫酸浓度的变化等测定化学反应速率。

【提问】具体来说依据怎样的思路和方法来测定化学反应速率呢?

【讲述】首先，我们依据的基本思路是化学反应中发生变化的是体系中的化学物质（包括反应物和生成物），所以与其中任何一种化学物质的浓度（或质量）相关的性质在测量反应速率时都可以加以利用，比如直接可观察的某些性质、依靠科学仪器才能测量的性质、物质本身特殊的颜色等。

【板书】1. 基本思路：与化学反应体系中任何一种化学物质的浓度（或质量）相关的性质在测量反应速率时都可以加以利用

【讲述】在实际测量化学反应速率的过程中，我们通常运用以下 4 种方法。

【板书】2. 测量方法

（1）对于有气体生成的反应，可测定相同时间内收集气体的多少或测定收集等量气体所用时间的多少

（2）对于有固体参加的反应，可测定相同时间消耗固体质量的多少

（3）对于有酸或碱参加的反应，可测定溶液 $c(H^+)$ 或者 $c(OH^-)$ 的变化

（4）对于有颜色变化或沉淀生成的反应，可测定溶液变色或变浑浊所用时间的多少

环节三：归纳总结

【总结】今天我们对化学反应速率的有关知识进行了深入的学习，首先巩固了化学反应速率的基本知识，然后学习了化学反应速率的基本计算、注意事项与测定方法。希望同学们能够及时巩固今天所学的相关知识，完成课本第 18～19 页的课后习题，并预习下一节“影响化学反应速率的因素”的有关知识。

七、板书设计

2.1　化学反应速率

一、化学反应速率

1. 定义：用来衡量化学反应进行快慢程度的一个物理量
2. 表示方法：用单位时间内，反应物浓度的减少或生成物浓度的增加来表示
3. 数学表达式：$v = \frac{\Delta c}{\Delta t}$

   式中：v —化学反应速率，Δc —反应物或生成物浓度变化，Δt —时间变化
4. 单位：mol/(L · s) 或 mol/(L · min) 或 mol/(L · h)
5. 化学反应速率的简单计算
6. 注意事项

   （1）化学反应速率是平均速率，而不是瞬时速率，只取正值

   （2）对于有纯液体或纯固体参加的反应，一般不用纯液体或纯固体来表示化学反应速率

   （3）在表示化学反应速率时，必须指明是用反应体系中的哪种物质作标准

   （4）同一反应中，各物质的速率之比与转化量之比均等于它们在化学方程式中的化学计量数之比

二、化学反应速率的测定方法

1. 基本思路：与化学反应体系中任何一种化学物质的浓度（或质量）相关的性质在测量反应速率时都可以加以利用
2. 测量方法

   （1）对于有气体生成的反应，可测定相同时间内收集气体的多少或测定收集等量气体所用时间的多少

   （2）对于有固体参加的反应，可测定相同时间消耗固体质量的多少

   （3）对于有酸或碱参加的反应，可测定溶液 $c(H^+)$ 或者 $c(OH^-)$ 的变化

   （4）对于有颜色变化或沉淀生成的反应，可测定溶液变色或变浑浊所用时间的多少

第二节　影响化学反应速率的因素

第1课时　浓度、压强对化学反应速率的影响

一、教材分析

本节内容选自人教版高中《化学（选修4）》第二章“化学反应速率和化学平衡”第二节“影响化学反应速率的因素”。依据课程标准“知道活化能的涵义及其对化学反应速率的影响”与“通过实验探究温度、浓度、压强和催化剂对化学反应速率的影响，认识其一般规律”的要求，本节课安排了“浓度、压强对化学反应速率的影响”等教学内容。

为确保学生理解与掌握外界因素影响化学反应速率的本质原因，教科书首先揭示了“化学反应速率与分子间的有效碰撞频率有关”的客观规律，并借助生活中的实例详细阐释了改变与控制化学反应速率的方法。然后通过实验演示了浓度对化学反应速率的影响，并详细介绍了浓度能够对化学反应速率产生影响的微观本质原因。最后通过微观粒子示意图与文字叙述相结合的方式，介绍了压强对化学反应速率的影响规律，并分析了压强对有气体参加的反应产生影响而不能对只有固体或液体参加的反应产生影响的本质原因。

本节内容在教科书中起着承上启下的作用，其中“承上”是指本节内容是对必修2模块与选修4第二章第一节中“化学反应速率”的有关知识的巩固深化，同时与前言中介绍的碰撞理论相呼应；“启下”是指本节内容为本节第二课时“温度、催化剂对化学反应速率的影响”，以及第三节“化学平衡”等有关知识的学习奠定了基础。

二、学情分析

从知识储备方面来说，通过前面的学习，学生已经对化学反应速率、有效碰撞理论的相关知识有一定的认识，同时对浓度对化学反应速率的影响存在感性认识，但还未形成理性思维，而且缺乏联系实际的具体应用。从能力方面来说，学生已具备一定的基本实验能力、理性思维能力与一定的观察、分析、质疑和表达能力，但抽象思维还不成熟。

三、教学目标

知识与技能	（1）理解浓度、压强对化学反应速率的影响。 （2）能初步运用有效碰撞理论和活化分子等知识来解释浓度、压强对化学反应速率的影响。 （3）初步学会设计对照实验比较条件的改变对化学反应速率大小的影响
过程与方法	（1）通过观察与分析浓度、温度对化学反应速率影响的实验，学会从微观视角解释宏观现象的学习方法。 （2）通过浓度、温度对化学反应速率影响的实验探究，初步学会通过进行对照实验来进行学习的化学学习方法

续表

情感态度与价值观	（1）通过分析与解释浓度、温度对化学反应速率影响的微观本质，建立起“透过现象看本质”的辩证唯物主义哲学思想。 （2）通过学习浓度、温度对化学反应速率影响的有关知识，提升“宏观辨识与微观探析”化学学科核心素养

四、教学重点和难点

（1）教学重点：浓度、压强对化学反应速率的影响。

（2）教学难点：运用碰撞理论解释浓度、压强对化学反应速率的影响。

五、知识结构

- 浓度与压强对化学反应速率的影响
  - 浓度
    - 规律：其他条件一定时，增大浓度能够使化学反应速率加快
    - 理论解释
      - 碰撞理论
        - 有效碰撞
          - 定义：能够发生化学反应的分子（或原子）碰撞
          - 发生条件：分子有足够的能量：分子碰撞有合适的取向
        - 活化分子：能够发生有效碰撞的分子
        - 活化能：活化分子比普通分子多出的那部分能量
      - 原因：在一定条件下，对某一反应而言，反应物分子中活化分子百分数（活化分子数与反应物分子数的比值）是一定的，活化分子浓度与反应物浓度成正比。当其他条件不变时，增大反应物浓度，单位体积内活化分子数目增加，使得单位时间内有效碰撞的次数增加，发生有效碰撞的几率增大，从而使得化学反应速率增加
    - 注意事项
      - 此规律只适用于气体或溶液的反应，对于纯固体或液体的反应物，一般情况下其浓度是常数，因此改变它们的量一般不会改变化学反应速率
      - 随着化学反应的进行，反应物的浓度逐渐减小，化学反应速率一般会逐渐减小
  - 压强
    - 规律：对于有气体参加的反应，若其他条件不变，增大压强，化学反应速率加快
    - 原因：对气体来说，若其他条件不变，增大压强，就是增加单位体积的反应物的物质的量，即增加反应物的浓度，因而可以增大化学反应的速率
    - 注意事项
      - 压强对于反应速率的影响是通过对浓度的影响实现的
      - 压强增大→气体浓度成比例增大；压强减小→气体浓度成比例减小
      - 压强只对于有气体参加的化学反应速率有影响

六、教学过程

环节一：导入新课

【提问】 逢年过节，我们经常能够看见各种各样的焰火，这些五彩斑斓的焰火能够给节日增添喜庆的氛围，现在请同学们思考一个问题：如果你是焰火设计师，通过哪些因素可以控制焰火燃烧的反应速率？今天就让我们一起来学习“影响化学反应速率的因素”。

【板书】2.2.1 影响化学反应速率的因素

环节二：展开新课

1. 内因对化学反应速率的影响

【提问】在必修2中，我们已经学习了影响化学反应速率的因素，请同学们回忆一下有哪些因素会影响化学反应速率呢?

【讲述】影响因素分为内因和外因，内因主要取决于反应物的性质。不同的化学反应，因反应物的性质不同，化学反应速率具有较大的差别，比如火药爆炸、燃料燃烧、中和反应、钠与水反应等化学反应的速率很快，而钢铁生锈、牛奶腐败等化学反应的速率较慢。

【板书】一、内因：反应物的性质

2. 浓度对化学反应速率的影响

【讲述】外界因素有哪些呢？实际上有浓度、温度、压强、催化剂以及其他的因素，首先我们先来看浓度对化学反应速率的影响。

【板书】二、外因

（一）浓度对化学反应速率的影响

【讲述】现在我们通过下面两组实验来验证浓度是如何对化学反应速率产生影响的。

【实验】取两支试管，各加入2mL 0.01mol/L $KMnO_4$溶液，然后向其中一支试管中加入2mL 0.1mol/L $H_2C_2O_4$溶液，向另一支试管中加入2mL 0.2mol/L $H_2C_2O_4$溶液。

【实验结果】

加入试剂	0.1mol/L $H_2C_2O_4$溶液	0.2mol/L $H_2C_2O_4$溶液
实验现象	$KMnO_4$溶液逐渐褪色	
褪色时间	褪色所需时间长	褪色所需时间短

【讲述】在刚才的实验中，老师运用了控制变量的思想，控制其他条件不变，只改变了$H_2C_2O_4$溶液的浓度来探讨浓度对化学反应速率的影响，根据刚才的实验现象，我们能够得到的实验结论是其他条件一定时，增大反应物的浓度能够使化学反应速率加快。

【板书】1. 规律：其他条件一定时，增大反应物的浓度能够使化学反应速率加快

【过渡】为什么当其他条件一定时，增大反应物的浓度能够使化学反应速率加快呢？我们从微观视角一起来分析这个问题。

【提问】要想解释浓度对反应速率影响的原因，我们需要借助“碰撞理论”来进行分析。我们已经在序言中学习了“碰撞理论”的有关内容，现在请同学们回忆“碰撞理论”的相关内容，然后回答以下几个问题：什么叫做有效碰撞？发生有效碰撞的条件是什么?

【板书】2. 原因

（1）碰撞理论

【讲述】化学反应的本质是旧化学键的断裂，新化学键的形成，从而导致分子分解成原子，原子重新组合成新的分子，实现旧物质向新物质的转化。而旧化学键的断裂与新化学键的形成均是通过分子间的有效碰撞而产生的，有效碰撞就是指能够发生化学反应的碰撞。

【板书】1）有效碰撞

定义：能够发生化学反应的分子（或原子）碰撞

【提问】那么发生有效碰撞的条件是什么呢？

【投影】

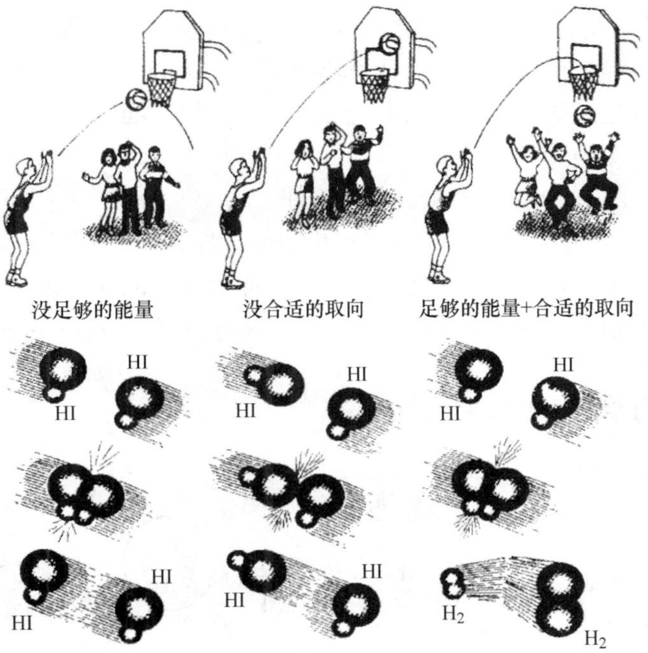

图1　　图2　　图3

【讲述】有效碰撞的过程就好比投篮。在图1中，这名篮球运动员因为没有足够的能量而没将篮球投进篮框。同样，如果分子在发生碰撞时没有足够的能量，就无法发生有效碰撞。在图2中，这名篮球运动员因为没有合适的取向而没将篮球投进篮框。同样，如果分子在发生碰撞时没有合适的取向也不能够发生有效碰撞，只有同时拥有足够的能量和合适的取向，方能像图3中的篮球运动员一样将篮球投入篮框，分子发生碰撞时才能够发生有效碰撞。因此，发生有效碰撞的条件就是分子有足够的能量，而且分子碰撞要有合适的取向。

【板书】发生条件：分子有足够的能量、分子碰撞要有合适的取向

【讲述】请同学们思考分子获得足够的能量后会发生什么变化？而获得的这个能量又叫什么？

【投影】放热反应过程中能量变化示意图

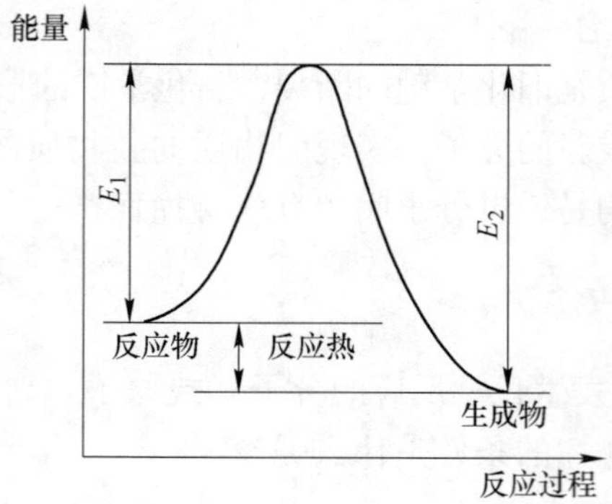

【讲述】这幅图是从微观的视角来描述放热反应前后能量的变化情况，由于旧化学键断裂会吸收能量，因此反应体系的能量首先会升高至一个最高点，当能量处于最高点时，分子已经由反应物的普通分子转变成了活化分子，所谓的活化分子就是指能够发生有效碰撞的分子，而活化分子比普通分子多出的那部分能量就是活化能，对应的就是图中的 E_1。

【板书】2）活化分子：能够发生有效碰撞的分子

3）活化能：活化分子比普通分子多出的那部分能量

【讲述】然后活化分子间以合适的取向发生有效碰撞形成新的化学键并释放能量转变为新分子。也就是说，我们能够运用“有效碰撞理论”建立这样的一个化学反应模型。

【投影】反应经历过程的流程示意图

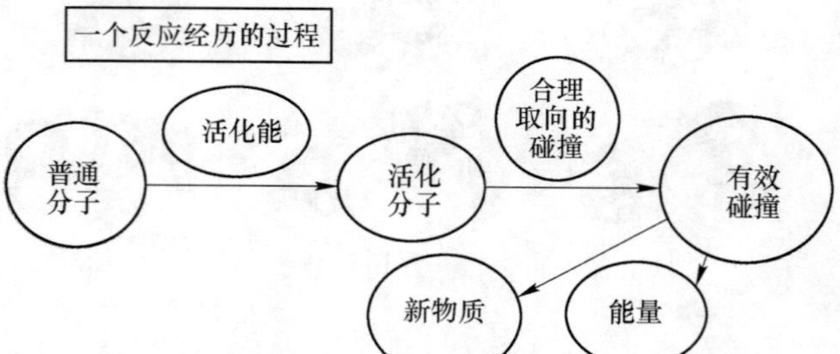

【过渡】我们该如何运用“碰撞理论”来解释浓度对化学反应速率的影响呢？

【讲述】在一定条件下，对某一反应而言，反应物分子中活化分子百分数（活化分子数与反应物分子数的比值）是一定的，即活化分子浓度与反应物浓度成正比。当其他条件不变时，增大反应物浓度，单位体积内活化分子数目增加，使得单位时间内有效碰撞的次数增加，发生有效碰撞的几率增大，从而使得化学反应速率增大。

【板书】（2）理论解释

其他条件不变，反应物浓度增大→单位体积内活化分子数目增多→有效碰撞频率增大→化学反应速率增大

【讲述】在使用这条规律时，我们需注意以下几点：

（1）此规律只适用于气体或溶液的反应，对于纯固体或液体的反应物，一般情况

下其浓度是常数，因此改变它们的量一般不会改变化学反应速率。

（2）随着化学反应的进行，反应物的浓度会逐渐减小，因此一般化学反应速率也会逐渐减小。

3. 压强对化学反应速率的影响

【过渡】接下来我们一起来探讨一下压强对化学反应速率的影响。

【板书】（二）压强对化学反应速率的影响

【提问】现在请同学们根据浓度对化学反应速率的影响规律思考，压强是怎样对化学反应速率产生影响的？

【讲述】压强增大，化学反应速率是会加快的，但是我们必须要注意的是，压强只对于有气体参加的反应的速率有影响。

【板书】1. 规律：对于有气体参加的反应，若其他条件不变，增大压强，反应速率加快

【过渡】我们该怎么来解释这个规律呢？

【投影】气体分子微观示意图

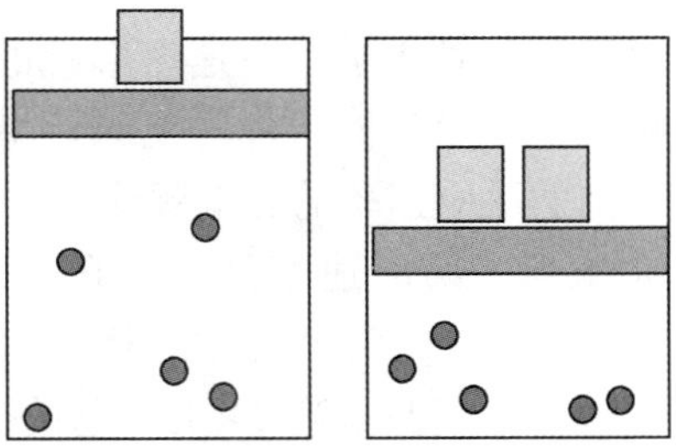

【讲述】通过气体分子微观示意图，我们可以看到，对气体来说，若其他条件不变，增大压强，就是增加单位体积反应物的物质的量，即增加反应物的浓度，因而可以增大化学反应的速率。

【板书】2. 原因

压强增大→体积减小
其他条件不变 } →浓度增大→化学反应速率增大

【讲述】在使用这条规律时，请同学们注意以下三点：第一，压强对于反应速率的影响是通过对浓度的影响实现的；第二，压强增大导致浓度成比例增大，压强减小导致浓度成比例减小；第三，压强只对有气体参加的反应的速率有影响。

【练习】在 $N_2+3H_2 \rightleftharpoons 2NH_3$ 中，当其他外界条件不变时：

（1）减小体系压强，该反应的速率怎么变？

（2）在反应中保持体系容积不变，充入 N_2，反应速率怎么变？

（3）在反应中保持体系容积不变，充入 He，反应速率怎么变？

（4）在反应中保持体系压强不变，充入 He，反应速率怎么变？

【讲述】减小体系压强，相当于减小反应物的浓度，所以速率降低；在恒温恒容时通入 N_2，相当于增大反应物的浓度，增大压强，反应的速率加快；在恒温恒容时通入

He，尽管体系的总压强增大了，但各反应物的分压不变，各物质的浓度不变，因此该反应速率不变；在恒温恒压时通入 He，会引起体积增大，使得各反应物浓度减少，从而使得反应速率减慢。

【讲述】 通过这道习题，我们可以总结出恒温恒容与恒温恒压情况下通入不同气体的规律。

【板书】 3. 恒温恒容与恒温恒压情况下通入不同气体的规律

（1）恒温时：增大压强→体积减小→浓度增大→反应速率增大

（2）恒容时：

1）充入气体反应物→反应物浓度增大→总压增大→反应速率增大

2）充入"无关气体"（如 He、N_2等）→引起总压增大，但各反应物的分压不变，各物质的浓度不变→反应速率不变

（3）恒压时：充入"无关气体"（如 He 等）→引起体积增大→各反应物浓度减少→反应速率减慢

环节三：归纳总结

【总结】 本节课我们学习了浓度与压强对化学反应速率影响的有关知识，我们了解到浓度对化学反应速率的影响规律是当其他条件一定时，增大反应物的浓度能够使化学反应速率加快；压强对化学反应速率的影响规律是对于有气体参加的反应而言的，若其他条件不变，增大压强，反应速率加快。在认识规律的基础上，我们运用"碰撞理论"从微观层次上对上述两个规律进行了解释，希望同学们能够及时地巩固今天所学的相关知识，完成课本第 24 页 1 题的（1）~（4），并预习下一节课内容。

七、板书设计

2.2.1　影响化学反应速率的因素

一、内因：反应物的性质

二、外因

（一）浓度对化学反应速率的影响

1. 规律：其他条件一定时，增大反应物的浓度能够使化学反应速率加快

2. 原因

（1）碰撞理论

1）有效碰撞

定义：能够发生化学反应的分子（或原子）碰撞

发生条件：分子有足够的能量、分子碰撞要有合适的取向

2）活化分子：能够发生有效碰撞的分子

3）活化能：活化分子比普通分子多出的那部分能量

（2）理论解释

其他条件不变，反应物浓度增大→单位体积内活化分子数目增多→有效碰撞频率增大→化学反应速率增大

（二）压强对化学反应速率的影响

1. 规律：对于有气体参加的反应，若其他条件不变，增大压强，反应速率加快

2. 原因

压强增大→体积减小 ⎫
其他条件不变 ⎭→浓度增大→化学反应速率增大

3. 恒温恒容与恒温恒压情况下通入不同气体的规律

（1）恒温时：增大压强→体积减小→浓度增大→反应速率增大

（2）恒容时：

1）充入气体反应物→反应物浓度增大→总压增大→反应速率增大

2）充入“无关气体”（如 He、N_2等）→引起总压增大，但各反应物的分压不变，各物质的浓度不变→反应速率不变

（3）恒压时：冲入“无关气体”（如 He 等）→引起体积增大→各反应物浓度减少→反应速率减慢

第2课时　温度、催化剂对化学反应速率的影响

一、教材分析

本节内容选自人教版高中《化学（选修4）》第二章“化学反应速率和化学平衡”第二节“影响化学反应速率的因素”。依据课程标准“知道活化能的涵义及其对化学反应速率的影响”与“通过实验探究温度、浓度、压强和催化剂对化学反应速率的影响，认识其一般规律”的要求，本节课安排了“温度、催化剂对化学反应速率的影响”等教学内容。

教科书在介绍“温度对化学反应速率的影响”时，首先通过不同温度下硫代硫酸钠溶液与稀硫酸反应的实验，促进学生初步感知温度对化学反应速率影响的规律；然后从微观角度对该规律的本质原因进行介绍；最后在“科学探究”栏目中，以反应“$4H^+ + 4I^- + O_2 = 2I_2 + 2H_2O$”为例，探究溶液出现蓝色的时间与温度的关系，进一步加深理解“温度对化学反应速率影响”的规律。教科书在介绍“催化剂对化学反应速率的影响”时，首先通过双氧水分解的对比实验，促进学生初步感知催化剂对化学反应速率影响的规律；然后在微观视角下，通过文字叙述与展示能量变化示意图相结合的方式，介绍了催化剂加快化学反应速率的本质原因；最后在“科学探究”栏目中，通过三个探究实验活动的开展，引入了选用适当的催化剂对工业生产的重要作用以及目前催化剂研究的现状。

本节课在教科书中起着承上启下的作用，其中“承上”是指本节内容是对前面有关知识的深化巩固，从微观的视角引导学生运用“碰撞理论”进一步深度剖析温度、催化剂对化学反应速率影响的本质原因；“启下”是指本节内容为后面化学平衡等有关知识的学习奠定了基础。

二、学情分析

在前面的学习中，学生已经理解与掌握化学反应速率的相关知识，同时对温度、催化剂能改变化学反应速率的客观事实有一定的了解，但并不知道温度、催化剂改变化学反应速率的本质原因，因此需要从微观层面解释温度、催化剂对化学反应速率的影响规律。另外，学生已具备一定的基本实验、观察、分析、质疑和表达的能力，但抽象思维还不成熟，需要进一步加强。

三、教学目标

知识与技能	（1）理解温度、催化剂对化学反应速率的影响规律。 （2）能运用有效碰撞解释温度、催化剂对化学反应速率的影响
过程与方法	（1）学会从微观视角解释宏观现象的学习方法。 （2）初步学会运用对照实验来进行化学学习的方法
情感态度与价值观	（1）通过分析与解释“温度、催化剂对化学反应速率影响”的本质原因，进一步建立起“透过现象看本质”的辩证唯物主义哲学思想。 （2）通过温度、催化剂对化学反应速率影响的有关知识的学习，进一步提升“宏观辨识与微观探析”的化学学科核心素养。 （3）通过了解温度在生活中的应用以及催化剂对工业生产等领域的重要作用，形成正确的“科学价值观”

四、教学重点和难点

（1）教学重点：温度、催化剂对化学反应速率的影响。

（2）教学难点：用碰撞理论解释温度、催化剂对化学反应速率的影响。

五、知识结构

- 温度与催化剂对化学反应速率的影响
  - 温度
    - 规律：其他条件不变，温度升高，化学反应速率加快
    - 原因：当升高化学反应的温度后，会使体系的能量增大，进而使得活化分子百分数增加，单位时间内反应物分子间的有效碰撞次数增加，故化学反应速率增大
    - 注意事项
      - 温度对化学反应速率影响的规律，对吸热反应，放热反应都适用
      - 一般说来，温度每升高 10℃，速率增加 2~4 倍
      - 若为可逆反应，升高温度，正、逆反应速率都加快；降低温度，正、逆反应速率都减小
  - 催化剂
    - 规律：一般来说，催化剂能够加快化学反应速率
    - 原因：使用催化剂，能够降低反应所需的能量，这样会使更多的反应物的分子成为活化分子，大大增加单位体积内反应物分子中活化分子所占的百分数，因而使化学反应速率加快
    - 注意事项
      - 不同的催化剂对化学反应速率的催化效果不同，因此要选用适当的催化剂进行催化反应
      - 使用催化剂同等程度的增大（减慢）正逆反应速率，从而改变反应到达平衡所需时间
      - 催化剂只能催化可能发生的反应，对不发生的反应无作用
      - 催化剂具有一定的选择性
      - 要防止催化剂中毒（催化剂的活性因接触少量的杂质而明显下降甚至遭到破坏的现象）

六、教学过程

环节一：导入新课

【讲述】在上一节课中，我们学习了浓度、压强对化学反应速率的影响规律和本质原因。我们知道影响化学反应速率的因素除了浓度和压强之外，还有温度、催化剂，今天就让我们进一步学习温度和催化剂对化学反应速率的影响。首先我们通过实验来探究温度对化学反应速率的影响。

【板书】2. 2. 2　影响化学反应速率的因素

（三）温度对化学反应速率的影响

环节二：展开新课

1. 温度对化学反应速率的影响

【实验】取两支试管，分别加入 5mL 0.1mol/L 的 $Na_2S_2O_3$溶液；然后另取两支试管，分别加入 5mL 0.1mol/L 的 H_2SO_4溶液，将 4 支试管分成两组（各有一支盛有 $Na_2S_2O_3$ 和 H_2SO_4的试管），将其中一组浸入到热水中，另一组浸入到冷水中，经过一段时间后，分别混合并搅拌，观察实验现象并记录出现浑浊的时间。

【讲述】在实验中我们可以看到，温度高的试管中的溶液先出现浑浊，这说明当其他条件不变时，升高温度，化学反应速率加快。

【板书】1. 规律：其他条件不变，温度升高，化学反应速率加快

【提问】那么我们该怎样运用碰撞理论来解释这个规律呢？

【讲述】当升高温度后，化学反应体系的能量增大，使得活化分子百分数增加，单位时间内反应物分子间的有效碰撞次数增加，故化学反应速率增大。

【板书】2. 理论解释

温度升高→更多普通分子变为活化分子→活化分子百分数升高→化学反应速率增大

【讲述】在使用该规律时，请同学们注意以下三点：第一，温度对化学反应速率影响的规律，对吸热反应和放热反应都适用；第二，一般说来，温度每升高 10℃，速率增加 2~4 倍；第三，若为可逆反应，升高温度，正、逆反应速率都加快；降低温度，正、逆反应速率都减小。

【提问】同学们能举出生活中利用改变温度加快或减慢化学反应速率的例子吗？

【讲述】生活中利用温度改变化学反应速率的实例很多，比如为防止食品变质，我们经常将食物放入冰箱中保存，以降低食品变质的速率。化学是与生活密切相关的，同学们要学会将化学知识与生活紧密联系起来。

2. 催化剂对化学反应速率的影响

【过渡】通过刚才的学习，我们认识与理解了温度对化学反应速率的影响，接下来我们一起来学习催化剂对化学反应速率的影响。

【板书】（四）催化剂对化学反应速率的影响

【实验】锥形瓶中盛有 10mL 左右 10% 的 H_2O_2溶液，双孔胶塞上插有短导管和漏斗，短导管里插有带余烬的木条。开始时余烬没有明显变化，经漏斗向锥形瓶内加入少量 MnO_2后，锥形瓶中迅速产生大量气泡，余烬复燃。

【讲述】该实验现象说明，催化剂 MnO_2能加快 H_2O_2分解的速率。是不是所有的催化剂都能加快化学反应速率呢？实际上并不是，通过九年级的学习，我们知道催化剂是指能改变化学反应速率而自身的化学组成和质量在反应前后保持不变的物质，由该定义我们能够得知催化剂具有“一变两不变”的特点，即改变化学反应速率而自身的化学组成和质量在反应前后保持不变。

【讲述】催化剂能够改变化学反应速率，这里的“改变”是指催化剂不仅能加快化学反应速率，也能减慢化学反应速率。根据这一特性，我们通常将催化剂分为正催化剂和负催化剂两大类，其中正催化剂是指能加快化学反应速率的催化剂，负催化剂

是指能减慢化学反应速率的催化剂，一般不说明的话就是指正催化剂，即催化剂能够加快化学反应速率。

【板书】1. 规律：一般来说，催化剂能加快化学反应速率

【提问】为什么催化剂一般能够加快化学反应速率呢?

【讲述】这是由于使用催化剂能够降低反应所需的能量，会使更多的反应物分子成为活化分子，大大增加单位体积内反应物分子中活化分子所占的百分数，因而使反应速率加快。

【投影】微观能量变化示意图

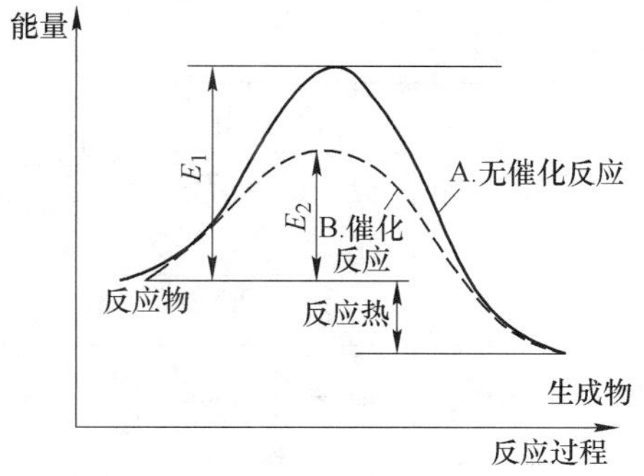

【讲述】这幅图是描述催化反应和无催化反应过程中能量关系的示意图。图中 A 曲线与 B 曲线分别表示无催化剂和有催化剂的反应过程中，反应物和生成物的能量和活化能的关系。显然，有催化剂时，反应的活化能比无催化剂时反应的活化能降低了许多，使反应体系中活化分子百分数提高，从而使有效碰撞的几率提高，反应速率增大。

【板书】2. 理论解释

使用催化剂→降低活化能→活化分子百分数升高→化学反应速率增大

【提问】请同学们思考：不同的催化剂对同一个反应的催化性能相同吗?

【实验】取两支试管，各加入 5mL 淀粉溶液和 2 滴碘水，然后向其中一支试管中加入 1mL 2mol/L 的硫酸溶液，向另一支试管中加入 1mL 唾液，振荡。注意观察实验现象并比较硫酸溶液、唾液对淀粉水解的催化效果。

【讲述】在实验中，盛有淀粉溶液、碘水与唾液的试管中的液体褪色较快，盛有淀粉溶液、碘水与硫酸溶液的试管中的液体褪色较慢。该实验现象说明硫酸、唾液对淀粉的水解都有催化作用，但唾液催化作用较强。我们能够得出不同的催化剂对化学反应速率的催化效果不同，因此要选用适当的催化剂进行催化反应，同时在使用催化剂对化学反应速率影响的规律时还要注意以下几点：第一，使用催化剂同等程度的增大（减慢）正、逆反应速率，从而改变反应到达平衡所需时间；第二，催化剂只能催化可能发生的反应，对不发生的反应无作用；第三，催化剂具有一定的选择性；第四，要防止催化剂中毒（催化剂的活性因接触少量的杂质而明显下降甚至遭到破坏的现象叫催化剂中毒）。

【讲述】请同学们阅读课本第 23~24 页，了解催化剂对于工业生产的重要作用。

环节三：归纳总结

【总结】本节课中，我们学习了温度与催化剂对化学反应速率影响的有关知识，我们了解到温度对化学反应速率的影响规律是当其他条件一定时，升高温度能够使化学反应速率加快；催化剂对化学反应速率的影响规律是一般而言，使用催化剂能使化学反应速率加快，并运用“碰撞理论”从微观层次上对上述两个规律进行了解释，希望同学们能够及时地巩固今天所学的相关知识。至此，第二节的有关知识我们已经学习完毕，现在我们一起通过一张表格来总结一下本节的有关内容。

【投影】外界条件对化学反应速率的影响

条件变化		活化能	单位体积内		活化分子百分数	单位时间内有效碰撞次数	化学反应速率
			分子总数	活化分子数			
浓度	增大	不变	增多	增多	不变	增多	增大
压强	增大（减小容器容积）	不变	增多	增多	不变	增多	增大
温度	升高	不变	不变	增多	增大	增多	增大
使用催化剂		减小	不变	增多	增大	增多	增大

【作业布置】今天的作业是预习下节课“化学平衡”的有关知识，并完成课本第 24 页的 2 题。

七、板书设计

2.2.2　影响化学反应速率的因素

（三）温度对化学反应速率的影响

1. 规律：其他条件不变，温度升高，化学反应速率加快
2. 理论解释

温度升高 → 更多普通分子变为活化分子 → 活化分子百分数升高 → 化学反应速率增大

（四）催化剂对化学反应速率的影响

1. 规律：一般来说，催化剂能加快化学反应速率
2. 理论解释

使用催化剂→降低活化能→活化分子百分数升高→化学反应速率增大

第三节　化 学 平 衡

第 1 课时　化学平衡

一、教材分析

本节内容选自人教版高中《化学(选修 4)》第二章“化学反应速率和化学平衡”第三节“化学平衡”。依据课程标准“描述化学平衡建立的过程”的要求，本节课安排“可逆反应与不可逆反应、化学平衡”等教学内容。

教科书首先结合学生以往接触过的酸碱中和、氯气置换溶液中溴离子或碘离子等实验引入化学反应限度的问题。然后对溶解过程中存在的限度问题进行分析，以此引入了可逆过程、正反应、逆反应、可逆反应与不可逆反应的概念，为后面化学平衡的建立奠定基础。最后以溶解平衡为例，详细介绍了化学平衡状态的定义、构成条件及标志。

本节课在教科书中起着承上启下的作用，其中“承上”是指本节内容是对必修 2 中“化学反应限度”与九年级化学中“物质的溶解”有关知识的深化巩固；“启下”是指本节内容为第三章“电离平衡”等有关知识的学习奠定了基础。

二、学情分析

通过九年级的学习，学生已经对物质溶解的相关知识有了一定的认识，同时通过必修 2 中化学反应限度与前两节化学反应速率有关知识的学习，学生已经初步认识了化学反应速率、可逆反应与化学平衡的有关基础知识，也初步具备了分析问题、解决问题、收集处理信息和语言表达的能力，但对正逆反应相伴相生、对立统一的关系没有形成深刻地认识与理解，同时也无法熟练应用化学平衡的有关规律去解决生活生产中的实际问题。

三、教学目标

知识与技能	（1）了解可逆反应的含义和化学平衡的概念。 （2）理解可逆反应达到平衡状态时的特征。 （3）掌握化学平衡状态的标志
过程与方法	（1）通过化学平衡状态标志的学习，掌握判断一个化学反应是否达到化学平衡状态的方法。 （2）通过分析化学平衡的建立，强化归纳与形象思维的能力
情感态度与价值观	（1）结合“溶解—溶解平衡”有关知识，能够建立起“化学平衡是一个动态平衡”的观念，提升“变化观念与平衡思想”的化学学科核心素养。 （2）通过对化学平衡建立过程的学习，建立起“事物的普遍联系”和“对立统一”的辩证唯物主义哲学思想

四、教学重点和难点

（1）教学重点：化学平衡状态的概念、标志与特征。
（2）教学难点：化学平衡状态的标志。

五、知识结构

- 化学平衡
  - 可逆反应与不可逆反应
    - 可逆反应
      - 概念：在相同条件下，既能向正反应方向进行又能向逆反应方向进行的反应
      - 特征
        - 双向性：可逆反应分为正反两个方向的两个反应
        - 双同性：正、逆反应在相同条件下同时进行
        - 共存性：可逆反应中反应物与生成物共存，反应物转化率达不到100%
    - 不可逆反应：几乎完全进行的反应
  - 化学平衡
    - 概念：在一定条件下，可逆反应进行到一定程度时正反应速率和逆反应速率相等，反应物浓度和生成物浓度不再发生变化的状态
    - 构成条件
      - 前提：可逆反应
      - 实质：正反应速率=逆反应速率
      - 标志：反应混合物中各组分的浓度保持不变的状态
    - 特征
      - 逆：化学平衡研究的对象是可逆反应
      - 等：达到化学平衡时，$v_{正}=v_{逆}>0$
      - 动：化学平衡是动态平衡
      - 定：反应混合物各组分的浓度保持一定
      - 变：化学平衡建立在一定条件下，条件改变时，平衡就会被破坏，变为不平衡，并在新条件下建立新的平衡

六、教学过程

环节一：导入新课

【讲述】通过前面的学习，我们知道化学反应有快有慢，还存在着“限度”问题。而化学反应限度的问题，即为我们将要研究的化学平衡问题。本节课就让我们一起来学习“化学平衡”的有关内容。

【板书】2. 3. 1　化学平衡

环节二：展开新课

1. 可逆反应与不可逆反应

【讲述】在九年级化学中，我们已学过溶解问题，我们知道在一定温度下，若在一定量水中加入蔗糖，当蔗糖溶解到一定量时，蔗糖将不再溶解，此时溶液为饱和溶液。

【提问】请同学们思考在饱和蔗糖溶液中，加入蔗糖还会溶解吗？蔗糖溶液饱和后是不是溶解就停止了？

【讲述】加入蔗糖会继续溶解的，溶解过程并未停止。我们都知道，溶质在溶解过程中，

溶质分子一方面会离开溶质表面扩散到水中，即溶质的溶解；另一方面，溶解在水中的溶质分子也会在溶质表面重新聚集成晶体，即溶质的结晶。当温度一定时，溶液达到饱和后，溶液中蔗糖分子离开蔗糖表面扩散到水中的速率与溶解在水中的蔗糖分子在蔗糖表面聚集成晶体的速率相等，即溶解速率等于结晶速率，于是饱和溶液的浓度和固体溶质的质量都保持不变，达到了溶解的平衡状态，该平衡状态是一种动态平衡。

【讲述】 通过刚才的分析，我们能够发现物质的溶解过程具有一定的可逆性，通常我们将这种过程称为可逆过程。在表述这类过程中，约定常用“$\rightleftharpoons$”来代替反应式中原来用的“$=\!=\!=$”。同样，化学平衡状态所研究的反应也是具有一定可逆性的，我们根据反应是否具有可逆性将化学反应分为可逆反应和不可逆反应。

【板书】 一、可逆反应与不可逆反应

【提问】 在必修 2 中，我们已经学习了可逆反应的有关内容，请同学们回忆有关知识，然后回答下列问题：什么叫做可逆反应？可逆反应的特征是什么？

【板书】（一）可逆反应

1. 概念：在相同条件下，既能向正反应方向进行又能向逆反应方向进行的化学反应

（1）正反应：从左向右进行的化学反应

（2）逆反应：从右向左进行的化学反应

【讲述】 通过这个概念，我们能够得知可逆反应具有“双向性”“双同性”与“共存性”的特征，其中“双向性”指的是可逆反应分为正反方向的两个反应；“双同性”指的是正、逆反应在相同条件下同时进行；“共存性”是指可逆反应中反应物与生成物共存，反应物转化率达不到100%。

【板书】 2. 特征：双向性、双同性、共存性

【练习】 1. 下列反应中可判断为可逆反应的是（　　）

A. 氢气和氯气受热生成氯化氢，氯化氢受热分解为氢气和氯气

B. 氮气和氢气在高温、高压、催化下可以生成氨气，同时氨气又分解为氮气和氢气

C. 单质溴可以置换出碘，氯气又可以置换出单质溴

D. 氯气和水反应生成盐酸和次氯酸，次氯酸光照条件下可分解为盐酸和氧气

2. 在密闭容器中充入 SO_2 和由 ^{18}O 原子组成的氧气，在一定条件下开始反应，在达到平衡时，^{18}O 存在于（　　）

A. 只存在于氧气中　　B. 只存在于 SO_3 中

C. 只存在于 SO_2 和 SO_3 中　　D. SO_2、SO_3、O_2 中都有可能存在

【讲述】 在一定条件下，几乎所有的化学反应都具有不同程度的可逆性，但有些反应的逆反应进行程度太小因而可以忽略，我们通常将这种几乎完全进行的反应叫做不可逆反应。

【板书】（二）不可逆反应：几乎完全进行的化学反应

2. 化学平衡状态的建立

【练习】 下表是 $CO(g) + H_2O(g) \rightleftharpoons CO_2(g) + H_2(g)$ 反应中起始和反应不同时间时各物

质浓度的变化（催化剂，1200℃）

反应时间	反应中各物质的浓度/mol · L^{-1}			
	$c(CO)$	$c(H_2O)$	$c(CO_2)$	$c(H_2)$
起始时	0.010	0.010	0	0
10s	0.0075	0.0075	0.0025	0.0025
30s	0.0040	0.0040	0.0060	0.0060
1h	0.0040	0.0040	0.0060	0.0060

试根据表格分析：

（1）反应开始时正逆反应速率和后面正逆反应速率的变化情况，速率的变化与反应物、生成物浓度的变化有何关系？

（2）当 $v_{正}=v_{逆}$时，反应物和生成物浓度及百分含量是否仍继续变化，为什么？

【讲述】通过表格分析，我们能够发现反应开始时，反应物浓度最大，正反应速率最大，此时生成物浓度为零，逆反应速率为零。随着反应的进行，反应物浓度逐渐减小，正反应速率逐渐减慢，生成物浓度逐渐增大，逆反应速率逐渐加快，但到一定程度时，正反应速率等于逆反应速率，此时反应物和生成物浓度不再变化，化学反应进行到最大限度。而这种在一定条件下的可逆反应中，正反应速率和逆反应速率相等，反应混合物中参加反应的物质的量保持不变的状态叫做化学平衡状态。其建立的过程能够用速率随时间变化的示意图来表示。

【投影】化学平衡建立过程中速率随时间变化的曲线图

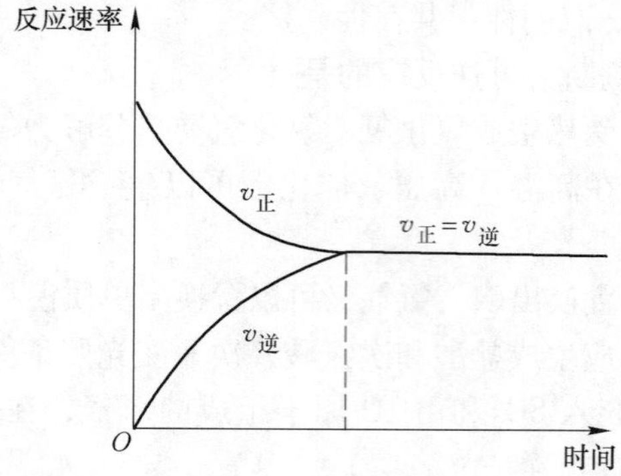

【板书】二、化学平衡

（一）概念：在一定条件下，可逆反应进行到一定程度时正反应速率和逆反应速率相等，反应物浓度和生成物浓度不再发生变化的状态

【提问】根据化学平衡的定义，请同学们思考，化学平衡的构成条件是什么？

【讲述】化学平衡的构成条件可以概括为以下三点：第一，建立化学平衡状态的前提是该反应为可逆反应；第二，化学平衡建立的实质是正反应速率等于逆反应速率；第三，化学平衡状态建立的标志为反应混合物中各组分的浓度保持不变。

【板书】（二）构成条件

1. 前提：可逆反应

2. 实质：正反应速率=逆反应速率

3. 现象：反应混合物中各组分的浓度保持不变的状态

【提问】根据化学平衡的定义，请同学们思考，化学平衡的特征是什么？

【讲述】化学平衡的特征可概括为“逆、等、动、定、变”五个字，其中“逆”是指化学平衡研究的对象是可逆反应；“等”指的是达到化学平衡时，$v_{正}=v_{逆}>0$；“动”是指化学平衡是动态平衡，虽然达到平衡状态，但正反应和逆反应并未停止，是一个动态平衡；“定”是指反应混合物各组分的浓度保持一定；“变”指的是化学平衡建立在一定条件下，条件改变时，平衡就会被破坏变为不平衡，并在新条件下建立新的平衡。

【板书】（三）特征：逆、等、动、定、变

【提问】如何判断一个可逆反应是否达到化学平衡呢？请同学们小组讨论一下。

【讲述】要想判断一个可逆反应是否达到化学平衡，我们可以看该反应的正反应速率与逆反应速率是否相等，若正逆反应速率相等，则可逆反应已达到化学平衡，这就是第一个判断标志——速率标志。在使用该标志判断时，同学们要注意看正反应速率与逆反应速率是否是运用同种物质表示的。通过前面的学习，我们知道对于同一个反应来说，用不同的物质来表示该反应的速率时，其数值不同，但表达的意义相同，因此要注意这一点。

【讲述】如果是用同种物质表示的正反应速率与逆反应速率，只需判断该物质表示的正反应速率与逆反应速率是否相等。比如可逆反应 $N_2(g)+3H_2(g) \rightleftharpoons 2NH_3(g)$，当运用 N_2 表示的正、逆化学反应速率呈现 $v_{正}(N_2)=v_{逆}(N_2)$ 的关系时，则说明该反应已达到化学平衡状态。

【讲述】若是不同物质表示的正反应速率与逆反应速率，就看正反应速率与逆反应速率的比值是否等于化学计量数之比，比如可逆反应 $N_2(g)+3H_2(g) \rightleftharpoons 2NH_3(g)$，当运用 H_2 表示的正化学反应速率和运用 NH_3 表示的逆反应速率呈现 $2v_{正}(H_2)=3v_{逆}(NH_3)$ 的关系时，则说明该反应已达到化学平衡状态。

【板书】（四）判断标志

1. 速率标志：$v_{正}=v_{逆}$

（1）同种物质：$v_{正}=v_{逆}$

（2）不同种物质：$v_{正}$ 与 $v_{逆}$ 之比等于化学计量数之比

【讲述】化学平衡的现象是化学反应达到平衡状态后，反应混合物中各组分的浓度保持不变。因此，我们也能够通过观察反应混合物中各组分的浓度是否随时间的改变而改变来判断一个可逆反应是否已经是平衡状态。除此之外，也可通过观察反应混合物中各组分的浓度、体积、物质的量等是否随时间的改变而改变来判断一个可逆反应是否平衡。若反应混合物中各组分的含量不再随时间的改变而改变，则说明该可逆反应达到化学平衡状态，这就是化学平衡判断的第二个标志——含量标志。

【板书】2. 含量标志：化学反应达到平衡状态后，反应混合物中各组分的含量保持不变

【讲述】我们还能够通过其他的标志，如压强、温度、颜色、体系的密度、混合气体的平均相对分子质量等来判断一个可逆反应是否达到化学平衡状态。

【讲述】对于可逆反应 $mA(g)+nB(g) \rightleftharpoons pC(g)+qD(g)$，由于该反应的反应物和生成物皆为气体，故反应前后混合气体质量（m）不变。当 $m+n \neq p+q$ 时，若反应混合物体系的总压强（P）不随时间而改变，则反应达到平衡状态。同样根据公式 $\overline{M}=\frac{m}{n}$，由于达到化学平衡前，混合气体的总物质的量（n）在随着时间的改变而改变，故混合气体的平均摩尔质量（$\overline{M}$）也随着时间的改变而改变；当反应达到化学平衡后，混合气体的总物质的量（n）不再随着时间的改变而改变，故混合气体的平均摩尔质量（$\overline{M}$）也不再随着时间的改变而改变，即当反应混合物体系中混合气体的相对分子质量（$\overline{M}_r$）不再随时间而改变时，反应达到平衡状态。当 $m+n=p+q$ 时，无论反应是否达到平衡状态，混合气体的平均摩尔质量和反应混合物体系的总压强始终不变，因此无法用平均摩尔质量、压强来判断反应是否处于平衡状态。

【板书】3. 其他标志

（1）反应混合物体系的总压强（P）和混合气体的平均摩尔质量（$\overline{M}$）

对于可逆反应　$mA(g)+nB(g) \rightleftharpoons pC(g)+qD(g)$

1）当 $m+n \neq p+q$ 时，若反应混合物体系的总压强（P）或反应混合物体系中混合气体的相对分子质量（$\overline{M}_r$）不随时间而改变，则反应达到平衡状态

2）当 $m+n=p+q$ 时，无法用平均摩尔质量、压强来判断反应是否处于平衡状态

【讲述】对于有气体参加且反应前后气体总体积发生改变（体系中可存在固、液态物质）的可逆反应，在恒温恒压条件下，反应体系的体积是可变的，若反应体系的体积不变，则反应处于平衡状态。同样根据公式 $\rho=\frac{m}{V}$，由于达到化学平衡前，反应体系的体积 V 或混合气体的总质量 m 在随着时间的改变而改变，故混合气体的密度 ρ 也随着时间的改变而改变；当反应达到化学平衡后，反应体系的体积 V 或混合气体的总质量 m 不再随着时间的改变而改变，故混合气体的密度 ρ 也不再随着时间的改变而改变，即当反应混合物体系中混合气体的密度 ρ 不再随时间而改变时，反应达到平衡状态。

【板书】（2）反应体系的体积和反应混合物体系中混合气体的密度 ρ

【讲述】同样，由于任何反应都伴有能量的变化，因此在其他条件不变的情况下，当体系的温度一定时，反应达到平衡状态。对于有色物质参加的可逆反应，若反应体系的颜色不变，则反应达到平衡状态。

【板书】（3）反应体系的温度和颜色

【练习】一定温度下在恒容容器中发生如下反应：$A(s) + 2B(g) \rightleftharpoons C(g) + D(g)$，当下列物理量不发生变化时，能说明该反应已达到平衡状态的是（　　）。

A. 混合气体的密度　　B. 混合气体的压强　　C. 混合气体的总物质的量

D. B 的物质的量浓度　　E. 混合气体的平均摩尔质量

【讲述】下面我们以可逆反应 $mA(g) + nB(g) \rightleftharpoons pC(g) + qD(g)$ 为例来总结一下判断可逆反应达到平衡状态的方法和依据。

【投影】判断可逆反应达到平衡状态的方法和依据

可能的情况举例		是否能判断已达平衡
混合物体系中各成分的含量	各物质的物质的量或物质的量分数一定	平衡
	各物质的质量或质量分数一定	平衡
	各气体的体积或体积分数一定	平衡
	总体积、总压强、总物质的量一定	不一定平衡
正、逆反应速率的关系	单位时间内消耗了 m mol A，同时生成 m mol A	平衡
	单位时间内消耗了 n mol B，同时消耗了 p mol C	平衡
	$v(A) : v(B) : v(C) : v(D) = m : n : p : q$	不一定平衡
	单位时间内生成 n mol B，同时消耗 q mol D	不一定平衡
压强	其他条件不变，$m + n \neq p + q$ 时，总压强一定	平衡
	其他条件不变，$m + n = p + q$ 时，总压强一定	不一定平衡
平均相对分子质量（$\overline{M}_r$）	当 $m + n \neq p + q$ 时，$\overline{M}_r$ 一定	平衡
	当 $m + n = p + q$ 时，$\overline{M}_r$ 一定	不一定平衡
温度	其他条件一定时，温度一定	平衡
密度	其他条件一定时，密度一定	不一定平衡
其他	组成成分有颜色时，颜色不再变化	平衡

【讲述】希望同学们能够根据这些标志判断一个可逆反应是否达到化学平衡。总之，同学们要记住的就是“变量不变，达到平衡”。

环节三：归纳总结

【总结】本节课我们对可逆反应与不可逆反应的概念以及化学平衡的概念、标志、构成条件和判断可逆反应达到化学平衡的方法进行了学习，相信同学们对化学平衡的基础知识有了更深层次的认识。请同学们完成课本第 32 页的 1、3、5 题，并预习下节课“化学平衡移动”的有关内容。

七、板书设计

2.3.1　化学平衡

一、可逆反应与不可逆反应

（一）可逆反应

1. 概念：在相同条件下，既能向正反应方向进行又能向逆反应方向进行的化学反应

（1）正反应：从左向右进行的化学反应

（2）逆反应：从右向左进行的化学反应

2. 特征：双向性、双同性、共存性

（二）不可逆反应：几乎完全进行的化学反应

二、化学平衡

（一）概念：在一定条件下，可逆反应进行到一定程度时正反应速率和逆反应速率相等，反应物浓度和生成物浓度不再发生变化的状态

（二）构成条件

1. 前提：可逆反应

2. 实质：正反应速率=逆反应速率

3. 现象：反应混合物中各组分的浓度保持不变的状态

（三）特征：逆、等、动、定、变

（四）判断标志

1. 速率标志：$v_{正}=v_{逆}$

（1）同种物质：$v_{正}=v_{逆}$

（2）不同种物质：$v_{正}$与$v_{逆}$之比等于化学计量数之比

2. 含量标志：化学反应达到平衡状态后，反应混合物中各组分的含量保持不变

3. 其他标志

（1）反应混合物体系的总压强（P）和混合气体的平均摩尔质量（$\overline{M}$）

对于可逆反应　　$mA(g)+nB(g)\rightleftharpoons pC(g)+qD(g)$

1）当$m+n\neq p+q$时，若反应混合物体系的总压强（P）或反应混合物体系中混合气体的相对分子质量（$\overline{M_r}$）不随时间而改变，则反应达到平衡状态

2）当$m+n=p+q$时，无法用平均摩尔质量、压强来判断反应是否处于平衡状态

（2）反应体系的体积和反应混合物体系中混合气体的密度ρ

（3）反应体系的温度和颜色

第2课时　浓度、温度对化学平衡的影响

一、教材分析

本节内容选自人教版高中《化学（选修4）》第二章“化学反应速率和化学平衡”第三节“化学平衡”，依据课程标准“通过实验探究温度、浓度对化学平衡的影响，并能用相关理论加以解释”的要求，本节课安排了“浓度、压强对化学平衡的影响”等教学内容。

教科书首先通过设问的方式引入影响化学平衡的外界因素的有关内容，其次通过实验促进学生初步感知浓度对化学平衡的影响，并在“思考与交流”栏目中通过设置的两个问题，引导学生回顾化学平衡状态标志的有关知识，并通过这些标志判断实验中涉及的化学平衡状态是否发生改变，同时推测与判断实验中改变的外界因素是什么。然后揭示浓度对化学平衡影响的规律、本质原因与工业生产中的应用，在“学与问”栏目中引导学生运用类比方法判断“其他条件不变时，如果减少反应物浓度或减小生成物浓度，正、逆反应速率的变化情况与平衡移动的方向”，以加深学生对有关知识的理解与认识。最后通过实验揭示了温度对化学平衡影响的规律并详细介绍与分析了化学平衡移动的有关知识。

化学平衡移动是近年来高考试题中的重点和难点，在教科书中起着承上启下的作用。本节课一方面是对前面化学反应速率和化学平衡有关知识的延伸与巩固，另一方面为后面勒夏特列原理、弱电解质的电离平衡等有关知识的学习奠定了基础。

二、学情分析

通过前面内容的学习，学生已经掌握了化学反应速率与可逆反应的概念及其特征的有关知识，知道任何可逆过程在一定条件下都是有限度的，并在此基础上掌握了溶解平衡和化学平衡状态的建立及特征，对化学平衡是动态平衡已有正确认识；同时高二学生初步具备了分析问题和解决问题的能力，能够运用有关知识进行相关问题的分析，这为本节课中分析浓度、温度对化学平衡影响规律本质的教学活动奠定了能力基础。

三、教学目标

知识与技能	（1）理解化学平衡移动的概念。 （2）掌握化学平衡移动的规律，并学会运用该规律分析浓度、温度对化学平衡的影响
过程与方法	（1）通过实验探究浓度、温度对化学平衡的影响规律，学会通过实验探究的方法学习化学知识。 （2）通过分析数据及绘制浓度、温度对化学平衡影响的图像，进一步强化分析问题、解决问题、收集处理信息和知识迁移运用的能力，学会运用数学工具解决化学问题

续表

情感态度与价值观	（1）通过浓度对化学平衡的影响有关知识的学习，进一步建立起“透过现象看本质”的辩证唯物主义思想。 （2）通过浓度、温度对化学平衡的影响的学习强化“变化与守恒”的思想观念

四、教学重点和难点

（1）教学重点：浓度、温度对化学平衡的影响；化学平衡移动的规律。

（2）教学难点：浓度、温度对化学平衡影响的理论解释。

五、知识结构

浓度和温度对化学平衡的影响

- 化学平衡移动
  - 概念：可逆反应中旧化学平衡的破坏、新化学平衡建立的过程
  - 原因：反应条件的改变
  - 结果：引起正逆反应速率发生变化，平衡混合物中各组分的含量发生相应的变化
  - 规律
    - 若外界条件改变引起 $v_{正}>v_{逆}$，化学平衡向正反应方向移动
    - 若外界条件改变引起 $v_{正}<v_{逆}$，化学平衡向逆反应方向移动
    - 若外界条件改变引起 $v_{正}$、$v_{逆}$ 等倍数改变，此时 $v'_{正}=v'_{逆}$，化学平衡不发生移动
- 浓度对化学平衡的影响：
  - 当增大生成物的浓度或减小反应物的浓度时，化学平衡向逆反应方向移动
  - 当增大反应物的浓度或减小生成物的浓度时，化学平衡向正反应方向移动
- 温度对化学平衡的影响：
  - 升高温度会使化学平衡向吸热反应方向移动
  - 降低温度会使化学平衡向放热反应方向移动

六、教学过程

环节一：导入新课

【提问】 在上一节课中，我们学习了化学平衡的基础知识，请同学们思考化学平衡状态的特征是什么？

【讲述】 化学平衡的特征能概括为“逆、等、动、定、变”五个字，其中“变”是指化学平衡建立在一定条件下，条件改变时，平衡就会被破坏变为不平衡，并在新条件下建立新的平衡。

【讲述】 哪些条件会对化学平衡产生影响？旧平衡是如何在新条件下转变为新平衡的呢？这些问题都与“化学平衡移动”有所关联，本节课就让我们一起来学习“化学平衡移动”的有关内容。

【板书】 2. 3. 2　化学平衡

（五）化学平衡移动

环节二：展开新课

1. 化学平衡的移动

【投影】“旧平衡被破坏，新平衡建立”过程示意图

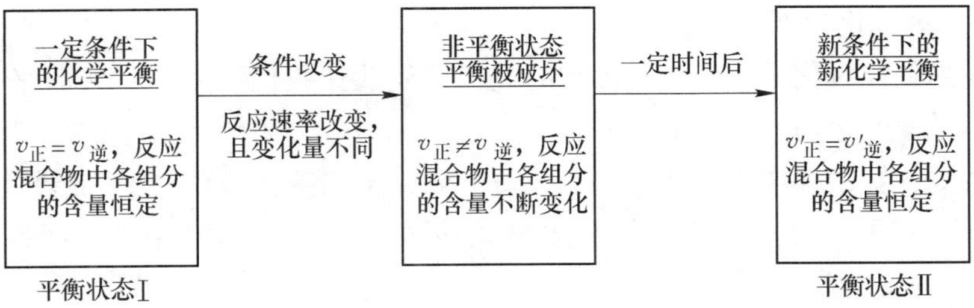

【讲述】在上一节课中，我们已经知道，当外界条件一定时，可逆反应化学平衡建立的本质是正反应速率与逆反应速率相等，此时反应混合物中各组分的含量恒定；当外界条件发生改变，正反应速率与逆反应速率会随着反应混合物中各组分的含量不断地变化而发生改变，致使正反应速率与逆反应速率不再相等，原有的化学平衡状态被破坏，直至二者在新的条件下再次相等时，新的化学平衡状态才能建立，反应混合物中各组分的含量才能恒定。

【讲述】通过刚才的分析，我们可以知道，该过程经历了一个旧平衡破坏，新平衡建立的过程，在化学中就将可逆反应中旧化学平衡的破坏、新化学平衡建立的过程叫做化学平衡移动。

【板书】1. 概念：可逆反应中旧化学平衡的破坏、新化学平衡建立的过程

【提问】请同学们思考化学平衡移动的原因是什么？化学平衡发生移动后，会产生什么样的结果？

【讲述】引起化学平衡移动的原因是反应条件的改变，因此，化学平衡移动的结果是正逆反应速率发生变化，平衡体系中各组分的含量因反应速率的不同而发生相应的变化。

【板书】2. 原因：反应条件的改变

3. 结果：引起正逆反应速率发生变化，平衡混合物中各组分的含量发生相应的变化

【提问】化学平衡移动遵循怎样的规律呢？

【讲述】若外界条件改变引起 $v_{正}$ 大于 $v_{逆}$，此时正反应速率增大，为抑制正反应速率增大的趋势，建立新的化学平衡过程，化学平衡会向正反应方向移动；同理，若外界条件改变引起 $v_{正}$ 小于 $v_{逆}$，此时逆反应速率增大，化学平衡会向逆反应方向移动；若外界条件改变引起 $v_{正}$、$v_{逆}$ 等倍数改变，此时 $v'_{正}$ 等于 $v'_{逆}$，化学平衡不会发生移动。

【板书】4. 规律

（1）若外界条件改变引起 $v_{正}>v_{逆}$，化学平衡向正反应方向移动

（2）若外界条件改变引起 $v_{正}<v_{逆}$，化学平衡向逆反应方向移动

（3）若外界条件改变引起 $v_{正}$、$v_{逆}$ 等倍数改变，此时 $v'_{正}=v'_{逆}$，化学平衡不发生移动

2. 浓度对化学平衡的影响

【提问】反应条件的改变会引起正逆反应速率发生变化，影响化学反应速率的因素有浓度、温度、压强和催化剂，它们会对化学平衡产生影响吗？

【板书】（六）影响化学平衡的因素

【讲述】浓度是怎样对化学平衡产生影响的呢？下面就让我们一起通过实验来探究浓度对化学平衡的影响。

【实验】取两支试管，各加入 5mL 0.1mol/L 的 $K_2Cr_2O_7$溶液，向其中一支试管中滴加 3~10 滴浓硫酸，另一支试管中滴加 5~10 滴 6mol/L 的 NaOH 溶液，仔细观察并记录溶液颜色。

【实验现象】

编　号	1	2
步　骤	滴加 3~10 滴浓硫酸	滴加 10~20 滴 6mol/L NaOH 溶液
$K_2Cr_2O_7$溶液	橙色加深	黄色加深

【提问】请同学们思考，为什么会出现这样的现象？

【讲述】已知在 $K_2Cr_2O_7$溶液存在着平衡：$Cr_2O_7^{2-} + H_2O \rightleftharpoons 2CrO_4^{2-} + 2H^+$，其中 $Cr_2O_7^{2-}$为橙色，CrO_4^{2-}为黄色。在该实验中，我们是通过改变 $c(H^+)$ 使化学平衡发生了移动。我们能够发现，当加入浓硫酸后，溶液中 $c(H^+)$ 增大，使化学平衡逆向移动，从而使 $c(Cr_2O_7^{2-})$ 增大，溶液的橙色加深；当加入 NaOH 溶液后，由于溶液中 H^+与 OH^-相互作用生成水，因此使溶液中 $c(H^+)$ 减小，使化学平衡正向移动，从而使 $c(CrO_4^{2-})$ 增大，溶液的黄色加深。在该反应中，H^+是生成物，由此我们可以得出当增大生成物的浓度时，化学平衡向逆反应方向移动；当减小生成物的浓度时，化学平衡向正反应方向移动，这就是浓度对化学平衡影响的第一条规律。

【板书】1. 浓度对化学平衡的影响

（1）规律

1）当增大生成物的浓度时，化学平衡向逆反应方向移动

当减小生成物的浓度时，化学平衡向正反应方向移动

【实验】向盛有 5mL 0.005mol/L 的 $FeCl_3$溶液的试管中加入 5mL 0.01mol/L 的 KSCN 溶液。

（1）将上述溶液均分置于两支试管中；向其中一支试管中滴加饱和 $FeCl_3$溶液 4 滴，充分振荡，观察溶液颜色变化；向另一支试管中滴加 4 滴 1mol/L KSCN 溶液，观察溶液颜色变化。

（2）向上述两支试管中各滴加 0.01mol/L NaOH 溶液 10~20 滴，观察现象。

【实验现象】

编号	1	2
步骤（1）	滴加饱和 $FeCl_3$溶液	滴加 1mol/L KSCN 溶液
现象	溶液的红色加深	溶液的红色加深
步骤（2）	滴加 NaOH 溶液	滴加 NaOH 溶液
现象	产生红褐色沉淀，溶液的红色变浅	产生红褐色沉淀，溶液的红色变浅

【提问】请同学们小组讨论为什么会出现这样的现象呢？

【讲述】已知在该反应体系中存在化学平衡：$Fe^{3+} + 3SCN^- \rightleftharpoons Fe(SCN)_3$，其中 Fe^{3+} 为棕黄色，$Fe(SCN)_3$ 为红色。在该实验中，我们通过改变 $c(Fe^{3+})$、$c(SCN^-)$ 使化学平衡发生了移动。我们能够发现，当加入饱和 $FeCl_3$ 溶液与 KSCN 溶液使 $c(Fe^{3+})$ 与 $c(SCN^-)$ 增大时，平衡向正反应方向移动，使溶液中 $Fe(SCN)_3$ 的浓度增大，溶液颜色加深；当加入 NaOH 溶液使 $c(Fe^{3+})$ 减小时，平衡向逆反应方向移动，使溶液中 $Fe(SCN)_3$ 的浓度减小，溶液颜色变浅。在该反应中，Fe^{3+} 与 SCN^- 均为反应物，由此我们可以得出当增大反应物的浓度时，平衡向正反应方向移动；当减小反应物的浓度时，平衡向逆反应方向移动，这就是浓度对化学平衡影响的第二条规律。

【板书】2）当增大反应物的浓度时，平衡向正反应方向移动

当减小反应物的浓度时，平衡向逆反应方向移动

【提问】请同学们思考，为什么浓度对化学平衡的影响会呈现出这些规律呢？请根据化学平衡移动的规律来进行分析。

【讲述】当增大反应物浓度时，由于反应物浓度的增大，引起 $v_{正}$ 瞬间增大，$v_{逆}$ 瞬间不变，$v_{逆}$ 随后增大，从而导致 $v'_{正} > v'_{逆}$，平衡正向移动。

【板书】（2）理论解释

1）增大反应物浓度→ $v_{正}$ 瞬间增大，$v_{逆}$ 瞬间不变→ $v'_{正} > v'_{逆}$ → 平衡正向移动

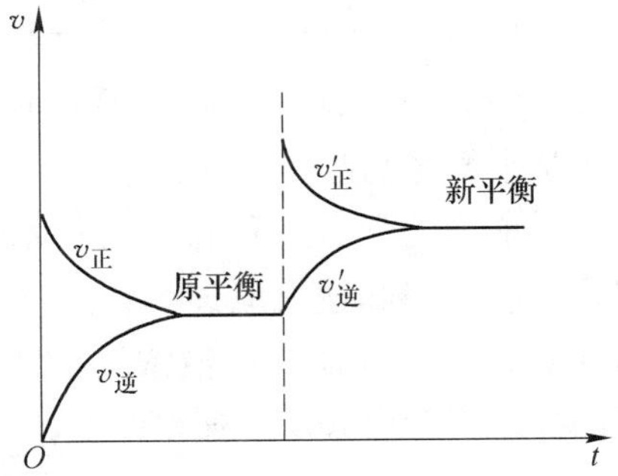

【讲述】当增大生成物浓度时，由于生成物浓度的增大，引起 $v_{逆}$ 瞬间增大，$v_{正}$ 瞬间不变，$v_{正}$ 随后增大，从而导致 $v'_{正} < v'_{逆}$，平衡逆向移动。

【板书】2）增大生成物浓度→ $v_{逆}$ 瞬间增大，$v_{正}$ 瞬间不变→ $v'_{正} < v'_{逆}$ → 平衡逆向移动

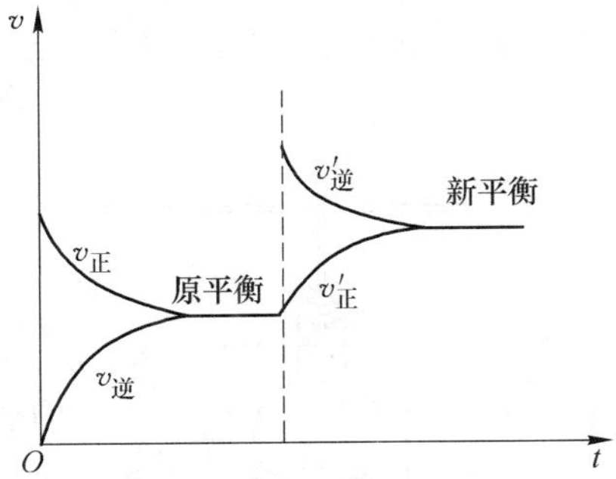

【讲述】当减小反应物浓度时，由于反应物浓度的减小，引起 $v_{正}$ 瞬间减小，$v_{逆}$ 瞬间不变，$v_{逆}$ 随后减小，从而导致 $v'_{正} < v'_{逆}$，平衡逆向移动。

【板书】3）减小反应物浓度→ $v_{正}$ 瞬间减小，$v_{逆}$ 瞬间不变→ $v'_{正} < v'_{逆}$ → 平衡逆向移动

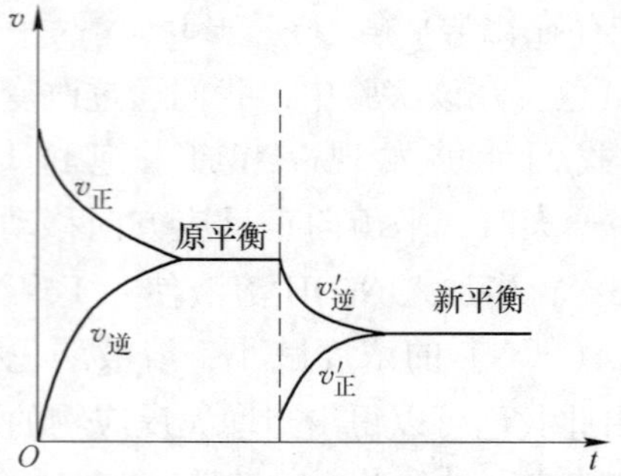

【讲述】当减小生成物浓度时，由于生成物浓度的减小，会使 $v_逆$ 瞬间减小，$v_正$ 瞬间不变，$v_正$ 随后减小，从而导致 $v'_正 > v'_逆$，平衡正向移动。

【板书】4）减小生成物浓度→ $v_逆$ 瞬间减小，$v_正$ 瞬间不变→ $v'_正 > v'_逆$→ 平衡正向移动

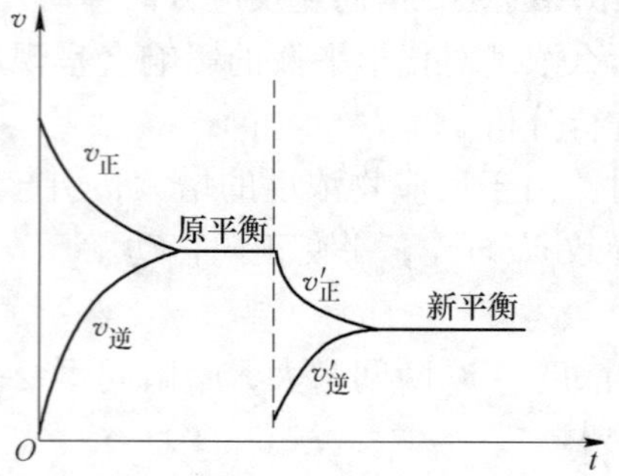

【提问】某温度下，对于反应 $C(s) + H_2O(g) \rightleftharpoons CO(g) + H_2(g)$ 达到平衡后，若增加或移去一部分固体碳，化学平衡移动吗？为什么？

【讲述】平衡不会发生移动，通过前面的学习，我们知道固体或纯液体的浓度是常数，其用量的改变不会影响正反应速率和逆反应速率，故化学平衡不移动。因此，请同学们在使用该规律时注意，只有气体或溶液浓度的改变会引起反应速率的变化，纯固体或纯液体用量的变化不会引起反应速率改变，化学平衡不移动。

3. 温度对化学平衡的影响

【过渡】讨论了浓度对化学平衡的影响，温度又是怎样影响化学平衡的呢？

【实验】阅读教材 28 页实验 2-7，用 3 个相同的圆底烧瓶收集 3 瓶相同体积相同的 NO_2 和 N_2O_4 混合气体，将两个圆底烧瓶分别浸入盛有热水和冰水的烧杯中，另一个圆底烧瓶置于盛有室温水的烧杯中。放置一段时间，直至颜色不再发生变化，观察实验现象。

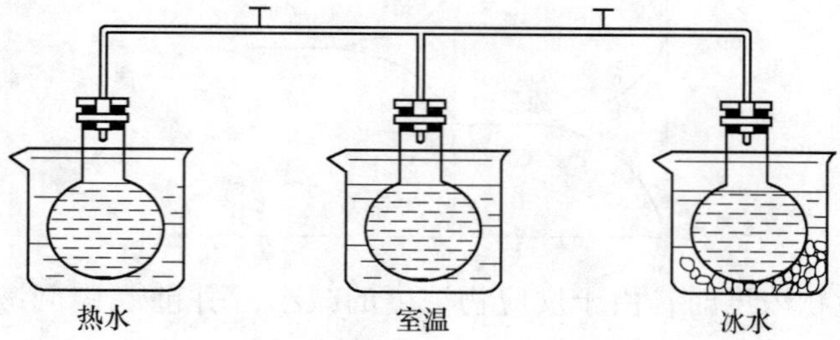

【讲述】该实验的原理是 $2NO_2(g) \rightleftharpoons N_2O_4(g)$　$\Delta H = -56.9kJ/mol$，其中 NO_2 为红棕色

气体，N_2O_4为无色气体，正反应为放热反应。在实验中，当圆底烧瓶放入热水中时，反应体系的颜色加深，说明反应体系中 $c(NO_2)$ 增大，平衡向生成 NO_2的方向（即逆反应方向）移动；当圆底烧瓶放入冰水中时，反应的体系的颜色变浅，说明反应体系中 $c(NO_2)$ 减小，平衡向生成 N_2O_4的方向（即正反应方向）移动。

【讲述】仔细分析实验，我们能够发现，该实验中的唯一变量是温度，当温度升高时，平衡逆向移动，而逆反应方向为吸热反应方向，由此说明，升温会使平衡向吸热反应方向移动；同理，降温会使平衡向放热反应方向移动，这就是温度对化学平衡影响的规律。

【板书】2. 温度对化学平衡的影响

（1）规律：在其他条件不变的情况下，升高温度会使化学平衡向吸热反应方向移动；降低温度会使化学平衡向放热反应方向移动

【提问】为什么温度对化学平衡的影响会呈现出这样的规律呢？请根据化学平衡移动的规律来分析一下。

【讲述】当一个可逆反应的正反应为放热反应时，升高温度，$v_{正}$与 $v_{逆}$ 均会增大，但 $v_{逆}$增大得快，使得 $v'_{正} < v'_{逆}$，平衡逆向移动；降低温度，$v_{逆}$与 $v_{正}$ 均会减小，但 $v_{逆}$减小得快，$v'_{正} > v'_{逆}$，平衡正向移动。

【板书】（2）理论解释

1）正反应为放热反应

升高温度→ $v_{正}$ 和 $v_{逆}$ 均瞬间增大，$v_{逆}$ 增大得快→ $v'_{正} < v'_{逆}$→ 平衡逆向移动

降低温度→ $v_{正}$ 和 $v_{逆}$ 均瞬间减小，$v_{逆}$ 减小得快→ $v'_{正} > v'_{逆}$→ 平衡正向移动

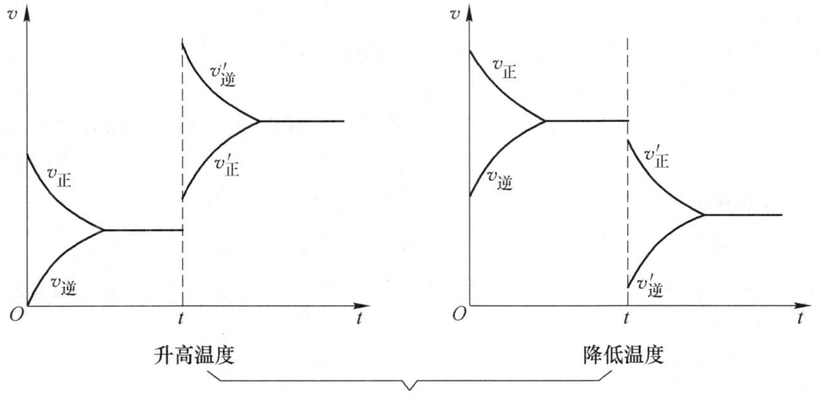

【讲述】当一个可逆反应的正反应为吸热反应时，升高温度，$v_{正}$与 $v_{逆}$ 均会增大，但 $v_{正}$增大得快，使得 $v'_{正} > v'_{逆}$，平衡正向移动；降低温度，$v_{逆}$与 $v_{正}$ 均会减小，但 $v_{正}$减小得快，$v'_{正} < v'_{逆}$，平衡逆向移动。

【板书】2）正反应为吸热反应

升高温度→ $v_{正}$ 和 $v_{逆}$ 均瞬间增大，$v_{正}$ 增大得快→ $v'_{正} > v'_{逆}$→ 平衡正向移动

降低温度→ $v_{正}$ 和 $v_{逆}$ 均瞬间减小，$v_{正}$ 减小得快→ $v'_{正} < v'_{逆}$→ 平衡逆向移动

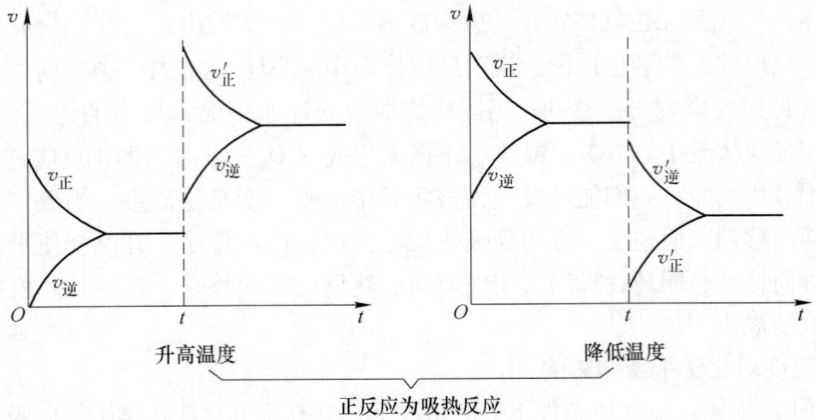

环节三：归纳总结

【总结】 本节课中，我们对化学平衡移动的概念和规律以及浓度、温度对化学平衡影响的规律、理论解释及有关图像进行了学习，相信同学们对化学平衡有了更深层次的认识。希望同学们复习本节课的有关知识，完成课本第 32 页的 3 题，并预习下节课“压强、催化剂对化学平衡影响”的有关内容。

七、板书设计

2.3.2　化学平衡

（五）化学平衡移动

1. 概念：可逆反应中旧化学平衡的破坏、新化学平衡建立的过程
2. 原因：反应条件的改变
3. 结果：引起正逆反应速率发生变化，平衡混合物中各组分的含量发生相应的变化
4. 规律

（1）若外界条件改变引起 $v_{正} > v_{逆}$，化学平衡向正反应方向移动

（2）若外界条件改变引起 $v_{正} < v_{逆}$，化学平衡向逆反应方向移动

（3）若外界条件改变引起 $v_{正}$、$v_{逆}$ 等倍数改变，此时 $v'_{正} = v'_{逆}$，化学平衡不发生移动

（六）影响化学平衡的因素

1. 浓度对化学平衡的影响

（1）规律

1）当增大生成物的浓度时，化学平衡向逆反应方向移动

当减小生成物的浓度时，化学平衡向正反应方向移动

2）当增大反应物的浓度时，平衡向正反应方向移动

当减小反应物的浓度时，平衡向逆反应方向移动

（2）理论解释

1）增大反应物浓度→ $v_{正}$ 瞬间增大，$v_{逆}$ 瞬间不变→ $v'_{正} > v'_{逆}$→ 平衡正向移动

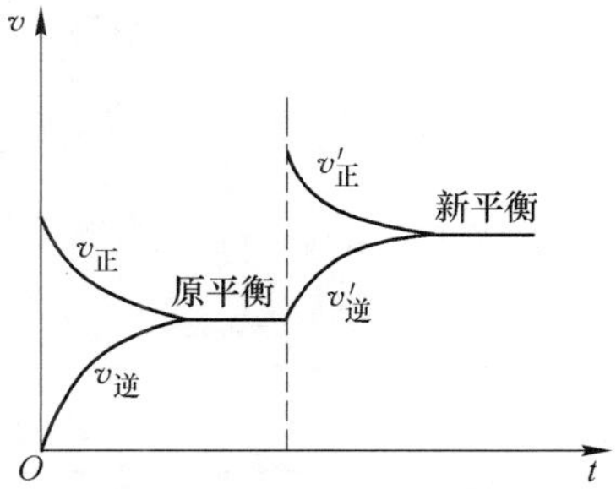

2）增大生成物浓度→ $v_逆$ 瞬间增大，$v_正$ 瞬间不变→ $v'_正 < v'_逆$ → 平衡逆向移动

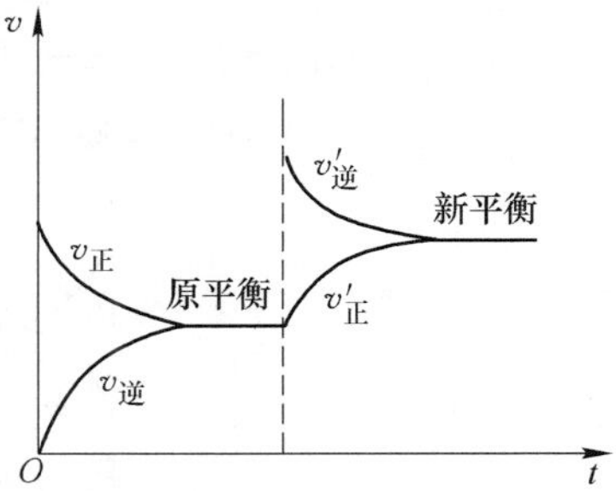

3）减小反应物浓度→ $v_正$ 瞬间减小，$v_逆$ 瞬间不变→ $v'_正 < v'_逆$ → 平衡逆向移动

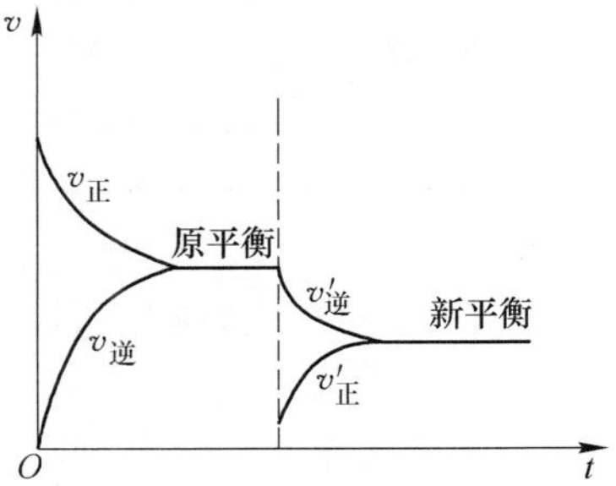

4）减小生成物浓度→ $v_正$ 瞬间不变，$v_逆$ 瞬间减小→ $v'_正 > v'_逆$ → 平衡正向移动

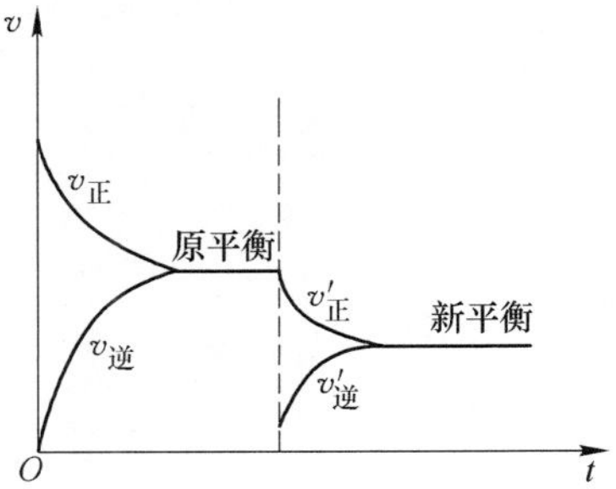

2. 温度对化学平衡的影响

（1）规律：在其他条件不变的情况下，升高温度会使化学平衡向吸热反应方向移动；降低温度会使化学平衡向放热反应方向移动

（2）理论解释

1）正反应为放热反应

升高温度→ $v_正$ 和 $v_逆$ 均瞬间增大，$v_逆$ 增大得快→ $v'_正 < v'_逆$ → 平衡逆向移动

降低温度→ $v_正$ 和 $v_逆$ 均瞬间减小，$v_逆$ 减小得快→ $v'_正 > v'_逆$ → 平衡正向移动

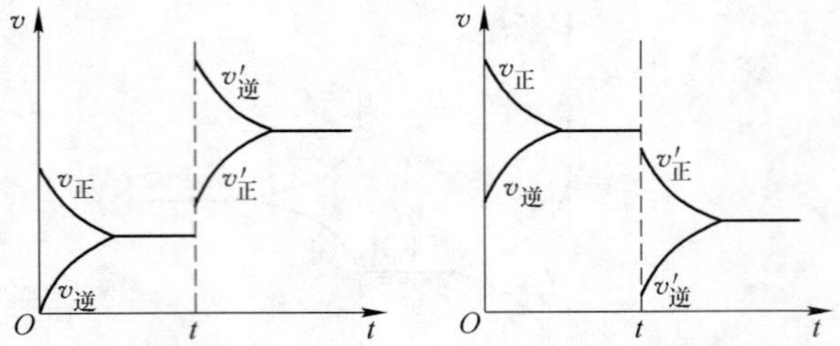

升高温度　　　　降低温度

正反应为放热反应

2）正反应为吸热反应

升高温度→ $v_{正}$ 和 $v_{逆}$ 均瞬间增大，$v_{正}$ 增大得快→ $v'_{正} > v'_{逆}$→ 平衡正向移动

降低温度→ $v_{正}$ 和 $v_{逆}$ 均瞬间减小，$v_{正}$ 减小得快→ $v'_{正} < v'_{逆}$→ 平衡逆向移动

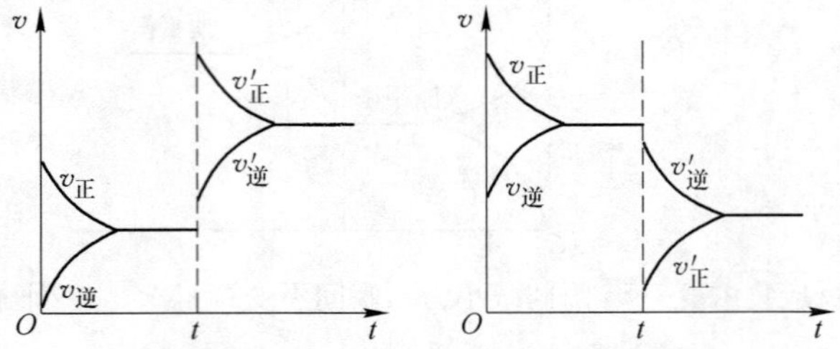

升高温度　　　　降低温度

正反应为吸热反应

第3课时　压强、催化剂对化学平衡的影响

一、教材分析

本节内容选自人教版高中《化学（选修4)》第二章“化学反应速率和化学平衡”第三节“化学平衡”，依据课程标准“通过实验探究压强对化学平衡的影响，并能用相关理论加以解释”的要求，本节课安排了“压强、催化剂对化学平衡的影响”等教学内容。

教科书通过实验探究得出浓度、温度对化学平衡影响的规律后，进而推及压强对化学平衡的影响，得出化学平衡移动的概念，并进一步推导出著名的勒夏特列原理，它也是作为当外界条件改变时，判断平衡移动的依据。最后简单提及了“催化剂由于能够同等程度地增加正反应速率和逆反应速率，因此对化学平衡无影响”的规律。

本节课通过引导学生分析实验数据，获得压强对化学平衡影响的规律，并运用理论解释压强对化学平衡影响的规律，进一步加深学生对化学平衡移动等有关知识的理解。学生在习得浓度、温度、压强对化学平衡影响的规律后，学习勒夏特列原理以实现知识进一步凝练的目标，对催化剂不能使化学平衡发生移动的客观规律形成理性的认识。

二、学情分析

通过前面有关内容的学习，学生已经掌握了化学平衡移动的有关知识，能够初步运用图像分析的方式来解释外界条件对化学平衡影响的规律，同时高二的学生已初步具备了分析问题、解决问题、收集处理信息与语言表达的能力，能够通过对实验数据信息的分析获得实验结论及有关规律。

三、教学目标

知识与技能	（1）理解与掌握压强、催化剂对化学平衡影响的规律。 （2）理解并能够画出压强、催化剂对化学平衡影响的图像。 （3）知道勒夏特列原理的内容，理解与掌握该原理的内涵
过程与方法	（1）通过分析不同压强下，氮气和氢气反应生成氨气达到化学平衡时氨气体积分数的实验数据，提升分析数据与逻辑归纳的能力。 （2）通过分别绘制压强、催化剂对化学平衡影响的图像，学会利用数学图像解决化学问题的方法
情感态度与价值观	（1）通过分析压强、催化剂对化学平衡影响的规律，形成“透过现象看本质”的辩证唯物主义哲学思想。 （2）通过绘制并运用压强、催化剂对化学平衡影响的图像，形成“数形结合”的思想

四、教学重点和难点

（1）教学重点：压强、催化剂对化学平衡的影响；勒夏特列原理。

（2）教学难点：压强对化学平衡的影响；勒夏特列原理。

五、知识结构

压强和催化剂对化学平衡的影响
- 压强对化学平衡的影响
  - 对于有气体参加并且反应前后气体体积有变化的反应
    - 增大压强，化学平衡向气体体积减小的方向移动
    - 减小压强，化学平衡向气体体积增大的方向移动
  - 对于有气体参加但反应前后气体体积没有变化的反应，改变压强，化学平衡均不会发生移动
- 催化剂对化学平衡的影响：加入催化剂不会使化学平衡发生移动
- 勒夏特列原理
  - 内容：在封闭体系中，如果只改变影响平衡体系的一个条件，平衡将向减弱这种改变的方向移动
  - 注意事项
    - 化学平衡移动的结果是只能“减弱这种改变”的趋势，不能抵消和逆转这种改变
    - 适用范围：已经达到平衡状态的可逆反应
    - 适用对象：对所有动态平衡均适用
    - 适用条件：只改变平衡的一个条件

六、教学过程

环节一：导入新课

【导入】 上节课我们一起学习了化学平衡移动以及浓度、温度对化学平衡影响的规律与理论解释，我们知道要想使化学平衡发生移动，就要通过外界条件的变化使可逆反应的正、逆反应速率发生改变，而能够改变化学反应速率的外界因素除了浓度与温度以外，还有压强与催化剂，这两个因素是如何影响化学平衡的呢？本节课就让我们一起来学习压强、催化剂对化学平衡的影响。首先我们通过一组数据来探究压强对化学平衡的影响规律。

【板书】 2.3.3 化学平衡

3. 压强对化学平衡的影响

环节二：展开新课

1. 压强对化学平衡的影响

【投影】 对于反应 $N_2(g)+3H_2(g) \rightleftharpoons 2NH_3(g)$，450℃时，在不同压强下 N_2 和 H_2 反应生成 NH_3 达到化学平衡时，NH_3 体积分数的实验数据。

压强/MPa	1	5	10	30	60	100
NH_3/%	2.0	9.2	16.4	35.5	53.6	69.6

【提问】 请同学们分析上述数据，你们从中能够发现什么规律？

【讲述】 我们发现 NH_3 的体积分数随着压强的增大而增大，即平衡向正反应的方向移动。

仔细观察该反应的化学方程式，我们发现该反应是有气体参加的反应，并且反应前后气体体积发生变化，正反应为气体体积减小的反应，说明当其他条件不变时，对于有气体参加并且反应前后气体体积有变化的反应，增大压强，化学平衡向气体体积变小的方向移动；同理可推出，减小压强，化学平衡向气体体积增大的方向移动，这就是压强对化学平衡影响的第一条规律。

【板书】（1）规律

1）其他条件不变时，对于有气体参加并且反应前后气体体积有变化的反应

增大压强，化学平衡向气体体积减小的方向移动

减小压强，化学平衡向气体体积增大的方向移动

【提问】请同学们思考，对于反应 $H_2(g) + I_2(g) \rightleftharpoons 2HI(g)$，如果增大压强，平衡是否移动？

【讲述】平衡是不会发生移动的，因为该反应尽管有气体参加，但反应前后没有气体体积的变化，因此对于有气体参加但反应前后气体体积没有变化的反应，改变压强，化学平衡均不会发生移动，这就是压强对化学平衡影响的第二条规律。

【板书】2）对于有气体参加但反应前后气体体积没有变化的反应

改变压强，化学平衡均不会发生移动

【提问】为什么改变压强能够使反应前后气体体积有变化的反应发生移动，而反应前后气体体积没有变化的反应却不会发生移动？

【讲述】对于可逆反应 $aA(g) + bB(g) \rightleftharpoons cC(g)$，当 $a + b > c$ 时，增大压强，$v_{正}$与$v_{逆}$均会增大，但$v_{正}$增大得快，使得 $v'_{正} > v'_{逆}$，平衡正向移动；减小压强，$v_{逆}$与$v_{正}$均会减小，但$v_{正}$减小得快，$v'_{正} < v'_{逆}$，平衡逆向移动。

【板书】（2）理论解释

以可逆反应 $aA(g) + bB(g) \rightleftharpoons cC(g)$ 为例

1）当 $a + b > c$ 时

增大压强→$v_{正}$和$v_{逆}$均瞬间增大，$v_{正}$增大得快→$v'_{正} > v'_{逆}$→平衡正向移动

减小压强→$v_{正}$和$v_{逆}$均瞬间减小，$v_{正}$减小得快→$v'_{正} < v'_{逆}$→平衡逆向移动

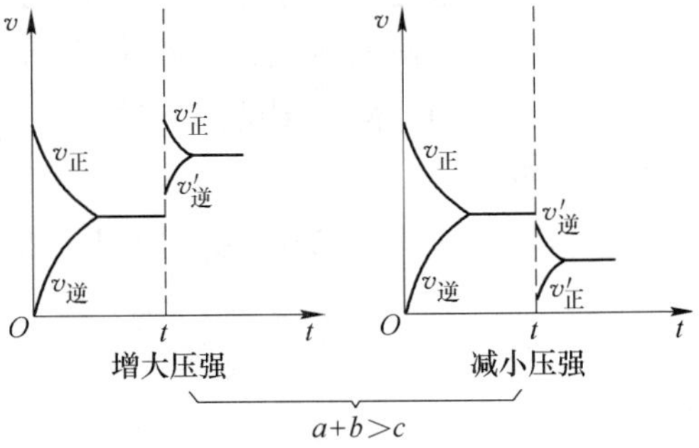

【讲述】当 $a + b < c$ 时，增大压强，$v_{正}$与$v_{逆}$均会增大，但$v_{逆}$增大得快，使得 $v'_{正}<v'_{逆}$，平衡逆向移动；减小压强，$v_{逆}$与$v_{正}$均会减小，但$v_{逆}$减小得快，$v'_{正} > v'_{逆}$，平衡正向移动。

【板书】2）当 $a + b < c$ 时

增大压强→$v_{正}$和$v_{逆}$均瞬间增大，$v_{逆}$增大得快→$v'_{正} < v'_{逆}$→平衡逆向移动

减小压强→$v_{正}$和$v_{逆}$均瞬间减小，$v_{逆}$减小得快→$v'_{正} > v'_{逆}$→平衡正向移动

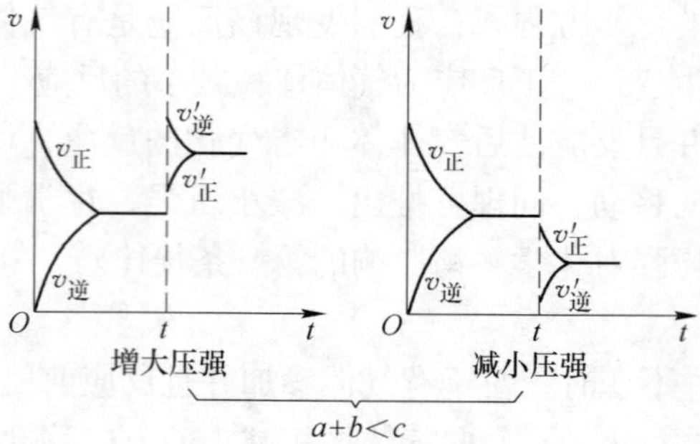

【讲述】当 $a+b=c$ 时，增大压强，$v_正$ 与 $v_逆$ 均会瞬间同等程度地增大，使得 $v'_正=v'_逆$，平衡不移动。

【板书】3）当 $a+b=c$ 时

增大压强→$v_正$ 和 $v_逆$ 均同等程度瞬间增大→$v'_正=v'_逆$→平衡不移动

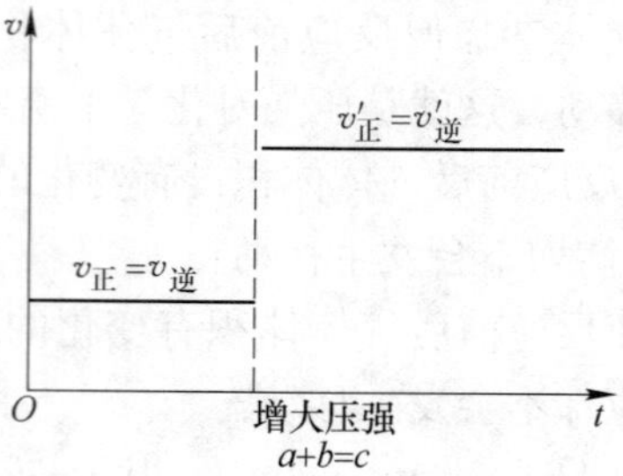

2. 催化剂对化学平衡的影响

【提问】通过前面的学习我们能够发现，外界条件改变会使 $v_正$ 与 $v_逆$ 均会发生不同程度的改变而引起化学平衡的移动，请同学们讨论一下，若向一个已经平衡的可逆反应中加入催化剂，催化剂会怎样改变 $v_正$ 和 $v_逆$ 呢？

【讲述】加入催化剂会使 $v_正$ 和 $v_逆$ 等倍数地增大或减小，即 $v'_正=v'_逆$，平衡不会发生移动。因此，催化剂不能使化学平衡发生移动。通过观察生成物含量随时间的变化示意图，我们可以看出由于催化剂不能使化学平衡发生移动，故不能改变反应混合物的百分含量，但可以改变达到平衡的时间，使用催化剂的反应达到平衡所用的时间比没有使用催化剂的反应达到平衡所用的时间短。

【板书】4. 催化剂对化学平衡的影响

（1）规律：加入催化剂不会使化学平衡发生移动

（2）图像

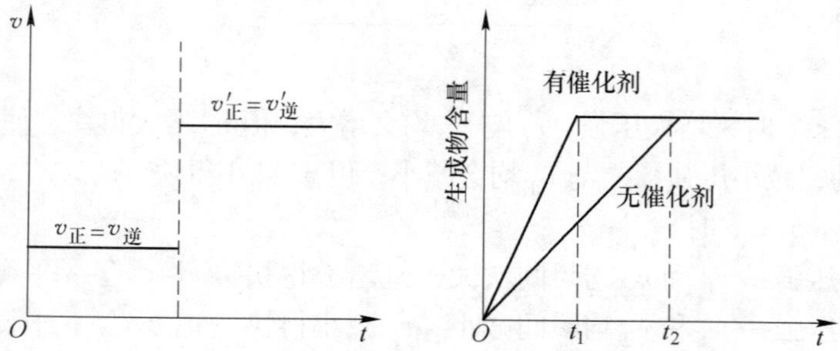

3. 勒夏特列原理

【讲述】现在我们一起来总结一下外界因素对化学平衡的影响。

【投影】$aA(g) + bB(g) \rightleftharpoons cC(g) + dD(g) \quad \Delta H < 0(a + b > c + d)$

改变条件	平衡移动的方向	平衡移动的结果
增大反应物浓度	正反应方向	使反应物浓度减小
减小反应物浓度	逆反应方向	使反应物浓度增大
增大生成物浓度	逆反应方向	使生成物浓度减小
减小生成物浓度	正反应方向	使生成物浓度增大
增大体系压强	正反应方向	体系压强减小
减小体系压强	逆反应方向	体系压强增大
升高体系温度	逆反应方向	体系温度降低
降低体系温度	正反应方向	体系温度升高

【提问】请同学们仔细分析表格，你们能发现什么规律吗？

【讲述】这些规律都遵循着共同的一个规律是“在封闭体系中，如果只改变影响平衡体系的一个条件，平衡将向减弱这种改变的方向移动”，该规律就是著名的勒夏特列原理，该原理可以理解为“对着干”原理，就是平衡总是和改变条件“对着干”，比如一瞬间增大反应物浓度，为了减弱反应物浓度增大的趋势，那就要通过减小反应物浓度来抑制反应物浓度增大的趋势，因此化学平衡要向反应物浓度减小的方向即正反应方向移动，使更多的反应物转变为生成物才能够抑制反应物浓度增大的趋势。

【板书】（七）勒夏特列原理

1. 内容：在封闭体系中，如果只改变影响平衡体系的一个条件，平衡将向减弱这种改变的方向移动

【讲述】同学们在理解这条原理时要注意，化学平衡移动的结果是只能“减弱这种改变”的趋势，不能抵消和逆转这种改变，同时该原理只适用于已经达到平衡状态的可逆反应，对所有动态平衡均适用，但适用条件是只改变平衡的一个条件。

【板书】2. 注意事项

（1）化学平衡移动的结果是只能“减弱这种改变”的趋势，不能抵消和逆转这种改变

（2）适用范围：已经达到平衡状态的可逆反应

（3）适用对象：对所有动态平衡均适用

（4）适用条件：只改变平衡的一个条件

环节三：归纳总结

【总结】本节课我们分别学习了压强和催化剂对化学平衡影响的规律、理论解释和有关图像以及勒夏特列原理的有关知识，并总结了浓度、温度、压强和催化剂对化学平

衡影响的规律。希望同学们课后复习本节课的有关内容，完成课本第 32~33 页的 3、6、7 题，并预习下节课“化学平衡常数”的有关内容。

七、板书设计

2.3.3　化学平衡

3. 压强对化学平衡的影响

（1）规律

1）其他条件不变时，对于有气体参加并且反应前后气体体积有变化的反应

增大压强，化学平衡向气体体积减小的方向移动

减小压强，化学平衡向气体体积增大的方向移动

2）对于有气体参加但反应前后气体体积没有变化的反应

改变压强，化学平衡均不会发生移动

（2）理论解释

以可逆反应 $a\text{A(g)} + b\text{B(g)} \rightleftharpoons c\text{C(g)}$ 为例

1）当 $a + b > c$ 时

增大压强→ $v_{正}$ 和 $v_{逆}$ 均瞬间增大，$v_{正}$ 增大得快→ $v'_{正} > v'_{逆}$ → 平衡正向移动

减小压强→ $v_{正}$ 和 $v_{逆}$ 均瞬间减小，$v_{正}$ 减小得快→ $v'_{正} < v'_{逆}$ → 平衡逆向移动

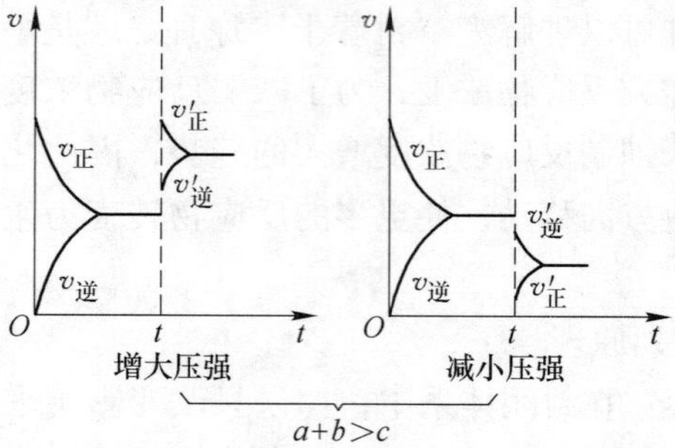

2）当 $a + b < c$ 时

增大压强→ $v_{正}$ 和 $v_{逆}$ 均瞬间增大，$v_{逆}$ 增大得快→ $v'_{正} < v'_{逆}$ → 平衡逆向移动

减小压强→ $v_{正}$ 和 $v_{逆}$ 均瞬间减小，$v_{逆}$ 减小得快→ $v'_{正} > v'_{逆}$ → 平衡正向移动

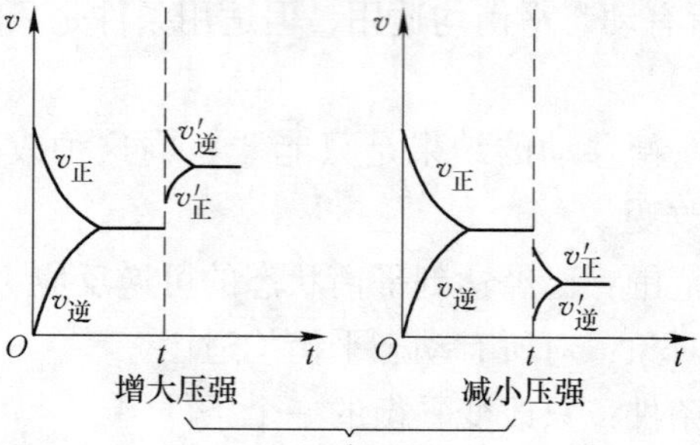

3）当 $a + b = c$ 时

增大压强→ $v_{正}$ 和 $v_{逆}$ 均同等程度瞬间增大→ $v'_{正} = v'_{逆}$ → 平衡不移动

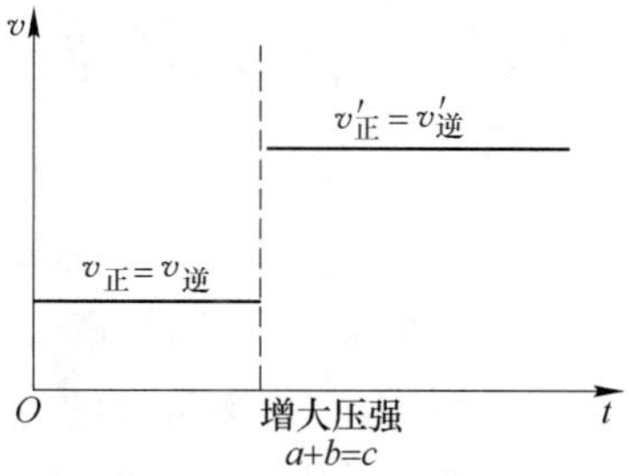

4. 催化剂对化学平衡的影响

（1）规律：加入催化剂不会使化学平衡发生移动

（2）图像

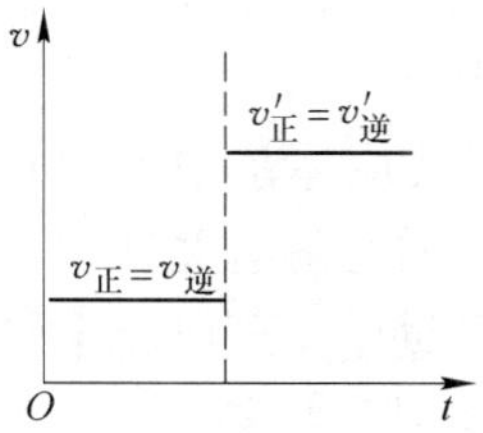

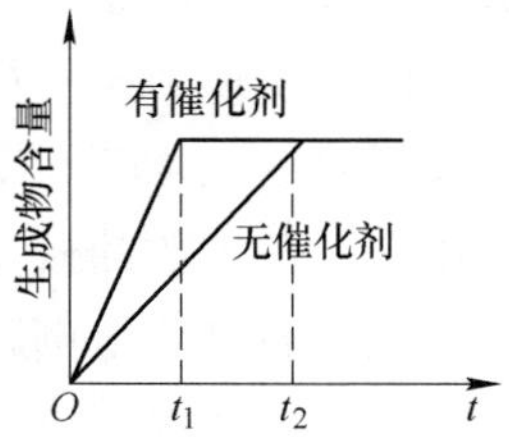

（七）勒夏特列原理

1. 内容：在封闭体系中，如果只改变影响平衡体系的一个条件，平衡将向减弱这种改变的方向移动

2. 注意事项

（1）化学平衡移动的结果是只能“减弱这种改变”的趋势，不能抵消和逆转这种改变

（2）适用范围：已经达到平衡状态的可逆反应

（3）适用对象：对所有动态平衡均适用

（4）适用条件：只改变平衡的一个条件

第4课时　化学平衡常数

一、教材分析

本节内容选自人教版高中《化学（选修4）》第二章“化学反应速率和化学平衡”第三节“化学平衡”，依据课程标准“知道化学平衡常数的涵义，能利用化学平衡常数计算反应物的转化率”的要求，本节课安排了“化学平衡常数的定义、表达式、意义和应用”等教学内容。

化学平衡常数是基于实验数据分析形成的概念，讨论由浓度商 Q_c 到化学平衡常数 K 的过程，不但能为学生提供理性分析的思维“支架”，降低学习难度，还能反映化学研究的一种基本方法与思想，有助于实现新课程提升学生科学素养的宗旨。教科书首先以氢气和碘蒸气的反应为例，呈现了温度在457.6℃时反应体系中各物质浓度的有关数据，通过数据的分析与比较引入了化学平衡常数的概念、符号等有关知识。然后详细介绍了化学平衡常数的意义与影响因素。最后通过两道例题帮助学生理解化学平衡常数计算的方法，并在“科学史话”栏目中介绍了科学家亨利·勒夏特列以拓宽学生的科学视野。

本节课在教科书中具有“承上启下”的作用，所谓“承上”是指化学平衡常数的有关内容是对前面化学平衡及其移动的客观规律的延伸，“启下”是指其为后续第三章“溶液中的离子平衡”等内容的学习奠定了基础。

二、学情分析

通过前面的学习，学生已经初步掌握了化学反应速率、化学平衡移动等有关知识，对于化学平衡已有基本的认识，但对化学平衡认识不够深刻，缺乏对化学平衡本质的认识。同时，高二的学生已具备较强的观察能力、逻辑推理能力和分析问题、解决问题的能力，这为本节课通过分析实验数据获得化学平衡常数概念以及进行化学平衡常数有关计算的教学活动的开展奠定了能力基础。

三、教学目标

知识与技能	（1）理解化学平衡常数的含义，能够正确书写化学平衡常数的表达式。 （2）能利用化学平衡常数进行简单的计算，判断化学反应进行的方向和化学反应的热效应
过程与方法	（1）通过分析获得化学平衡常数的概念，提升逻辑思维能力。 （2）通过进行化学平衡常数的计算，提升计算能力
情感态度与价值观	（1）通过分析和处理不同配比下氢气和碘蒸气反应平衡时各物质实验数据，形成严谨求实、积极实践的科学作风。 （2）通过学习化学平衡常数的有关知识，养成对事物发展本质和规律的探索精神

四、教学重点和难点

（1）教学重点：化学平衡常数表达式的书写；化学平衡常数的意义、应用。

（2）教学难点：化学平衡常数的计算。

五、知识结构

化学平衡常数

- 定义：在一定温度下，当一个可逆反应达到化学平衡状态时，生成物浓度幂之积与反应物浓度幂之积的比值
- 符号：K
- 表达式：以可逆反应 $mA(g)+nB(g) \rightleftharpoons pC(g)+qD(g)$ 为例　$K=\dfrac{c^p(C)\cdot c^q(D)}{c^m(A)\cdot c^n(B)}$
- 书写注意事项
  - K 的单位不唯一，一般不写
  - 固体和纯液体不列入表达式
  - 表达式与反应方向和计量数有关
- 影响化学平衡常数的因素：反应体系的温度
- 化学平衡常数的意义：定量地衡量化学反应正向进行的程度，一般来说，K 值越大，表示反应正向进行的程度越大，反应物转化率也越大；当 $K>10^5$ 时，该反应进行得基本完全
- 化学平衡常数的应用
  - 判断平衡移动的方向
  - 判断反应的热效应
  - 计算反应的转化率

六、教学过程

环节一：导入新课

【导入】 通过前面的学习，我们已经知道了化学平衡的相关内容，然而这只是从定性的角度描述了化学反应限度，并没有从定量的角度来描述化学反应限度。科学家为了寻找定量描述化学反应限度的方法，对许多化学平衡体系的数据进行了分析，终于发现了一条规律，那这条规律是什么呢？本节课就让我们一起来学习“化学平衡常数”的有关内容，进而揭开这条规律的神秘面纱。

【板书】 2.3.4　化学平衡

三、化学平衡常数

环节二：展开新课

【投影】 已知反应 $H_2(g)+I_2(g) \rightleftharpoons 2HI(g)$，在457.6℃时用不同起始浓度的 H_2、I_2、HI 进行反应，平衡后测得如下表所示的实验数据，分析与处理数据，你们能够得到什么结论？

序号	起始浓度/mol·L^{-1}			平衡浓度/mol·L^{-1}			平衡时
	H_2	I_2	HI	H_2	I_2	HI	$\frac{c^2(HI)}{c(H_2)c(I_2)}$
1	1.197×10^{-2}	6.944×10^{-3}	0	5.617×10^{-3}	5.936×10^{-4}	1.270×10^{-2}	48.38
2	1.228×10^{-2}	9.964×10^{-3}	0	3.841×10^{-3}	1.524×10^{-3}	1.687×10^{-2}	48.61
3	0	0	1.520×10^{-2}	1.696×10^{-3}	1.696×10^{-3}	1.181×10^{-2}	48.48

【讲述】通过数据分析我们能够发现，可逆反应无论从正向开始还是从逆向开始，无论起始浓度多大，都能达到化学平衡，而且只要保持反应体系的温度不变，达到平衡状态后生成物浓度化学计量数次幂的乘积与反应物浓度化学计量数次幂的乘积之比是个常数。我们把在一定温度下，当一个可逆反应达到化学平衡状态时，生成物浓度幂之积与反应物浓度幂之积的比值叫做化学平衡常数，简称平衡常数，用符号 K 表示。

【板书】1. 定义：在一定温度下，当一个可逆反应达到化学平衡状态时，生成物浓度幂之积与反应物浓度幂之积的比值

2. 符号：K

【讲述】如何表示化学平衡常数呢？以可逆反应 $mA(g)+nB(g) \rightleftharpoons pC(g)+qD(g)$ 为例，我们可以将其表示为如下的这个形式：$K=\frac{c^p(C)\cdot c^q(D)}{c^m(A)\cdot c^n(B)}$

【板书】3. 表达式：以可逆反应 $mA(g)+nB(g) \rightleftharpoons pC(g)+qD(g)$ 为例

$$K=\frac{c^p(C)\cdot c^q(D)}{c^m(A)\cdot c^n(B)}$$

【练习】1. 写出下列反应的平衡常数表达式，并判断 K 的单位，总结书写 K 的表达式时应注意的事项。

(1) $2SO_2(g)+O_2(g) \rightleftharpoons 2SO_3(g)$ $K=$______

(2) $CaCO_3(s) \rightleftharpoons CO_2(g)+CaO(g)$ $K=$______

(3) $Cr_2O_7^{2-}(aq)+H_2O(l) \rightleftharpoons 2CrO_4^{2-}(aq)+2H^+(aq)$ $K=$______

2. 373K 时，N_2O_4 和 NO_2 的平衡体系：

$N_2O_4(g) \rightleftharpoons 2NO_2(g)$ $K_1=$______

$2N_2O_4(g) \rightleftharpoons 4NO_2(g)$ $K_2=$______

$2NO_2(g) \rightleftharpoons N_2O_4(g)$ $K_3=$______

K_1、K_2、K_3之间的关系：____________

【讲述】同学们通过书写这些可逆反应的化学平衡常数表达式能够发现，在书写化学平衡常数表达式时，K 的单位不唯一，因此一般不写。而且固体和纯液体不能列入表达式，表达式与反应方向和计量数有关，即同一化学反应，可以用不同的化学反应式来表示，每个化学方程式都有自己的平衡常数关系式及相应的平衡常数：对于同一可逆反应，正、逆反应的化学平衡常数互为倒数。对于同一化学反应，当化学反应方程式的化学计量数变为原来的 n 倍时，相关化学平衡常数变为原来的 n 次方。

【板书】4. 书写注意事项

（1）K 的单位不唯一，一般不写

（2）固体和纯液体不列入表达式

（3）表达式与反应方向和计量数有关

1）对于同一可逆反应，正、逆反应的化学平衡常数互为倒数

2）对于同一化学反应，当化学反应方程式的化学计量数变为原来的 n 倍时，相关化学平衡常数变为原来的 n 次方

【提问】请同学们思考化学平衡常数受什么因素影响？

【讲述】化学平衡常数只是温度的函数，与反应物、生成物的浓度无关。升高温度，吸热反应的平衡常数增大，放热反应的平衡常数减小；降低温度，吸热反应的平衡常数减小，放热反应的平衡常数增大。

【板书】5. 影响化学平衡常数的因素：反应体系的温度

【讲述】通常，化学平衡常数用来定量地衡量化学反应进行的程度。一般来说，K 值越大，表示反应正向进行的程度越大，反应物转化率也越大，当 $K>10^5$ 时，该反应基本进行完全。

【板书】6. 化学平衡常数的意义：定量地衡量化学反应正向进行的程度

（1）K 值越大，表示反应正向进行的程度越大，反应物转化率也越大

（2）K 值越小，表示反应正向进行的程度越小，反应物转化率也越小

（3）当 $K>10^5$ 时，该反应基本进行完全

【提问】化学平衡常数具体有什么应用？

【讲述】化学平衡常数的第一个应用就是可以用来判断正在进行的可逆反应是否平衡及向何方向进行。此时需要借助一个特殊的比值——浓度商，它是指可逆反应在任意状态时，生成物浓度化学计量数次幂的乘积与反应物浓度化学计量数次幂的乘积的比值，通常用符号 Q_c 表示。也就是说对于可逆反应 $m\text{A(g)} + n\text{B(g)} \rightleftharpoons p\text{C(g)} + q\text{D(g)}$，其任意时刻的浓度商可以表示成如下的这种形式：

$$Q_c = \frac{c^p(\text{C})c^q(\text{D})}{c^m(\text{A})c^n(\text{B})}$$

【练习】已知 800℃ 时，化学反应 $\text{CO(g)} + \text{H}_2\text{O(g)} \rightleftharpoons \text{CO}_2\text{(g)} + \text{H}_2\text{(g)}$，$K=1$。试推导在下列浓度下反应进行的方向。

序号	单位/mol·L^{-1}				Q_c 与 K 关系及反应进行方向
	CO	H_2O	CO_2	H_2	
1	0.3	0.5	0.4	0.4	
2	1.0	0.3	0.5	0.6	
3	0.8	1.6	0.7	1.7	

【讲述】以第一组数据为例，由于 $Q_c = \dfrac{c(\text{CO}_2)\cdot c(\text{H}_2)}{c(\text{CO})\cdot c(\text{H}_2\text{O})}$，将第一组数据代入公式中可以

计算出 $Q_c=1.07$，该数值大于化学平衡常数 K 的数值，说明生成物含量较多，故此时反应向逆反应方向进行。同理可以分别计算出第二组数据和第三组数据对应的 Q_c 值，从而分别判断出相应条件下反应进行的方向。

【提问】通过刚才的计算，同学们发现了什么规律？

【讲述】当 $Q_c<K$ 时，反应物含量较多，则 $v_正$ 较大；生成物含量较少，则 $v_逆$ 较小，此时 $v_正>v_逆$，反应向正反应方向进行。当 $Q_c=K$ 时，反应物含量与生成物含量不再随时间的改变而改变，此时 $v_正=v_逆$，反应处于平衡状态。当 $Q_c>K$ 时，反应物含量较少，则 $v_正$ 较小；生成物含量较多，则 $v_逆$ 较大，此时 $v_正<v_逆$，反应向逆反应方向进行。

【板书】7. 化学平衡常数的应用

（1）判断平衡移动的方向

当 $Q_c<K$ 时，反应向正反应方向进行

当 $Q_c=K$ 时，反应处于平衡状态

当 $Q_c>K$ 时，反应向逆反应方向进行

【讲述】化学平衡常数的第二个应用就是判断反应的热效应。当升高温度时，若 K 值变大，说明升高温度，正反应进行的程度增大，平衡正向移动，则正反应为吸热反应，反之则为放热反应；当降低温度时，K 值变大，说明降低温度，正反应进行的程度增大，平衡正向移动，则正反应为放热反应，反之则为吸热反应。

【板书】（2）判断反应的热效应

1）当升高温度时，若 K 值变大，则正反应为吸热反应；若 K 值变小，则正反应为放热反应

2）当降低温度时，若 K 值变大，则正反应为放热反应；若 K 值变小，则正反应为吸热反应

【讲述】化学平衡常数的第三个应用就是能够依据某物质的起始浓度或平衡浓度和平衡常数计算其他物质的平衡浓度或起始浓度，从而计算反应物的转化率。

【板书】（3）计算反应的转化率

【练习】在密闭容器中充入 2.0mol $CO(g)$ 和 10mol $H_2O(g)$，发生反应
$CO(g)+H_2O(g) \rightleftharpoons CO_2(g)+H_2(g)$，800℃时反应达到平衡。若 $K=1.0$，求 CO 转化为 CO_2 的转化率。

【讲述】这是一道利用化学平衡常数计算反应物转化率的题，主要采用第一节中学习的“三段式”进行相关计算，具体过程如下：

解：设达到平衡时 CO 转化为 CO_2 的物质的量为 x，V 为容器容积

$$CO(g)+H_2O(g) \rightleftharpoons CO_2(g)+H_2(g)$$

	$CO(g)$	$H_2O(g)$	$CO_2(g)$	$H_2(g)$
起始浓度：	$\frac{2.0}{V}$	$\frac{10}{V}$	0	0
转化浓度：	$\frac{x}{V}$	$\frac{x}{V}$	$\frac{x}{V}$	$\frac{x}{V}$
平衡浓度：	$\frac{2.0-x}{V}$	$\frac{10-x}{V}$	$\frac{x}{V}$	$\frac{x}{V}$

$$K=\frac{\frac{x}{V}\cdot\frac{x}{V}}{\frac{2.0-x}{V}\cdot\frac{10-x}{V}}=1 \qquad x=1.66$$

$$\alpha(CO)=\frac{1.66}{2.0}\times100\%=83\%$$

答：CO 转化为 CO_2 的转化率为 83%

环节三：归纳总结

【总结】 本节课我们对化学平衡常数的概念、意义和应用的相关知识进行了学习，希望同学们通过本节课的学习能够准确书写化学平衡常数的表达式，学会运用化学平衡常数判断反应的热效应和平衡移动的方向，并能够用“三段式”进行化学平衡常数的有关计算。请同学们课后复习本节课的有关内容，完成课本第 32~33 页的 2、8、9 题，并预习下节课“化学反应进行的方向”的有关内容。

七、板书设计

2.3.4 化学平衡

三、化学平衡常数

1. 定义：在一定温度下，当一个可逆反应达到化学平衡状态时，生成物浓度幂之积与反应物浓度幂之积的比值
2. 符号：K
3. 表达式：以可逆反应 $mA(g)+nB(g) \rightleftharpoons pC(g)+qD(g)$ 为例

$$K=\frac{c^p(C)\cdot c^q(D)}{c^m(A)\cdot c^n(B)}$$

4. 书写注意事项
   （1）K 的单位不唯一，一般不写
   （2）固体和纯液体不列入表达式
   （3）表达式与反应方向和计量数有关
      1）对于同一可逆反应，正、逆反应的化学平衡常数互为倒数
      2）对于同一化学反应，当化学反应方程式的化学计量数变为原来的 n 倍时，相关化学平衡常数变为原来的 n 次方
5. 影响化学平衡常数的因素：反应体系的温度
6. 化学平衡常数的意义：定量地衡量化学反应正向进行的程度
   （1）K 值越大，表示反应正向进行的程度越大，反应物转化率也越大
   （2）K 值越小，表示反应正向进行的程度越小，反应物转化率也越小
   （3）当 $K>10^5$ 时，该反应基本进行完全
7. 化学平衡常数的应用
   （1）判断平衡移动的方向
   当 $Q_c<K$ 时，反应向正反应方向进行
   当 $Q_c=K$ 时，反应处于平衡状态
   当 $Q_c>K$ 时，反应向逆反应方向进行

（2）判断反应的热效应

1）当升高温度时，若 K 值变大，则正反应为吸热反应；若 K 值变小，则正反应为放热反应

2）当降低温度时，若 K 值变大，则正反应为放热反应；若 K 值变小，则正反应为吸热反应

（3）计算反应的转化率

第四节　化学反应进行的方向

一、教材分析

本节内容选自人教版高中《化学（选修4）》第二章“化学反应速率和化学平衡”第四节“化学反应进行的方向”，依据课程标准“能用焓变和熵变说明化学反应的方向”的要求，本节课安排了“自发反应和非自发反应、焓判据、熵判据和复合判据”等教学内容。

教科书的编号从学生已有的知识和生活经验出发，首先以学生熟悉的自发进行的放热反应为例，介绍化学反应都有向能量降低的方向自发进行的一种倾向——焓判据，再以有序排列的火柴散落时成为无序排列等生活现象为例，说明混乱度（熵）增加是自然界的普遍规律，也是化学反应自发进行的一种倾向——熵判据。其次用零下10℃的液态水就会自动结冰成为固态的实例，说明单独运用上述判据中的任一种判断反应进行的方向都是不全面的，引出要正确判断化学反应的方向，需要综合考虑焓变和熵变——复合判据。最后在“科学视野”栏目中简单介绍了自由能判据的结论性内容。

本节内容属于原理性知识，作为本章的最后一节，旨在促进学生体会事物的发展、变化常常受多种因素的制约，形成全面分析问题的思想，帮助学生构建完整的知识体系。

二、学情分析

通过前面的学习，学生已经理解了化学反应的快慢和限度的有关知识，同时也理解与掌握了一定的化学和物理知识，这为本节课有关教学活动的开展奠定了知识基础，但学生初次接触至化学反应进行方向的有关问题，对其存在一定的困惑，需要分析判断化学反应进行方向的三个判据。高二的学生已具备较丰富的生活经验，同时具备一定的分析问题和解决问题的能力，这为本节课相关问题的分析与讨论以及联系生活实际学习化学反应方向的有关知识奠定了能力与情感基础。

三、教学目标

知识与技能	（1）了解自发过程、自发反应和非自发反应的概念。 （2）了解焓判据和熵判据，理解熵的概念。 （3）能根据复合判据判断化学反应可能进行的方向
过程与方法	（1）通过分析一些化学反应能自发进行的原因，提升分析问题和解决问题的能力。 （2）通过已有知识与生活中的见闻构建化学反应方向的判据，学会运用比较、归纳、概括等方法对信息进行加工，构建新知识
情感态度与价值观	（1）通过本节内容的学习，体会事物的发展、变化常常受多种因素的制约，学会全面分析问题。 （2）通过联系生活中的见闻学习本节课的有关知识，体会化学与生活的紧密联系

四、教学重点和难点

（1）教学重点：熵判据；根据复合判据及给定数据判断反应方向。

（2）教学难点：焓减和熵增与化学反应方向的关系。

五、知识框架

- 化学反应进行的方向
  - 自发过程与自发反应
    - 自发过程
      - 概念：在一定条件下，不借助外部力量就能自动进行的过程
      - 特点：具有方向性，即在一定条件下的某个方向是自发的，而逆方向一定是不自发的
    - 自发反应：在一定条件下，能够自发进行到一定程度的反应
    - 非自发反应：必须借助某种外力才能进行的反应
  - 化学反应进行方向的判据
    - 焓判据：放热反应有利于反应自发进行
    - 熵判据
      - 熵
        - 概念：量度体系混乱程度的状态函数
        - 符号：S
        - 单位：J/(mol·K)
        - 影响因素
          - 物质类别
          - 物质的聚集状态
          - 外界条件
      - 熵变：生成物总熵与反应物总熵的差值（ΔS）
      - 熵判据：体系有自发地向混乱度增加的方向转变的倾向，因此可用熵变来判断反应进行的方向
      - 熵增原理：在与外界隔离的体系中，自发过程将导致体系的熵增加
    - 复合判据：在温度和压力一定的条件下，化学反应的方向是反应的焓变和熵变共同影响的结果，自发反应总是向 $\Delta H - T\Delta S < 0$ 的方向进行，直至达到平衡状态

六、教学过程

环节一：导入新课

【提问】 我们知道能源引起的环境问题正日益受到人们的关注，如果有人声称：“研制出一种新的催化剂在通常状况下使水分解产生氢气，得到廉价的氢能源”。对这样一条信息，你将如何看待？

【讲述】 很明显，水在通常条件下是不可能自动发生分解，正如盐酸与氢氧化钠在通常条件下可以生成氯化钠和水，但不可能把食盐加入水中就可以得到盐酸和氢氧化钠。实际上，老师刚才所说的这些均涉及了化学反应进行的方向问题，本节课就让我们一起学习“化学反应进行的方向”的有关内容。

【板书】 2.4　化学反应进行的方向

环节二：展开新课

1. 自发过程与自发反应

【讲述】在日常生活中，我们经常能够看见“水往低处流”“春暖花开，冰雪融化”的情景，我们发现这些过程在一定条件下不需要借助外部力量就能够自动进行，我们将在一定条件下，不借助外部力量就能自动进行的过程叫做自发过程。

【板书】一、自发过程与自发反应

（一）自发过程

1. 概念：在一定条件下，不借助外部力量就能自动进行的过程

【讲述】刚才我们提到的这些自发过程，都只能在一定条件下的某个方向是自发的，而逆方向一定是不自发的，由此我们能够得出自发过程的特点是具有方向性，即在一定条件下的某个方向是自发的，而逆方向一定是不自发的。

【板书】2. 特点：具有方向性

【过渡】什么叫做自发反应？什么叫做非自发反应呢？

【讲述】刚才我们提到，盐酸与氢氧化钠在通常条件下可以生成氯化钠和水，也就是说该反应能够在一定条件下自发进行到一定程度。将这种在一定条件下，能够自发进行到一定程度的反应叫做自发反应。相应地，当一个反应不能自发地进行，必须借助某种外力才能进行时，这种反应就叫做非自发反应。

【板书】（二）自发反应与非自发反应

1. 自发反应：在一定条件下，能够自发进行到一定程度的反应

2. 非自发反应：不能自发地进行，必须借助某种外力才能进行的反应

【讲述】对于自发反应与非自发反应概念的理解，请同学们要注意一个问题，许多自发反应是在常温常压下即可自发进行且反应完全，但不意味着在一定条件下才能进行或者不能进行完全的反应就不是自发反应。同样，非自发反应具有了一定的条件也能自发进行。

2. 化学反应进行方向的判据

【提问】我们知道有的反应是自发反应，而有的反应却是非自发反应，我们该如何判断一个反应是自发反应还是非自发反应呢？

【讲述】判断一个反应是自发反应还是非自发反应的过程，就是在判断化学反应进行的方向的问题，我们能够凭借什么依据来判断化学反应进行的方向呢？

【讲述】经验表明，那些不用借助外力就可以自动进行的自发过程的共同特点是体系能量趋向于从高能状态转变为低能状态，这时体系会对外部做功或者释放能量。如水总是自发地由高处往低处流，有趋向于最低能量状态的倾向。

【提问】现在老师给同学们展示一些化学反应，它们都能自发进行，请同学们思考为什么这些化学反应能发生？

【投影】 $2H_2(g) + O_2(g) \xlongequal{} 2H_2O(l) \quad \Delta H = -572\text{kJ/mol}$

$$H_2(g) + Cl_2(g) \xlongequal{\quad} 2HCl(g) \qquad \Delta H = -184kJ/mol$$

$$2Fe(s) + O_2(g) \xlongequal{\quad} Fe_2O_3(s) \qquad \Delta H = -824kJ/mol$$

【讲述】这些自发反应均是放热反应，也就是说放热反应过程中，体系能量会降低，因此具有自发进行的倾向，这是化学反应进行方向的第一个判据——焓判据。也就是说，若 $\Delta H<0$，正向反应有自发进行的倾向。

【板书】3. 判据

（1）焓判据：

若 $\Delta H<0$，正向反应有自发进行的倾向

【提问】同学们认为“放热反应可以自发进行，吸热反应不能自发进行”的说法是否正确呢？为什么？

【讲述】这个说法是错误的，有一些吸热反应在室温条件下不能自发进行，但在较高温度下则能自发进行。比如 $2N_2O_5(g) \xlongequal{\quad} 4NO_2(g) + O_2(g) \quad \Delta H = +56.7kJ/mol$

$NH_4HCO_3(s) + CH_3COOH(aq) \xlongequal{\quad} CO_2(g) + CH_3COONH_4(aq) + H_2O(l) \quad \Delta H = +37.3kJ/mol$。因此，反应焓变是与反应能否自发进行有关的一个因素，但不是唯一因素，还能依据什么来判断化学反应进行的方向呢？

【讲述】刚才的那些吸热反应是能够自发进行的，也就是说这些反应的自发性与能量无关，为解释这一类与能量无关的过程的自发性，科学家提出了另一推动体系变化的因素：在密闭条件下，体系具备由有序自发地变为无序的倾向。因为与有序体系相比，无序体系“更加稳定”，可以采取更多的存在方式。比如密闭容器中的气态物质或液态物质蒸气（包括挥发性固体），会通过分子扩散自发形成均匀混合物；物质溶于水自发地向水中扩散，形成均匀的溶液；有序排列的火柴散落时成为无序排列等。这种推动体系变化的重要因素叫做“熵”，也就是运用“熵”来量度这种体系混乱的程度，其符号是 S，单位是 J/(mol·K)。

【板书】（2）熵判据

1）熵

①概念：量度体系混乱程度的状态函数

②符号：S

③单位：J/(mol·K)

【讲述】熵的大小主要受到物质类别、物质的聚集状态与外界条件的影响，在同一条件下，不同的物质熵值是不同的；同样，同一物质的熵值与其聚集状态与外界条件有关，对于同一物质，一般来说，$S(g) > S(l) > S(s)$。

【板书】④影响因素：物质类别、物质的聚集状态、外界条件

【讲述】我们都知道化学反应伴随物质的变化或物质状态的变化，也就是说物质的熵值会因化学反应的发生而改变，就会产生熵值的变化量，将生成物总熵与反应物总熵的差值叫做熵变，符号为 ΔS，单位为 J/(mol·K)。我们要注意的是，对于确定

的化学反应，在一定条件下具有确定的熵变。

【板书】2）熵变

①概念：生成物总熵与反应物总熵的差值

②符号：ΔS

③单位：J/（mol·K）

【讲述】在密闭条件下，体系具备由有序自发地变为无序的倾向，也就是说在与外界隔离的体系中，自发过程将导致体系的熵增加，该原理即为熵增原理。

【板书】3）熵增原理：在与外界隔离的体系中，自发过程将导致体系的熵增加

【讲述】既然在与外界隔离的体系中，自发过程将导致体系的熵增加，也就是说体系有自发地向混乱度增加的方向转变的倾向，因此可用熵变来判断反应进行的方向，该判据即为熵判据。

【板书】4）熵判据：体系有自发地向混乱度增加的方向转变的倾向

【提问】请同学们思考熵减小的反应一定不能自发进行吗？请举例说明。

【讲述】大量事实证明，有些熵减小的反应在一定条件下也可以自发进行，如-10℃的液态水会自动结冰成为固态，就是熵减的过程（但它是放热的）；因此，反应熵变是与反应能否自发进行有关的又一个因素，但也不是唯一因素。

【讲述】在一定条件下，一个化学反应能否自发进行，既与反应焓变有关，又与反应熵变有关。研究表明，在恒温、恒压下，要正确判断一个化学反应能否自发进行，必须综合考虑反应的焓变 ΔH 和熵变 ΔS，自发反应总是向 $\Delta H-T\Delta S<0$ 的方向进行，直至达到平衡状态，该判据即为复合判据。

【板书】（3）复合判据：在温度和压强一定的条件下，化学反应的方向是反应的焓变和熵变共同影响的结果，自发反应总是向 $\Delta H-T\Delta S<0$ 的方向进行，直至达到平衡状态

【讲述】在复合判据中出现的表达式 $\Delta H-T\Delta S$ 即为反应体系自由能的变化量 ΔG，单位为 kJ/mol，即 $\Delta G=\Delta H-T\Delta S$。

【提问】请同学们尝试根据该表达式推导一下，当 ΔH 和 ΔS 的数值分别为正值或负值时，反应能否自发进行？

【讲述】根据复合判据中的关系式可推知：

（1）当 $\Delta H<0$，$\Delta S>0$ 时，$\Delta H-T\Delta S<0$，反应自发进行；

（2）当 $\Delta H>0$，$\Delta S<0$ 时，$\Delta H-T\Delta S>0$，反应不自发进行；

（3）当 $\Delta H>0$，$\Delta S>0$ 或 $\Delta H<0$，$\Delta S<0$ 时，$\Delta H-T\Delta S$ 的符号由 T 确定，反应是否自发与温度有关。一般低温时焓变影响为主，高温时熵变影响为主，而温度影响的大小要视 ΔH、ΔS 的具体数值而定。

【讲述】若以 ΔH 为横轴，ΔS 为纵轴，可将上述关系概括为如下的一张温度与反应方向的关系坐标示意图。

【投影】

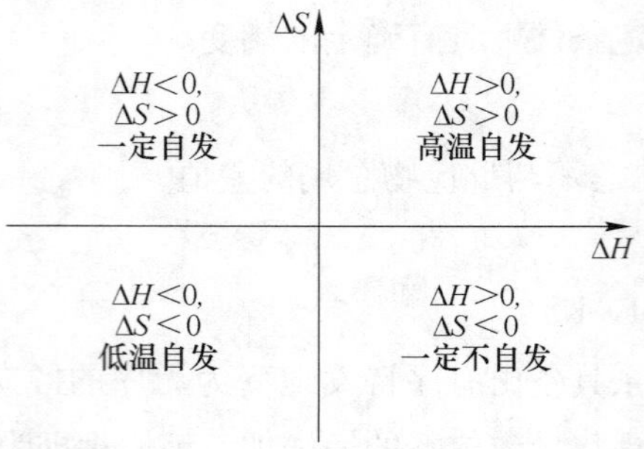

温度与反应方向关系示意图

环节三：归纳总结

【总结】本节课我们学习了化学反应进行的方向的有关知识，首先对自发过程、自发反应和非自发反应的概念进行了学习，然后学习了判断化学反应进行方向的3个判据——焓判据、熵判据和复合判据，并对熵和熵变的有关知识进行了认识和了解。希望同学们能够灵活运用这些判据去判断化学反应进行的方向。但是请同学们注意的是过程的自发性只能用于判断过程的方向，不能确定过程是否一定会发生及反应过程的速率。而且在讨论过程的方向时，我们通常指的是没有外界条件干扰时体系的性质，如果允许外界对体系施加某种作用，就可能出现相反的结果。请同学们课后及时复习本节课的有关知识，完成练习册的相关练习并预习下节课“弱电解质的电离”的有关内容。

七、板书设计

2.4　化学反应进行的方向

一、自发过程与自发反应

（一）自发过程

1. 概念：在一定条件下，不借助外部力量就能自动进行的过程

2. 特点：具有方向性

（二）自发反应与非自发反应

1. 自发反应：在一定条件下，能够自发进行到一定程度的反应

2. 非自发反应：不能自发地进行，必须借助某种外力才能进行的反应

3. 判据

（1）焓判据：

若 $\Delta H<0$，正向反应有自发进行的倾向

（2）熵判据

1）熵

①概念：量度体系混乱程度的状态函数

②符号：S

③单位：J/(mol·K)

④影响因素：物质类别、物质的聚集状态、外界条件

2）熵变

①概念：生成物总熵与反应物总熵的差值

②符号：ΔS

③单位：J/(mol·K)

3）熵增原理：在与外界隔离的体系中，自发过程将导致体系的熵增加

4）熵判据：体系有自发地向混乱度增加的方向转变的倾向

（3）复合判据：在温度和压强一定的条件下，化学反应的方向是反应的焓变和熵变共同影响的结果，自发反应总是向 $\Delta H - T\Delta S<0$ 的方向进行，直至达到平衡状态

第三章　水溶液中的离子平衡

本章知识框架

- 水溶液中的离子平衡
  - 弱电解质的电离
    - 强电解质和弱电解质
    - 电解质电离方程式的书写
      - 强酸、强碱的电离方程式书写
      - 弱电解质的电离方程式书写
      - 盐的电离方程式书写
    - 弱电解质的电离平衡
      - 概念
      - 影响因素：电解质本身的性质、浓度、温度
      - 电离平衡常数
  - 水的电离
    - 电离方程式
    - 水的离子积
    - 影响因素
  - 溶液的酸碱性
    - 溶液的酸碱性（常温下）
    - 溶液的 pH 值
      - 定义：$pH=-\lg c(H^+)$
      - 适用范围：稀溶液，常温下，使用范围在 0~14 之间
      - 注意事项：使用 pH 时需强调温度、pH=0 的溶液并非没有 H^+ 等
      - 测定方法：酸碱指示剂、pH 试纸、pH 计
      - 应用：控制作物适宜生长的土壤的 pH 值可提高产品的质量和产量等
      - 有关计算：强酸与强酸溶液混合、强碱与强碱溶液混合、强酸与强碱溶液混合、稀释酸溶液或碱溶液
  - 酸碱中和滴定
    - 原理：$n(H^+)=n(OH^-)$　a 元酸和 b 元碱：$a\cdot c(酸)\cdot V(酸)=b\cdot c(碱)\cdot V(碱)$
    - 仪器：酸式滴定管或碱式滴定管、标准液、待测液、酸碱指示剂（甲基橙或酚酞）
    - 操作步骤：查漏、洗涤、装液、赶气泡、调液、取液、滴定、记录、计算
    - 误差分析：$c(待)=\dfrac{c(标)V(标)}{V(待)}$，误差来源完全归结于消耗的 $V(标)$
    - 酸碱滴定曲线：溶液 pH 值随酸或碱的滴加量而变化的曲线
  - 盐类的水解
    - 定义：在溶液中，盐电离出来的弱酸阴离子或弱碱阳离子跟水电离出 OH^- 或 H^+ 生成弱电解质的反应
    - 条件：必须易溶于水且有易结合水中的 OH^- 或 H^+ 的粒子
    - 特点：可逆、吸热、微弱
    - 规律：有弱就水解、无弱不水解、谁强显谁性、同强显中性、双弱双水解、越弱越水解
    - 盐类水解方程式的书写
    - 影响因素：盐本身的性质、温度、浓度、溶液的酸碱性
    - 应用：制备某些胶体、某些无水盐以及制备氢气等
  - 难溶电解质的溶解平衡
    - 定义及特征
    - 影响因素：难溶电解质本身的性质、温度、浓度、同离子效应、其他因素
    - 应用及溶度积常数

第一节　弱电解质的电离

第1课时　强电解质和弱电解质

一、教材分析

本节内容选自人教版《化学(选修4)》第三章“水溶液中的离子平衡”第一节“弱电解质的电离”。依据课程标准“能描述弱电解质在水溶液中的电离平衡，了解酸碱电离理论”的要求，本节课安排了“强、弱电解质的概念及电离方程式书写”的教学内容。

教科书首先在“学与问”栏目中设问“酸碱盐都是电解质，在水中都能电离出离子。不同电解质的电离程度是否有区别?”来引导学生回忆必修1中电解质与非电解质的有关知识，同时引起学生的好奇心，并以此引入“强、弱电解质”的有关内容。其次通过联系醋酸与盐酸在生活中的应用引入实验的宏观演示与微观分析，并以此呈示强弱电解质的基本概念与常见类型。

强电解质和弱电解质的有关知识在教科书中起着承上启下的作用，既是对必修1中电解质和非电解质有关知识的延续，也为后面弱电解质的电离平衡、水的电离等知识的学习奠定了基础。

二、学情分析

学习者是高二理科学生，通过九年级的学习，学生对酸、碱、盐的有关知识有了初步的认识。在必修1“电解质”有关内容的学习过程中，初步认识了强电解质和弱电解质的概念，学生对于强弱电解质的区别具备一定的知识基础。本节课的学习要让学生学会通过推断和演绎的方法学习知识，进一步强化学生的运用知识的能力。

三、教学目标

知识与技能	(1) 理解强电解质和弱电解质的概念，学会区分强弱电解质。 (2) 能够正确书写强弱电解质的电离方程式
过程与方法	(1) 通过探究电解质有强弱之分的实验，强化观察能力与分析能力，从而掌握推理、归纳等科学方法。 (2) 通过学习本节课的相关知识，学会“宏-微-符”化学三重表征的思维方法
情感态度与价值观	(1) 通过本节课的学习，具备“宏观辨识与微观探析”的化学学科核心素养。 (2) 通过“强弱电解质概念”的学习，建立起“透过现象看本质”的辩证唯物主义思想

四、教学重难点

（1）教学重点：强弱电解质的对比；弱电解质的电离方程式。

（2）教学难点：强电解质和弱电解质的区分。

五、知识结构

- 强电解质和弱电解质
  - 强弱电解质
    - 强电解质
      - 定义：在水溶液中能够完全电离的电解质
      - 常见物质类型：强酸、强碱、大部分盐
      - 电离特点：完全电离
      - 溶液中溶质微粒存在形式：水合离子
    - 弱电解质
      - 定义：在水溶液中部分电离的电解质
      - 常见物质类别：弱酸、弱碱、少数盐、水
      - 电离特点：部分电离
      - 溶液中溶质微粒存在形式：弱电解质分子、水合离子
  - 电解质电离方程式的书写
    - 强酸、强碱的电离方程式书写
    - 弱电解质的电离方程式书写
    - 盐的电离方程式书写

六、教学过程

环节一：导入新课

【提问】 在必修 1 中，我们已经学习了电解质、非电解质的概念，请同学们回忆并思考什么叫做电解质？什么叫做非电解质？

【讲述】 电解质是指在水溶液或熔融状态下能够导电的化合物，非电解质是指在水溶液和熔融状态下均不能够导电的化合物。对于二者的概念，同学们要注意的是电解质和非电解质研究的对象都是化合物，研究的性质是导电性，研究的条件是水溶液或者熔融状态下。

【提问】 为什么电解质在水溶液里或熔化状态下能够导电？

【讲述】 主要是因为电解质在溶于水或受热熔化时，能够离解成自由移动的离子，离子在外电场的作用下定向移动形成电流。我们知道酸、碱、盐都是电解质，在水溶液中都能电离出离子。不同电解质的电离程度是否有区别呢？就让我们一起来学习“强电解质和弱电解质”的有关内容。

【板书】 3. 1. 1　弱电解质的电离

一、强电解质和弱电解质

环节二：展开新课

1. 强弱电解质

【讲述】 那么不同的电解质在水溶液中电离的程度是否相同呢？下面就让我们一起通过实验来探究一下。

【实验】 取两支小试管，分别向两支试管中滴加 2mL 1mol/L 的盐酸和醋酸，用 pH 试纸测

量这两种酸的 pH 值，并分别加入一块质量相同的镁条，完成下表。

	1mol/L HCl	1mol/L CH_3COOH
溶液的 pH 值		
与镁条反应现象		

【讲述】通过实验我们能够发现，相同浓度、相同体积的醋酸和盐酸与活泼金属反应的剧烈程度及 pH 值都有差别，说明 $c(H^+)$ 是不相同的，即 CH_3COOH 和 HCl 的电离程度是不同的。

【投影】展示 HCl 和 CH_3COOH 在水中的电离示意图

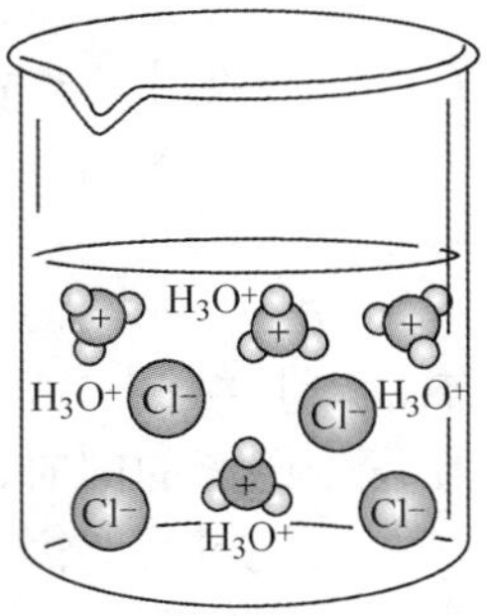

盐酸中存在H^+、Cl^-

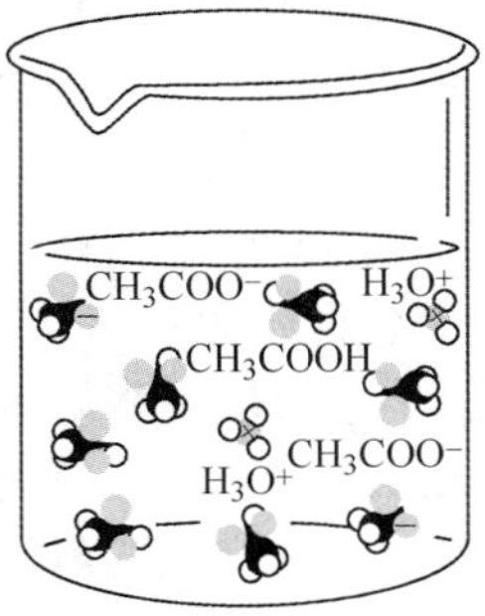

醋酸溶液中存在H^+、CH_3COO^-和CH_3COOH分子

【讲述】我们可以看到，CH_3COOH 在水溶液中是部分电离的，HCl 在水溶液中是完全电离的，在化学中将在水溶液中能够完全电离的电解质叫做强电解质，在水溶液中部分电离的电解质叫做弱电解质。

通常，强电解质包含的物质类别有强酸、强碱、大多数盐，在高中阶段常见的强酸有 HCl、H_2SO_4、HNO_3、$HClO_4$、HBr、HI，常见的强碱有 NaOH、KOH、$Ba(OH)_2$、$Ca(OH)_2$；弱电解质包含的物质类别有弱酸、弱碱和水。

【讲述】由于强电解质在水溶液中完全电离，弱电解质在水溶液中部分电离。因此，强电解质在水溶液中主要以水合离子的形式存在，弱电解质在水溶液中主要以弱电解质分子、水合离子的形式存在。

【板书】

	强电解质	弱电解质
定义	在水溶液中能够完全电离的电解质	在水溶液中部分电离的电解质
物质类别	强酸、强碱、大部分盐	弱酸、弱碱、水
电离特点	完全电离	部分电离
溶液中溶质微粒存在形式	水合离子	弱电解质分子、水合离子

强酸：HCl、H_2SO_4、HNO_3、$HClO_4$、HBr、HI

强碱：NaOH、KOH、$Ba(OH)_2$、$Ca(OH)_2$

【练习】有下列物质：①硫酸　②盐酸　③氯气　④硫酸钡　⑤酒精　⑥铜　⑦醋酸　⑧

氯化氢　⑨蔗糖　⑩氨气　⑪CO_2　⑫$NaHCO_3$　⑬$Al(OH)_3$　⑭NaOH

属于非电解质的为__________（填序号，下同），属于弱电解质的为__________，能导电的是__________。

2. 电解质电离方程式的书写

【过渡】既然强弱电解质在水溶液中的电离程度不同，我们该如何运用电离方程式表示它们的电离过程呢？下面就让我们一起来学习“电解质电离方程式的书写”的有关内容。

【板书】二、电解质电离方程式的书写

【练习】写出下列电解质在水溶液中的电离方程式：HCl、H_2SO_4、NaOH、$Ba(OH)_2$

【讲述】刚才老师列出的这些电解质都是强酸、强碱，它们都是强电解质，在水溶液中完全电离，因此对于强酸、强碱的电离方程式的书写一步到位，式子左边用强酸、强碱的化学式表示，右边用离子符号表示，左右两边一般用“$=\!=\!=$”进行连接。

【板书】1. 强酸、强碱电离方程式的书写：一步到位，用“$=\!=\!=$”连接

【过渡】那么弱电解质的电离又该如何用电离方程式表示呢？

【板书】2. 弱电解质电离方程式的书写

【讲述】刚才我们提到，弱电解质在水溶液中是部分电离的，其在水溶液中以弱电解质分子与水合离子的形式存在，这就说明弱电解质在发生电离的同时也在发生离子结合成分子的过程，也就是说弱电解质的电离是一个可逆过程。因此，在书写弱电解质电离方程式时，仍然是式子左边用弱电解质的化学式表示，右边用离子符号表示，但是左右两边要用“$\rightleftharpoons$”进行连接，比如在书写醋酸的电离方程式时，就要将其写成以下形式。

【板书】（1）用“$\rightleftharpoons$”进行连接

$$CH_3COOH \rightleftharpoons H^+ + CH_3COO^-$$

【讲述】但是同学们在书写弱酸、弱碱的电离方程式时，要注意多元弱酸是分步电离的，必须分步书写电离方程式，一般以第一步电离为主。例如碳酸为二元弱酸，分步电离，在书写其电离方程式时，应分步书写成如下的形式。

【板书】（2）多元弱酸分步书写，一般只写第一步

$$H_2CO_3 \rightleftharpoons H^+ + HCO_3^-，HCO_3^- \rightleftharpoons H^+ + CO_3^{2-}$$

【讲述】多元弱碱尽管也是分步电离，但其电离方程式可按一步电离写出，例如$Fe(OH)_3$为多元弱碱，分步电离，但在书写其电离方程式时，应书写成如下的形式。

【板书】（3）多元弱碱按一步电离写出

$$Fe(OH)_3 \rightleftharpoons Fe^{3+} + 3OH^-$$

【讲述】总体来说，弱电解质电离方程式的书写要注意三点，一是用“$\rightleftharpoons$”进行连接；二是要注意多元弱酸是分步电离的，必须分步书写电离方程式，一般以第一步电离为主；三是多元弱碱尽管也是分步电离，但其电离方程式可按一步电离写出。

【过渡】盐的电离又该如何用电离方程式表示呢？

【板书】3. 盐的电离方程式书写

【讲述】在高中阶段学习到的盐都是强电解质，因此盐在水溶液中是完全电离的，其电离方程式的书写方法与强酸、强碱的电离方程式书写方法是相同的。但是，同学们

在书写盐的电离方程式时，要注意酸式盐的电离方程式的书写。在水溶液中，强酸的酸式盐是完全电离的，弱酸的酸式盐第一步是完全电离，但其余是部分电离的，即弱酸的酸式盐中酸式酸根离子是不完全电离的。因此在书写强酸酸式盐的电离方程式时只需按一步电离写出，但是书写弱酸酸式盐的电离方程式时，既要写出盐第一步电离的电离方程式，且弱酸酸式根离子不能拆开，也要写出弱酸酸式根离子部分电离的电离方程式。比如 $NaHSO_4$ 为强酸的酸式盐，其电离方程式就应表示为 $NaHSO_4 = Na^+ + H^+ + SO_4^{2-}$；而 $NaHCO_3$ 为弱酸的酸式盐，其在水溶液中电离方程式就应表示为 $NaHCO_3 = Na^+ + HCO_3^-$　$HCO_3^- \rightleftharpoons H^+ + CO_3^{2-}$。

【板书】

$$NaHSO_4 = Na^+ + H^+ + SO_4^{2-}$$

$$NaHCO_3 = Na^+ + HCO_3^- \qquad HCO_3^- \rightleftharpoons H^+ + CO_3^{2-}$$

【讲述】 通过以上讨论我们知道，电解质电离方程式的书写要注意以下两点：第一，要注意电离方程式必须遵守质量守恒和电荷守恒；第二，要注意在书写电离方程式时，原子团并不会拆开，离子的个数用阿拉伯数字标在离子符号之前，而且元素或原子团的化合价数等于形成的阳离子或阴离子所带的正电荷数或负电荷数。

【练习】 1. 写出下列物质的电离方程式

（1）HClO　（2）$KHSO_4$　（3）$CaCO_3$　（4）$Cu(OH)_2$　（5）$NaHCO_3$

2. 下列电离方程式书写正确的是（　　）

A. $BaSO_4 \rightleftharpoons Ba^{2+} + SO_4^{2-}$　　B. $H_3PO_4 \rightleftharpoons 3H^+ + PO_4^{3-}$

C. $NH_3 \cdot H_2O \rightleftharpoons NH_4^+ + OH^-$　　D. $NaHS = Na^+ + H^+ + S^{2-}$

环节三：归纳总结

【总结】 本节课我们学习了强电解质和弱电解质电离方程式的书写的有关知识。首先通过探究实验了解到不同电解质在水溶液或熔融状态下的电离程度是不同的，然后通过表格对强电解质和弱电解质进行了对比分析，最后学习了电解质电离方程式的书写方法。希望同学们能够准确区分强弱电解质，并能够准确运用电离方程式表示电解质在水溶液或高温熔融状态下电离的情况。请同学们完成本节课练习册的相关练习并预习下节课“弱电解质的电离平衡”的相关内容。

七、板书设计

3.1.1　弱电解质的电离

一、强电解质和弱电解质

	强电解质	弱电解质
定义	在水溶液中能够完全电离的电解质	在水溶液中部分电离的电解质
物质类别	强酸、强碱、大部分盐	弱酸、弱碱、水
电离特点	完全电离	部分电离
溶液中溶质微粒存在形式	水合离子	弱电解质分子、水合离子

强酸：HCl、H_2SO_4、HNO_3、$HClO_4$、HBr、HI

强碱：NaOH、KOH、$Ba(OH)_2$、$Ca(OH)_2$

续表

二、电解质电离方程式的书写

1. 强酸、强碱电离方程式的书写：一步到位，用“$=\!=\!=$”连接

2. 弱电解质电离方程式的书写

（1）用“$\rightleftharpoons$”进行连接

$$CH_3COOH \rightleftharpoons H^+ + CH_3COO^-$$

（2）多元弱酸分步书写，一般只写第一步

$$H_2CO_3 \rightleftharpoons H^+ + HCO_3^-，HCO_3^- \rightleftharpoons H^+ + CO_3^{2-}$$

（3）多元弱碱按一步电离写出

$$Fe(OH)_3 \rightleftharpoons Fe^{3+} + 3OH^-$$

3. 盐的电离方程式书写

$NaHSO_4 =\!=\!= Na^+ + H^+ + SO_4^{2-}$（在水溶液中）

$NaHCO_3 =\!=\!= Na^+ + HCO_3^-$　　$HCO_3^- \rightleftharpoons H^+ + CO_3^{2-}$

第2课时　弱电解质的电离平衡

一、教材分析

本节内容选自人教版《化学(选修4)》第三章“水溶液中的离子平衡”第一节“弱电解质的电离”。依据课程标准“能描述弱电解质在水溶液中的电离平衡，了解酸碱电离理论”的要求，本节课安排了“弱电解质的电离平衡和电离平衡常数”的教学内容。

教科书首先以醋酸为例，通过分析弱电解质——醋酸的微观电离过程，引入了弱电解质电离平衡的建立过程。然后在“思考与交流”栏目中，通过分析一元弱酸和一元弱碱的电离平衡建立过程，进一步加强学生对有关知识的理解与掌握，同时强化学生知识迁移与运用、分析问题和解决问题的能力。最后在“科学视野”栏目中，通过文字叙述和实验，详细介绍了电离常数的有关知识。

“弱电解质的电离”是第三章“水溶液中的离子平衡”知识的开篇，是本章学习的重点之一，也是整个中学化学教学的重点之一，更是高考常考的知识点。从教科书的体系来看，它在中学化学反应原理的学习中起着承前启后的作用。“承前”是指本节内容既是初中有关酸、碱、盐的概念以及电离知识的深化，又是“化学平衡”理论知识的应用、延伸和拓展。“启后”是指弱电解质的电离是研究物质在水溶液中行为的重要环节，是学生学习后面水的电离以及盐类水解、电解等知识的基础，体现了化学理论的重要指导作用。

二、学情分析

通过前面的学习，学生知道了化学平衡的特征、化学平衡的建立过程以及影响化学平衡的外界因素，同时对弱电解质的电离是可逆过程有一定的认识和理解，这为本节课探究弱电解质的电离平衡过程奠定了一定的知识基础。另外，高二的学生具备一定的实验探究、分析问题和解决问题的能力，这为设计实验验证弱电解质存在电离平衡和探究加水稀释对弱电解质电离平衡的影响规律的教学活动的开展奠定了一定的能力基础。

三、教学目标

知识与技能	（1）知道弱电解质电离平衡的概念和特征，理解与掌握弱电解质电离平衡的建立过程。 （2）理解与掌握浓度和温度分别影响弱电解质电离平衡的规律。 （3）知道电离平衡常数的概念，理解与掌握电离平衡常数的意义，能够正确书写电离平衡常数的表达式
过程与方法	（1）通过设计实验验证弱电解质存在电离平衡以及探究加水稀释对弱电解质电离平衡的影响规律，学会通过实验探究的方法学习化学知识。 （2）通过运用化学平衡理论分析一元弱酸和一元弱碱的电离平衡过程，强化知识迁移、分析问题和解决问题的能力。 （3）通过类比化学平衡常数的方法分析电离平衡常数的概念和意义，学会运用类比的方法学习化学知识

续表

情感态度与价值观	（1）通过本节课的学习，培养“变化观念与平衡思想”的化学学科核心素养。 （2）通过本节课的学习，能够意识到整个自然界实际是各类物种相互依存、各种变化相互制约的复杂平衡体系

四、教学重难点

（1）教学重点：弱电解质电离平衡的建立和影响因素；电离平衡常数的表达式书写和意义。

（2）教学难点：加水稀释促进电离的微观解释。

五、知识结构

弱电解质的电离平衡
- 概念：在一定条件下，弱电解质在溶液中电离成离子的速率和离子结合成分子的速率相等的状态
- 影响因素
  - 内因：电解质本身的性质
  - 外因：浓度、温度
- 电离平衡常数
  - 概念：在一定条件下，弱电解质在水溶液里达到电离平衡后，溶液中电离出来的各种离子浓度幂的乘积跟溶液中未电离的弱电解质分子浓度幂的比值
  - 符号：K（弱酸：K_a；弱碱：K_b）
  - 表达式：$K=\dfrac{[c(A^{m+})]^m\cdot[c(B^{m-})]^n}{c(A_mB_n)}$
  - 意义：衡量弱电解质的电离能力
  - 影响因素：只与电解质的性质和温度有关

六、教学过程

环节一：导入新课

【导入】通过上节课的学习，我们知道弱电解质的电离是一个可逆过程，弱电解质溶液中溶质主要以弱电解质分子和水合离子的形式存在。根据弱电解质在水溶液中的电离特点和存在形式，我们就能够推测弱电解质在水溶液中电离时存在电离平衡。本节课就让我们一起来学习“弱电解质的电离平衡”的有关内容。

【板书】3.1.2　弱电解质的电离

三、弱电解质的电离平衡

环节二：展开新课

1. 弱电解质的电离平衡

【提问】请同学们思考，如何证明弱电解质存在电离平衡呢?

【实验】向盛有一定量的醋酸溶液中加入少量 CH_3COONa 固体，运用 pH 试纸测定溶液中 pH 值的变化。

【讲述】通过实验我们能够发现，向醋酸溶液中加入 CH_3COONa 固体后，溶液的 pH 变大

了，说明溶液中 $c(H^+)$ 变小，醋酸在溶液中存在电离平衡，即醋酸没有完全电离。请同学们尝试画出醋酸在电离过程中正、逆反应速率随时间的变化关系图。

【投影】 弱电解质在电离过程中正、逆反应速率随时间的变化关系图

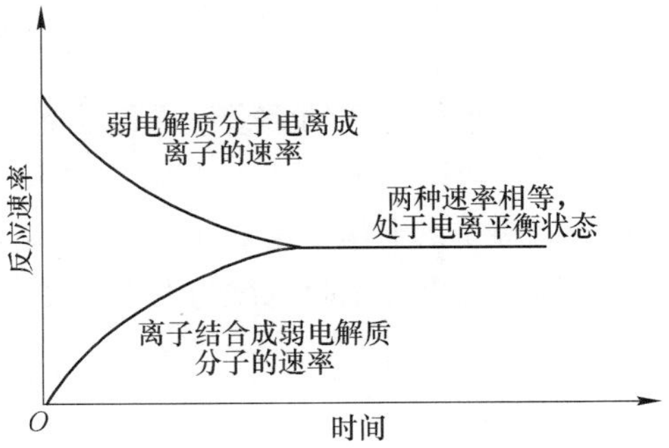

【讲述】 通过这幅图，我们可以看到弱电解质溶于水，部分电离产生的离子在溶液中相互碰撞又会结合成分子；电离初始，弱电解质电离成离子的速率随着溶液里弱电解质浓度的逐渐减小而减小；同时因离子浓度逐渐增大，结合成分子的速率则不断增大。经过一定时间，两者的速率相等，达到电离平衡状态，这就是弱电解质电离平衡的建立过程。因此，弱电解质的电离平衡是指在一定条件下，弱电解质在溶液中电离成离子的速率和离子结合成分子的速率相等的状态。

【板书】 1. 概念：在一定条件下，弱电解质在溶液中电离成离子的速率和离子结合成分子的速率相等的状态

【练习】 根据弱电解质电离平衡建立的过程，分析弱酸 HA、弱碱 BOH 电离过程中粒子浓度的变化情况，并填写下表。

HA 电离过程中体系各粒子浓度的变化

	$c(H^+)$	$c(A^-)$	$c(HA)$
HA 初溶于水时			
达到电离平衡前			
达到电离平衡时			

BOH 电离过程中体系各粒子浓度的变化

	$c(B^+)$	$c(OH^-)$	$c(BOH)$
等体积等浓度的 B^+、OH^- 溶液相混合时			
达到电离平衡前			
达到电离平衡时			

【提问】 盐酸的电离也有电离平衡吗？如何证明？

【实验】 向 1mol/L HCl 溶液中加入 NaCl 固体，运用 pH 试纸测定溶液中 pH 值的变化。

【讲述】通过实验我们能够发现，向盐酸中加入 NaCl 固体，溶液的 pH 值不变，则可证明盐酸不存在电离平衡。因此，同学们要注意，电离平衡的研究对象是弱电解质。

【过渡】通过刚才的分析，我们能够明确的是弱电解质的电离也存在平衡系统，也就是说弱电解质的电离平衡也具有“逆、等、动、定、变”的特征，只要外界条件发生改变，电离平衡就会发生移动。

【提问】哪些条件的改变可引起电离平衡的移动？会怎样移动呢？

【讲述】能够影响电离平衡的因素包含两个方面，一方面是内因，主要取决于电解质本身的性质，其决定了弱电解质在水中达到电离平衡时电离程度的大小；另一方面是外因，能够影响电离平衡的外界因素有浓度与温度。

【板书】2. 影响电离平衡的因素

（1）内因：电解质本身的性质

（2）外因：浓度、温度

【讲述】首先从浓度方面来看，根据勒夏特列原理，当增大弱电解质的浓度或减小相应离子的浓度时，弱电解质的电离平衡会向右移动，反之则向左移动。比如当向弱电解质溶液中加入与弱电解质电离所产生的离子相同的离子，即发生同离子效应时，由于相应离子的浓度增大，会使电离平衡向左移动。

【讲述】同样，当加入能与弱电解质电离产生的离子发生反应的物质，即发生离子反应效应时，由于相应离子的浓度减小，会使电离平衡向右移动。但是同学们要注意一点的就是，当增大弱电解质的浓度会使弱电解质的电离平衡向右移动时，由于弱电解质分子的浓度比发生电离的弱电解质分子浓度增大得快。因此，弱电解质的电离程度是减小的。

【板书】1）浓度：

增大弱电解质的浓度或减小相应离子的浓度，电离平衡向右移动，反之则向左移动（同离子效应、离子反应效应）

【提问】如果将弱电解质溶液加水稀释的话，电离平衡会怎样移动呢？电离程度是否会改变？

【实验】分别量取 5mL pH 值均为 2 的盐酸和醋酸溶液于两个 100mL 的烧杯中，然后分别向两个烧杯中加入 45mL 蒸馏水进行稀释，最后用 pH 值试纸测量稀释后溶液的 pH 值，并填写下表。

	HCl	CH_3COOH
将溶液稀释 10 倍后 pH 值		

【讲述】通过实验，我们能够发现相同 pH 的盐酸和醋酸溶液加水稀释后，HCl 的电离程度不变，pH 值增大 1 个单位值，即 $c(H^+)$ 减小到了原来的$\frac{1}{10}$；而 CH_3COOH 的 pH 值增大不到 1 个单位值，即 $c(H^+)$ 减小不到原来的$\frac{1}{10}$，这是因为随着溶液的稀释，未电离的 CH_3COOH 发生电离，即 CH_3COOH 的电离平衡向右移动，使得电

离程度增大。因此，我们能够得到实验结论，加水稀释能够使弱电解质的电离平衡向右移动，电离程度增大，即该规律能够概括为“越稀越电离”。

【板书】 加水稀释，电离平衡向右移动——“越稀越电离”

【提问】 请同学们思考，为什么加水稀释会促进电离？

【讲述】 弱电解质在水溶液中是在水分子的作用下发生电离的，但水却对电离出的离子结合成分子的过程起阻碍作用。加水稀释使水分子的数目增多，水分子对弱电解质分子的作用增大，促使更多的弱电解质分子发生电离，弱电解质电离过程的速率增大。同时，由于水分子数目的增多使水分子对电离出的离子结合成分子过程的阻碍作用增强，电离出的离子结合成分子过程的速率减小。上述过程导致弱电解质电离过程的速率大于电离出的离子结合成分子过程的速率，根据平衡移动的规律，平衡向弱电解质电离的方向移动。

【讲述】 但同学们要注意的是，尽管加水稀释促进电离，会使弱电解质电离出的离子的物质的量增大，但弱电解质电离出的离子的物质的量的变化幅度始终比不上外界条件使得溶液体积改变的幅度，故弱电解质电离出的离子浓度在加水稀释的过程中是减小的。

【提问】 请同学们思考，温度是怎样影响电离平衡的？

【讲述】 我们都知道弱电解质的电离过程会发生化学键的断裂，而化学键断裂的过程是一种吸热过程，即弱电解质的电离过程是吸热过程。根据以前所学的知识，我们不难发现当温度升高时，会使电离平衡向右移动，即该规律能够概括为“越热越电离”。

【板书】 2）温度：温度升高，电离平衡向右移动——“越热越电离”

【练习】 1. 氨水中存在电离平衡：$NH_3 \cdot H_2O \rightleftharpoons NH_4^+ + OH^-$，加入下列物质，将对电离平衡产生怎样的影响？完成下列表格：

加入物质	盐酸	NaOH 溶液	NH_4Cl 溶液	水	升高温度
平衡移动方向					

2. 已知：$CH_3COOH \rightleftharpoons H^+ + CH_3COO^-$，现有 0.1mol/L CH_3COOH 溶液 100mL，改变条件，请同学们讨论并完成表格。

改变条件	平衡移动方向	$c(H^+)$	$c(CH_3COO^-)$	溶液导电能力
加少量硫酸				
加 $CH_3COONa(s)$				
加 NaOH(s)				
加水稀释				
滴入冰醋酸				
加热升温				
加醋酸铵晶体				

2. 电离平衡常数

【过渡】通过刚才的学习，我们知道可以用电离程度比较弱电解质的相对强弱，那么电离程度相对大小怎么比较？接下来就让我们一起来学习“电离平衡常数”。

【板书】四、电离平衡常数

【讲述】前面我们讲到，弱电解质的电离是可逆过程，存在电离平衡。通过第二章的学习，我们知道平衡系统是存在平衡常数的，那么电离平衡也不例外，存在电离平衡常数。

【提问】如何界定电离平衡常数？

【讲述】在界定电离平衡常数的概念时，我们要明确弱电解质的电离平衡也是在一定条件下建立的，而且研究对象是未电离的弱电解质分子和电离出的各种离子，未电离的弱电解质分子就相当于化学平衡常数概念中的反应物，电离出的各种离子相当于化学平衡常数概念中的生成物；因此，类比化学平衡常数的概念，我们知道电离平衡常数是指在一定条件下，弱电解质在水溶液里达到电离平衡后，溶液中电离出来的各种离子浓度幂的乘积跟溶液中未电离的弱电解质分子浓度幂的比值，符号为 K。一般而言，弱酸的电离平衡常数用 K_a 表示，弱碱的电离平衡常数用 K_b 表示。

【板书】1. 概念：在一定条件下，弱电解质在水溶液里达到电离平衡后，溶液中电离出来的各种离子浓度幂的乘积跟溶液中未电离的弱电解质分子浓度幂的比值

2. 符号：K（弱酸：K_a；弱碱：K_b）

【提问】假设某弱电解质 A_mB_n 溶液中存在着如下所示的电离平衡：$A_mB_n \rightleftharpoons mA^{n+}+nB^{m-}$，请尝试写出该平衡的电离平衡常数 K？

【板书】3. 表达式

$$K=\frac{[c(A^{n+})]^m \cdot [c(B^{m-})]^n}{c(A_mB_n)}$$

【练习】书写醋酸与一水合氨的电离平衡常数表达式。

【讲述】已知醋酸、碳酸和硼酸皆为弱酸，请同学们推测一下它们的酸性强弱是怎样的，并设计实验进行验证。

【实验演示】向两支分别盛有 0.1mol/L 醋酸和饱和硼酸溶液的试管中滴加等浓度的 Na_2CO_3 溶液，观察现象。

【实验现象】当向醋酸溶液中滴入 Na_2CO_3 溶液时，立即产生大量气泡；当向硼酸溶液中滴入 Na_2CO_3 溶液时，无明显现象。

【实验结论】醋酸能与 Na_2CO_3 溶液反应放出 CO_2 气体，而硼酸则不能。说明三者的酸性强弱顺序为：醋酸>碳酸>硼酸。

【讲述】在刚才的实验中，碳酸是分子中含有两个可电离 H^+ 的二元弱酸。通过前面的学习我们知道，碳酸是分步电离的，也就是说多元弱酸的电离是分步进行的，因此多元弱酸的电离平衡每步都存在各自的电离常数，通常用 K_1、K_2、K_3 等级来分别表示，比如碳酸的电离平衡常数表达式就可以表示成这样的一种形式。

【副板书】

$$H_2CO_3 \rightleftharpoons H^+ + HCO_3^-$$

$$HCO_3^- \rightleftharpoons H^+ + CO_3^{2-}$$

$$K_1=\frac{c(HCO_3^-)\cdot c(H^+)}{c(H_2CO_3)}$$

$$K_2=\frac{c(CO_3^{2-})\cdot c(H^+)}{c(HCO_3^-)}$$

【提问】请同学们仔细分析课本第 43 页的表格 3-1，你们能发现其中有什么规律？

【讲述】通过表格中的数据，我们能够发现多元弱酸的一级电离平衡常数远远大于其二级电离常数，二级电离平衡常数远远大于其三级电离平衡常数，因此多元弱酸的酸性主要由第一步电离所决定。那么同学们可否想过，为什么多元弱酸很难电离呢？实际上，是因为一级电离出 H^+后，剩下的酸根阴离子带负电荷，增加了对 H^+的吸引力，使第二个离子电离困难的多；同时一级电离出的 H^+抑制了二级的电离，从而导致多元弱酸很难电离。

【提问】通过刚才的实验，我们知道醋酸、碳酸和硼酸的酸性强弱顺序为：醋酸>碳酸>硼酸。请同学们思考这个实验结果与三者电离常数的大小有何关系？

【讲述】通过查阅资料，我们知道醋酸、碳酸和硼酸在 25℃时的电离常数 K_a 分别是 1.75×10^{-5}、4.4×10^{-7}（第一步电离）和 5.8×10^{-10}。通过对比实验结果发现当在相同温度下，弱酸的电离平衡常数越大时，其酸性越强。

【讲述】上述分析表明对于弱酸与弱碱，在一定温度下，K 值越大，其酸性或碱性越强，即弱酸与弱碱的电离程度越大。因此，弱电解质电离平衡常数的意义在于能够衡量弱电解质的电离能力。一定温度下，K 值越大，弱电解质的电离程度越大。

【板书】4. 意义：衡量弱电解质的电离能力

【讲述】而且同学们要注意，电离平衡常数同化学平衡常数类似，只与电解质的性质和温度有关。对于同一弱电解质，温度一定，电离常数一定；温度升高时，电离平衡常数增大。与弱电解质的浓度无关，在同一温度下，无论弱电解质的浓度如何变化，电离平衡常数是不会变化的。

【板书】5. 影响因素：只与电解质的性质和温度有关

【练习】不用计算，判断下列各组溶液中，哪一种电解质的电离常数大？

（1）20℃时，0.01mol/L HCN 溶液和 40℃时 0.01mol/L HCN 溶液

（2）10℃时，0.01mol/L CH_3COOH 溶液和 10℃时 0.1mol/L CH_3COOH 溶液

环节三：归纳总结

【总结】本节课我们首先通过实验证明了弱电解质醋酸存在电离平衡，然后对弱电解质的电离平衡的建立过程、概念、特征、影响因素等有关知识进行了学习，最后对电离平衡常数的概念、意义等相关知识有了深刻地认识。希望同学们课后完成课本第43~44 页的 1~4 题，并预习下节课“水的电离与溶液的酸碱性”的有关内容。

七、板书设计

3.1.2　弱电解质的电离

三、弱电解质的电离平衡

1. 概念：在一定条件下，弱电解质在溶液中电离成离子的速率和离子结合成分子的速率相等的状态

2. 影响电离平衡的因素

（1）内因：电解质本身的性质

（2）外因：浓度、温度

1）浓度：

增大弱电解质的浓度或减小相应离子的浓度，电离平衡向右移动，反之则向左移动（同离子效应、离子反应效应）

加水稀释，电离平衡向右移动——“越稀越电离”

2）温度：温度升高，电离平衡向右移动——“越热越电离”

四、电离平衡常数

1. 概念：在一定条件下，弱电解质在水溶液里达到电离平衡后，溶液中电离出来的各种离子浓度的幂乘积跟溶液中未电离的弱电解质分子浓度幂的比值

2. 符号：K（弱酸：K_a；弱碱：K_b）

3. 表达式

$$K=\frac{[c(A^{n+})]^m\cdot[c(B^{m-})]^n}{c(A_mB_n)}$$

4. 意义：衡量弱电解质的电离能力

5. 影响因素：只与电解质的性质和温度有关

第二节　水的电离和溶液的酸碱性

第1课时　水的电离和溶液的酸碱性

一、教材分析

本节内容选自人教版《化学(选修4)》第三章“水溶液中的离子平衡”第二节“水的电离和溶液的酸碱性”。依据课程标准“知道水的离子积常数，能进行溶液pH值的简单计算”和“初步掌握测定溶液pH值的方法，知道溶液pH值的调控在工农业生产和科学探究中的重要应用”的要求，本节课安排了“水的电离和溶液的酸碱性”等教学内容。

教科书首先通过介绍酸或碱溶液的成分及其存在形式，引入了“水的电离”的有关内容，并通过微观粒子表征图、文字叙述、电离方程式呈现等方式详细介绍了水的电离方程式与水的离子积常数的有关知识。然后在“思考与交流”栏目中通过要求学生根据室温时水的电离平衡，运用平衡移动原理分析相关问题的方式，引入了溶液的酸碱性的有关知识。最后，通过联系九年级化学中pH值的意义对溶液pH值的计算式、测量方法等知识进行了介绍，并在“资料卡片”栏目中介绍了pH试纸的有关内容。

教科书将本节内容安排在“化学平衡”和“弱电解质电离”之后，便于前后知识的衔接，有利于学生建立起知识之间的联系。本节内容为后续盐类的水解本质的学习和盐类水解化学方程式的书写奠定了基础。

二、学情分析

通过前面的学习，学生已掌握了弱电解质和化学平衡以及平衡移动的知识。水作为一种特殊的弱电解质，与弱电解质的电离既有相同之处，又有其特殊的地方，大部分学生能够根据弱电解质的电离平衡迁移应用到水的电离平衡，并且能够根据弱电解质电离平衡的移动，判断外界条件对水的电离平衡的影响。学生已经学习过化学平衡常数，对水的离子积的概念的学习有一定知识基础。

三、教学目标

知识与技能	（1）理解水的电离平衡和水的离子积。 （2）了解溶液的酸碱性和pH值的关系。 （3）了解pH值的测定方法，能够进行pH值的简单计算
过程与方法	（1）通过水的离子积的推导，加深对弱电解质有关知识的理解，了解一般与特殊的关系，学会归纳、推理的科学方法。 （2）通过分析水的离子积常数随温度改变而改变的数据等问题，强化知识迁移能力以及分析问题、解决问题的能力

续表

情感态度与价值观	（1）通过学习认识到水不仅是促使酸碱盐等电解质发生电离的环境因素，而且它自身也是一种弱电解质，养成实事求是、一丝不苟的科学态度。 （2）通过分析水的电离过程中 $c(H^+)$ 与 $c(OH^-)$ 的关系，理解矛盾的对立统一的辩证关系

四、教学重点和难点

（1）教学重点：水的离子积；pH 值与溶液酸碱性的关系。

（2）教学难点：水的离子积；水的电离平衡移动；有关 pH 值的简单计算。

五、知识结构

- 水的电离和溶液的酸碱性
  - 水的电离
    - 电离方程式
    - 水的离子积
      - 表达式：$K_W = c(H^+) \cdot c(OH^-)$
      - 适用范围：适用于纯水与稀的酸、碱、盐的水溶液
      - 影响因素：温度
    - 影响因素：温度、酸或碱、含弱酸根或弱碱阳离子的盐、强酸酸式盐、活泼金属
  - 溶液的酸碱性
    - 溶液的酸碱性（常温下）
      - 中性溶液：$c(H^+) = c(OH^-) = 1\times10^{-7}$ mol/L
      - 碱性溶液：$c(H^+) < c(OH^-)$，$c(H^+) < 1\times10^{-7}$ mol/L
      - 酸性溶液：$c(H^+) > c(OH^-)$，$c(H^+) > 1\times10^{-7}$ mol/L
    - 溶液的 pH
      - 定义：$pH = -\lg c(H^+)$
      - 适用范围：稀溶液，常温下，使用范围在 0~14 之间
      - 注意事项
        - 说明溶液 pH 值所代表的溶液酸碱性时需强调温度
        - $pH = 0$，$c(H^+) = 1$ mol/L　　$c(OH^-) = 10^{-14}$ mol/L
        - $pH = 14$，$c(OH^-) = 1$ mol/L　　$c(H^+) = 10^{-14}$ mol/L
        - 也可用 pOH 值来表示溶液的酸碱性，$pOH = -\lg c(OH^-)$，且 $pH + pOH = 14$
      - 测定方法：酸碱指示剂、pH 试纸、pH 计
      - 应用：控制作物适宜生长的土壤的 pH 值可提高产品的质量和产量等

六、教学过程

环节一：导入新课

【提问】 上节课我们学习了弱电解质电离的有关知识，请同学们回忆有关知识，思考什么是强电解质？什么是弱电解质？常见的强电解质有哪些？常见的弱电解质有哪些？

【讲述】 强电解质是指在水溶液中能完全电离的电解质，常见的强电解质有强酸、强碱、大多数的盐，比如 H_2SO_4、NaOH 等属于强电解质；弱电解质是指在水溶液中部分电离的电解质，常见的弱电解质有弱酸、弱碱、水，比如 CH_3COOH、H_2CO_3 等属于弱电解质。

【讲述】 通过刚才的复习，我们能够知道水是弱电解质，而且我们也知道不同的溶液会呈

现出不同的酸碱性。水作为弱电解质，它是如何电离的呢？为什么溶液能够呈现出不同的酸碱性呢？要想解决这两个问题，本节课就让我们一起来学习“水的电离和溶液的酸碱性”。

【板书】3.2.1　水的电离和溶液的酸碱性

环节二：展开新课

1. 水的电离

【提问】水既然是弱电解质，它到底是如何电离的呢？

【投影】水分子电离过程示意图

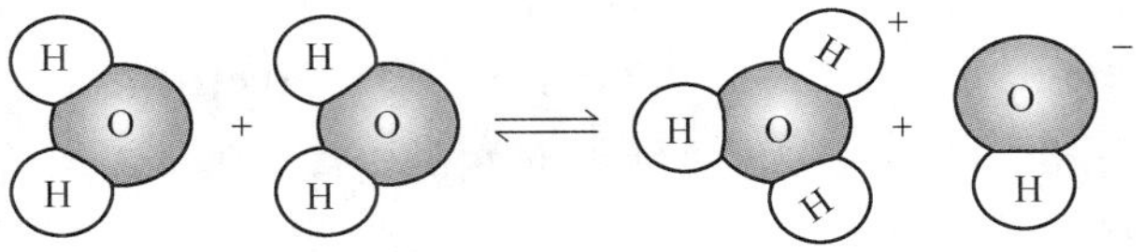

【讲述】这个问题曾经也困扰了科学家们许久，后来通过精确的导电性实验证明，水是一种极弱的电解质，它能微弱地电离生成 H_3O^+ 和 OH^-。请同学们尝试写出水分子电离的方程式。

【板书】一、水的电离

1. 电离方程式：$H_2O + H_2O \rightleftharpoons H_3O^+ + OH^-$　简写为：$H_2O \rightleftharpoons H^+ + OH^-$

【讲述】同学们要注意，任何溶液中由水电离出的 $c(H^+)$ 与 $c(OH^-)$ 总是相等。一般25℃时，纯水中 $c(H^+) = c(OH^-) = 1\times10^{-7}$ mol/L。

【提问】水的电离与其他弱电解质的电离有何异同呢？

【讲述】水的电离是“自身”作用下发生的极微弱的电离，和其他弱电解质一样均是部分电离，存在电离平衡和电离平衡常数。

【练习】计算室温下 1L 水的物质的量和物质的量浓度，并写出水的电离平衡常数表达式。

【副板书】水的电离平衡常数表达式

$$K_{电离} = \frac{c(H^+) \cdot c(OH^-)}{c(H_2O)}$$

【讲述】通过计算，我们发现 1L 纯水的物质的量是 55.6mol，其物质的量浓度为 55.6mol/L，然而经实验测得，25℃时，发生电离的水分子只有 1×10^{-7} mol，与水分子的总物质的量相比，发生电离的水分子的物质的量可以忽略不计。

【讲述】因此，电离前后水分子的物质的量几乎不变，$c(H_2O)$ 可以视为常数，则水的电离平衡常数 $K_{电离}$ 乘以 $c(H_2O)$ 这个常数必然为一个新的常数，用 K_w 表示，该常数即为水的离子积常数，简称水的离子积，其表达式为 $K_w = c(H^+) \cdot c(OH^-)$。同学们要注意，这个表达式不仅适用于纯水，也适用于稀的酸、碱、盐的水溶液，即任何水溶液中都有水的电离平衡，并且相同温度下 K_w 的值与纯水的相同。

【板书】2. 水的离子积

（1）表达式：$K_w = c(H^+) \cdot c(OH^-)$

（2）适用范围：适用于纯水和稀的酸、碱、盐的水溶液

【讲述】请同学们分析下表中的数据有何规律，并解释原因。

t/℃	0	10	20	25	40	50	90	100
$K_w/10^{-14}$	0.114	0.292	0.681	1.01	2.92	5.47	38.0	55.0

【讲述】随着温度的升高，水的离子积增大，主要原因是由于水的电离是吸热过程，升高温度，促进水的电离。同学们在使用 K_w 解决相关问题时，一定要注意强调温度。一般在室温下，可忽略温度的影响，K_w 值为 1×10^{-14}。

【板书】(3) 影响因素：只与温度有关，随温度的升高而增大。一般在室温下，$K_w=1\times10^{-14}$

【练习】用“>”“<”或“=”填空

(1) 25℃纯水中：$c(H^+)$ ____ $c(OH^-)$ ____ 1.0×10^{-7}mol/L

(2) 100℃纯水中：$c(H^+)$ ____ $c(OH^-)$ ____ 1.0×10^{-7}mol/L

【讨论】通过刚才的分析，我们发现温度能够对水的电离平衡产生影响，请同学们小组讨论，除了温度以外，还有哪些因素可以影响水的电离？这些因素对 K_w 有无影响？

【讲述】除温度以外，还有外加酸或碱、含弱酸根或弱碱阳离子的盐、强酸酸式盐和活泼金属会对水的电离平衡产生影响，但均不会对 K_w 产生影响。若向纯水中加酸或碱，则会使纯水中 $c(H^+)$ 或 $c(OH^-)$ 增大，水的电离平衡逆向移动，抑制水的电离。若向纯水中加入含弱酸根或弱碱阳离子的盐，则会使 $c(H^+)$ 或 $c(OH^-)$ 减小，水的电离平衡正向移动，促进水的电离，这就是后面我们将要学习的“盐类的水解”过程。若向纯水中加入像 $NaHSO_4$ 这样的强酸酸式盐，则会使纯水中 $c(H^+)$ 增大，水的电离平衡逆向移动，抑制水的电离。若向纯水中加入像金属钠这样的活泼金属，则会使纯水中 $c(H^+)$ 减小，水的电离平衡正向移动，促进水的电离。

【板书】3. 影响水的电离平衡的因素：温度、酸或碱、含弱酸根或弱碱阳离子的盐、强酸酸式盐、活泼金属

2. 溶液的酸碱性

【提问】前面我们提到，任何水溶液中都存在水的电离平衡，即任何水溶液中都存在 H^+ 和 OH^-。水的电离和溶液的酸碱性有什么关系？

【板书】二、溶液的酸碱性

【提问】在常温下，不仅在纯水中，而且在酸性或碱性的稀溶液里，$c(H^+)$ 和 $c(OH^-)$ 的乘积总是一个常数即 1×10^{-14}。请同学们思考，当向纯水中加入盐酸或氢氧化钠时，纯水中 $c(H^+)$ 和 $c(OH^-)$ 如何变化？溶液的酸碱性是怎样的？

【投影】

	对水电离平衡的影响	$c(H^+)$	$c(OH^-)$	$c(H^+)$ 与 $c(OH^-)$ 比较	溶液酸碱性
纯水		不变	不变	$c(H^+)=c(OH^-)$	中性
盐酸	平衡左移	增大	减小	$c(H^+)>c(OH^-)$	酸性
氢氧化钠	平衡左移	减小	增大	$c(H^+)<c(OH^-)$	碱性

【讲述】通过这个表格，我们不难发现，当溶液中 $c(H^+)=c(OH^-)$ 时，溶液呈现中性，若在常温条件下，中性溶液中 $c(H^+)=c(OH^-)=1\times10^{-7}mol/L$。当溶液中 $c(H^+)>c(OH^-)$ 时，溶液呈现酸性，在常温条件下，酸性溶液中 $c(H^+)>1\times10^{-7}mol/L$。当溶液中 $c(H^+)<c(OH^-)$ 时，溶液呈现碱性，在常温条件下，碱性溶液中 $c(H^+)<1\times10^{-7}mol/L$。

【讲述】总之，任何电解质溶液中，H^+ 与 OH^- 总是共存的，但不能大量共存。溶液的酸、碱性主要取决于 $c(H^+)$ 与 $c(OH^-)$ 的相对大小，$c(H^+)$ 与 $c(OH^-)$ 此消彼长，且温度不变时 $K_w=c(H^+)\cdot c(OH^-)$ 不变。

【板书】1. 溶液的酸碱性（常温下）：主要取决于 $c(H^+)$ 与 $c(OH^-)$ 的相对大小

（1）中性溶液：$c(H^+)=c(OH^-)=1\times10^{-7}mol/L$

（2）酸性溶液：$c(H^+)>c(OH^-)$，$c(H^+)>1\times10^{-7}mol/L$

（3）碱性溶液：$c(H^+)<c(OH^-)$，$c(H^+)<1\times10^{-7}mol/L$

【提问】请同学们思考，当 $c(H^+)$ 或 $c(OH^-)$ 很小时，用 $c(H^+)$ 或 $c(OH^-)$ 表示溶液的酸碱性合不合适？

【过渡】既然当 $c(H^+)$ 或 $c(OH^-)$ 很小时，用 $c(H^+)$ 或 $c(OH^-)$ 表示溶液的酸碱性不合适，那么还可以用什么方法表示溶液的酸碱性呢？实际上就会用到我们九年级学过的 pH 来表示溶液的酸碱性，它与 $c(H^+)$ 又是什么关系呢？接下来就让我们一起来学习“溶液的 pH”。

【板书】2. 溶液的 pH

【讲述】通过前面的学习，我们知道酸性溶液中 $c(H^+)$ 越大，酸性越强，pH 值越小；碱性溶液中 $c(OH^-)$ 越大，碱性越强，pH 值越大。也就是说，溶液的 pH 与溶液中 $c(H^+)$ 成反比，通常 pH 是 $c(H^+)$ 的负对数，即 $pH=-\lg c(H^+)$。

【板书】（1）定义：$pH=-\lg c(H^+)$

【练习】求下列溶液的 pH（常温条件下）

（1）0.005mol/L 的 H_2SO_4 溶液

（2）0.001mol/L 的 NaOH 溶液

【讲述】对于第（1）小题，要求 H_2SO_4 溶液的 pH 值，必须先求出该溶液中的 $c(H^+)$。由于 H_2SO_4 为二元强酸，因此 $c(H^+)$ 是 $c(H_2SO_4)$ 的二倍，即 $c(H^+)=0.01mol/L$，代入 pH 值的定义式即得 H_2SO_4 溶液的 pH 值为 2。同学们在计算酸性溶液的 pH 值，只需先直接计算溶液中 $c(H^+)$，再将相关数值代入定义式即可。

【讲述】对于第（2）小题，要求 NaOH 溶液的 pH 值，同样必须先求出该溶液中的 $c(H^+)$，由于该溶液为碱性溶液，故需通过计算式 $K_w=c(H^+)\cdot c(OH^-)$ 进行转换方可求得溶液中的 $c(H^+)$。由于 NaOH 为一元强碱，因此 $c(OH^-)$ 等于 $c(NaOH)$，即 $c(OH^-)=0.001mol/L$，然后通过计算式 $K_w=c(H^+)\cdot c(OH^-)$ 进行转换求得溶液中的 $c(H^+)$ 为 10^{-11} mol/L，最后代入 pH 的定义式即得 NaOH 溶液的 pH 值为 11。同学们在计算碱性溶液的 pH 值，需先直接计算溶液中 $c(OH^-)$，再将相关数值代入计算式 $K_w=c(H^+)\cdot c(OH^-)$ 中算出溶液中的 $c(H^+)$，最后将求得的相关数值代入定义式即可。

【讲述】在九年级化学中，我们曾经学过，室温时，溶液 pH 值的范围在 0~14 之间，也就是说溶液中 $c(H^+)$ 的范围在 10^{-14}~1mol/L 之间。当 $c(H^+)$ 大于 1mol/L 时，pH 值为负数；当 $c(H^+)$ 小于 10^{-14}mol/L 或 $c(OH^-)$ 大于 1mol/L 时，pH>14。对于 $c(H^+)$ 或 $c(OH^-)$ 大于 1mol/L 的溶液，用 pH 值表示不方便，所以 pH 值仅适用于 $c(H^+)$ 或 $c(OH^-)$ 小于或等于 1mol/L 的稀溶液。

【板书】（2）适应范围：稀溶液，常温下，适用 pH 值范围在 0~14 之间

【讲述】同学们在使用 pH 值时需注意以下三方面的问题：

（1）pH 值是溶液酸碱性的量度，在说明溶液 pH 值所代表的溶液酸碱性时需强调温度。比如常温下，pH=7 的溶液呈中性，pH>7 的溶液呈碱性，pH<7 的溶液呈酸性。若不强调温度，pH=7 的溶液则不一定呈现中性。而且 pH 值减小，溶液的酸性增强；pH 值增大，溶液的碱性增强。

（2）常温下，溶液 pH 值的范围在 0~14 之间。pH=0 的溶液并非没有 H^+，而是 $c(H^+)$ = 1mol/L；pH=14 的溶液并非没有 OH^-，而是 $c(OH^-)$ = 1mol/L。pH 值改变一个单位，$c(H^+)$ 就改变 10 倍，即 pH 值每增大一个单位，$c(H^+)$ 就减小到原来的 1/10；pH 值每减小一个单位，$c(H^+)$ 就增大到原来的 10 倍。

（3）也可用 pOH 值来表示溶液的酸碱性，$pOH=-\lg c(OH^-)$，因为常温下 $c(H^+)\cdot c(OH^-)=10^{-14}$，若两边均取负对数，得 pH + pOH=14。

【板书】（3）注意事项

1）说明溶液 pH 值所代表的溶液酸碱性时需强调温度

2）pH=0，$c(H^+)$ = 1mol/L　　$c(OH^-) = 10^{-14}$mol/L

pH=14，$c(OH^-)$ = 1mol/L　　$c(H^+) = 10^{-14}$mol/L

3）用 pOH 来表示溶液的酸碱性，$pOH=-\lg c(OH^-)$，且常温下 pH+pOH=14

【过渡】既然 pH 值是溶液酸碱性的量度，该如何测定溶液的 pH 值呢？接下来就让我们一起来学习“溶液 pH 值的测定方法”。

【板书】（4）测定方法

【提问】我们能够运用哪些方法测定一个溶液的 pH 值呢？

【讲述】我们可以通过酸碱指示剂、pH 试纸以及测量仪器 pH 计来测定溶液的 pH 值。首先对于酸碱指示剂来说，其一般是指有机弱酸或有机弱碱，在溶液中存在电离平衡，而且其分子与电离出的离子呈现不同的颜色。因此，pH 改变时，由于分子、离子含量的变化，会引起溶液颜色的变化。然而酸碱指示剂的颜色变化是在一定 pH 值范围内发生的，因此它们只能测出 pH 值的范围，一般不能准确测定 pH 值。

【板书】1）酸碱指示剂：只能测出 pH 值的范围，一般不能准确测定 pH 值

【讲述】在实验室中，常用的酸碱指示剂有酚酞、甲基橙和石蕊，它们的变色范围和颜色变化情况如下表所示。

【投影】常见酸碱指示剂的变色范围和颜色变化情况

指示剂	变色范围的 pH 值		
石蕊	<5.0　红色	5.0~8.0　紫色	>8.0　蓝色
甲基橙	<3.1 红色	3.1~4.4 橙色	>4.4　黄色
酚酞	<8.0　无色	8.0~10.0　浅红色	>10.0　红色

【讲述】这些常见的酸碱指示剂的变色范围和颜色变化情况可以用口诀进行概括以便于记忆，如甲基橙：甲基橙色三四点；酚酞：太太八十红颜在（8~10 显红色）；石蕊：十女舞罢（五八）紫花开（5~8 显紫色）。

【板书】甲基橙：3.1~4.4（红色-橙色-黄色）

酚酞：8.2~10.0（无色-浅红色-红色）

石蕊：5.0~8.0（红色-紫色-蓝色）

【投影】使用 pH 试纸的操作示意图

【讲述】同样，我们也可用 pH 试纸来粗略地测定溶液的 pH 值。在运用 pH 试纸测定溶液的 pH 值时，首先用洁净的干玻璃棒直接蘸取少许待测液，滴在 pH 试纸上，注意使用前不能将 pH 试纸用水沾湿或用湿的玻璃棒蘸取待测液，因为这样做，实际上已将溶液稀释，可能会导致所测定的 pH 值不准确。

【讲述】然后将 pH 试纸显示的颜色立即（半分钟内）与标准比色卡对照，确定溶液的 pH 值时，注意一定要立即与标准比色卡对照，因为时间长了，试纸所显示的颜色会改变，致使测得的 pH 值不准；最后在确定溶液的 pH 值时，同学们一定要注意，一般只读取整数值。

【板书】2）pH 试纸：粗略地测定溶液的 pH 值

注意事项：pH 试纸在使用时不能用水润湿

测定溶液的 pH 值时，一定要立即与标准比色卡对照

测定溶液的 pH 值时，一般只读取整数值

【投影】使用 pH 计测量溶液 pH 值的示意图

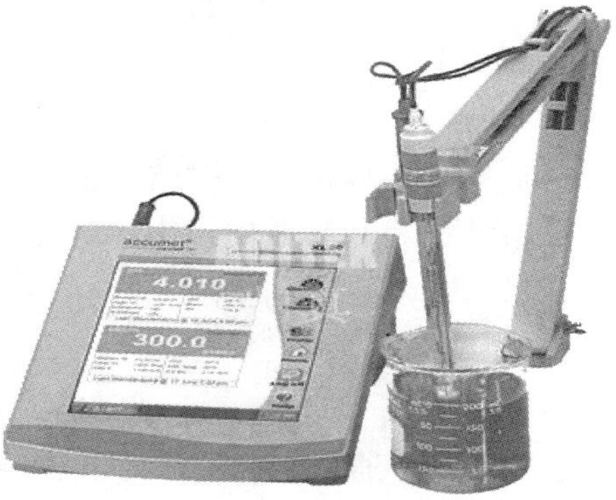

【讲述】在实验室中，也可以用一种叫做 pH 计（也叫酸度计）的仪器来精确测定溶液的 pH 值，大家请看，这就是用 pH 计测量溶液的 pH 值的示意图。

【板书】3）pH 计（酸度计）：精确地测定溶液的 pH 值

【过渡】我们已经知道，不仅工农业生产和科学实验中常常涉及溶液的酸碱性，人们的生活和健康也与溶液的酸碱性有关。因此，测试和调控溶液的 pH 值，对工农业生

产、科学研究以及日常生活和医疗保健都有重要的意义。pH值在我们的生产生活中有什么重要的应用呢？

【板书】（5）应用

【讲述】在人体健康调节方面，人体各种体液都有一定的pH值，以保证正常的生理活动。当体内的酸碱平衡失调时，血液的pH值是诊断疾病的一个重要参数，而利用药物调控pH值则是辅助治疗的重要手段之一。在生活中，洗发时人们常用的护发素的主要功能就是调节头发的pH值使之达到适宜的酸碱度。

【讲述】在环保领域方面，酸性或碱性废水的处理常常利用中和反应，比如酸性废水可投加碱性废渣或通过碱性滤料层过滤使之中和，碱性废水可投加酸性废水或利用烟道气中和。

【讲述】在农业生产调节方面，因土壤的pH值影响植物对不同形态养分的吸收及养分的有效性，各种作物生长都对土壤的pH值范围有一定要求，请同学们观察下图和表格。

【投影】土壤的pH值和土壤有效养分含量的关系示意图

一些重要作物最适宜生长的土壤的pH值范围

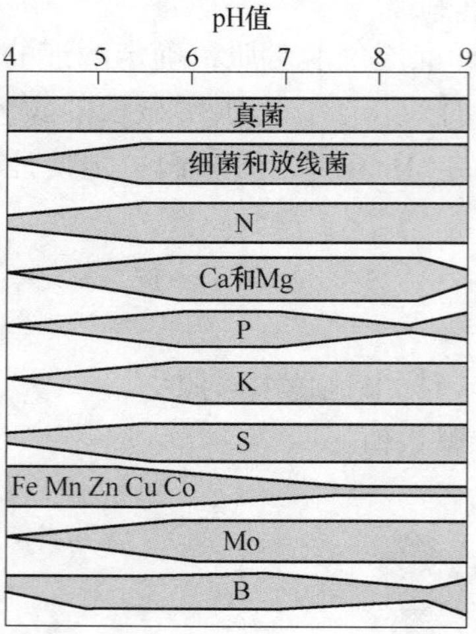

作物	pH值	作物	pH值
水稻	6～7	生菜	6～7
小麦	6.3～7.5	薄荷	7～8
玉米	6～7	苹果	5～6.5
大豆	6～7	香蕉	5.5～7
油菜	6～7	草莓	5～7.5
棉花	6～8	水仙花	6～6.5
马铃薯	4.8～5.5	玫瑰	6～7
洋葱	6～7	烟草	5～6

【讲述】通过观察图和表格，我们发现通过控制作物适宜生长的土壤的pH值可提高产品的质量和产量。同样在科学实验和农业生产中，溶液pH值的控制常常是影响实验结果或产品质量、产量的一个关键因素。

环节三：归纳总结

【总结】本节课我们学习的内容比较多，通过在弱电解质电离的基础上进一步学习水的电离的有关知识，我们对水的电离过程有了一定了解，认识了水的离子积以及影响水的电离平衡的因素的有关知识，相信同学们对弱电解质的电离也会有新的理解。同时溶液的酸碱性与pH值之间的关系是本节的重点和难点，尤其是pH值的计算，同学们要在理解pH值概念的基础上加强计算。请同学们课后完成课本第52～53页的1、2、3、6题，并预习下节课“溶液pH的计算”的有关内容。

七、板书设计

3.2.1 水的电离和溶液的酸碱性

一、水的电离

1. 电离方程式：$H_2O + H_2O \rightleftharpoons H_3O^+ + OH^-$ 简写为：$H_2O \rightleftharpoons H^+ + OH^-$

2. 水的离子积

（1）表达式：$K_w = c(H^+) \cdot c(OH^-)$

（2）适用范围：适用于纯水和稀的酸、碱、盐的水溶液

（3）影响因素：只与温度有关，随温度的升高而增大。一般在室温下，$K_w = 1\times10^{-14}$

3. 影响水的电离平衡的因素：温度、酸或碱、含弱酸根或弱碱阳离子的盐、强酸酸式盐、活泼金属

二、溶液的酸碱性

1. 溶液的酸碱性（常温下）：主要取决于 $c(H^+)$ 与 $c(OH^-)$ 的相对大小

（1）中性溶液：$c(H^+) = c(OH^-) = 1\times10^{-7}$mol/L

（2）酸性溶液：$c(H^+) > c(OH^-)$，$c(H^+) > 1\times10^{-7}$mol/L

（3）碱性溶液：$c(H^+) < c(OH^-)$，$c(H^+) < 1\times10^{-7}$mol/L

2. 溶液的 pH

（1）定义：$pH = -\lg c(H^+)$

（2）适用范围：稀溶液，常温下，适用 pH 值范围在 0~14 之间

（3）注意事项

1）说明溶液 pH 值所代表的溶液酸碱性时需强调温度

2）$pH = 0$，$c(H^+) = 1$mol/L　　$c(OH^-) = 10^{-14}$mol/L

$pH = 14$，$c(OH^-) = 1$mol/L　　$c(H^+) = 10^{-14}$mol/L

3）用 pOH 来表示溶液的酸碱性，$pOH = -\lg c(OH^-)$，且常温下 $pH + pOH = 14$

（4）测定方法

1）酸碱指示剂：只能测出 pH 值的范围，一般不能准确测定 pH 值

甲基橙：3.1~4.4（红色-橙色-黄色）

酚酞：8.2~10.0（无色-浅红色-红色）

石蕊：5.0~8.0（红色-紫色-蓝色）

2）pH 试纸：粗略地测定溶液的 pH 值

注意事项：pH 试纸在使用时不能用水润湿

测定溶液的 pH 值时，一定要立即与标准比色卡对照

测定溶液的 pH 值时，一般只读取整数值

3）pH 计（酸度计）：精确地测定溶液的 pH 值

（5）应用

第2课时　溶液pH值的有关计算

一、教材分析

本节内容选自人教版《化学(选修4)》第三章“水溶液中的离子平衡”第二节“水的电离和溶液的酸碱性”。依据课程标准“能进行溶液pH值的简单计算”的要求，本节课安排了“溶液pH值的有关计算”的教学内容。

本节内容在教科书中主要以习题的形式呈现，具有一定的代表性。教科书在呈现分析计算结果的基础上，讨论了溶液的酸碱性与pH值的关系，最后强调了pH值的应用范围。从教科书的编排上来看，整节内容环环相扣，层层递进，成为一个前后紧密的整体。教科书还编排了“资料”和“阅读”，这不仅可以丰富学生的知识，而且有利于培养学生理论联系实际的良好学习习惯。

本节课涉及的计算是本章内容中最重要的知识点，能够加深学生对于酸溶液、碱溶液以及酸碱溶液混合pH值变化的理解和认识，同时也是学生对$c(H^+)$、$c(OH^-)$与pH值转化关系的进一步巩固。

二、学情分析

高二学生通过本节第1课时的学习，已经掌握了溶液酸碱性与pH值之间的关系和将$c(H^+)$、$c(OH^-)$换算为pH值的方法。本节课在单一溶液pH值计算的基础上，进一步加深计算的难度以提升学生数学计算能力及思维方式。从上一节课学生掌握的情况来看，理解并掌握该部分计算方法，学生不会存在很大的问题。学生具备一定的思维逻辑能力，能够在单一溶液计算方法的基础上，总结掌握混合溶液的计算方法。

三、教学目标

知识与技能	（1）熟练掌握单一溶液pH值的计算方法。 （2）了解各类混合溶液pH值的计算方法。 （3）了解溶液稀释时pH值的变化规律
过程与方法	（1）通过将单一溶液pH值的计算方法迁移应用到混合溶液pH的计算方法，强化知识的迁移能力。 （2）通过分析和总结有关题型的解题规律，学会归纳总结，强化分析问题、解决问题的能力
情感态度与价值观	（1）通过溶液pH值的有关计算，形成耐心细致的学习态度和严谨的治学精神。 （2）通过强酸与强碱混合后pH值计算的分析与讨论，强化定量观的化学学科思想和小组合作学习的意识

四、教学重难点

（1）教学重点：混合溶液pH值的计算。

（2）教学难点：溶液稀释时pH值的变化规律。

五、知识框架

- 溶液 pH 值的有关计算
  - 基本思路
    - 酸性溶液：直接求 $c(H^+)$，再计算 pH 值
    - 碱性溶液：先求 $c(OH^-)$，再求 $c(H^+)$，最后计算 pH 值
  - 常见类型
    - 强酸与强酸溶液混合后的 pH 值：$c(H^+)_{混}=\dfrac{c(H^+)_1V_1+c(H^+)_2V_2}{V_1+V_2}$
    - 强碱与强碱溶液混合后的 pH 值：$c(OH^-)_{混}=\dfrac{c(OH^-)_1V_1+c(OH^-)_2V_2}{V_1+V_2}$
    - 强酸与强碱溶液混合
      - 呈碱性：先依据 $c(OH^-)_{混}=\dfrac{c(OH^-)V_1-c(H^+)V_2}{V_1+V_2}$ 求剩余 $c(OH^-)$，再求 $c(H^+)$，最后求 pH 值
      - 呈酸性：先依据公式 $c(H^+)_{混}=\dfrac{c(H^+)V_1-c(OH^-)V_2}{V_1+V_2}$ 求剩余 $c(H^+)$，再求 pH 值
      - 呈中性：pH = 7
    - 强酸、强碱、弱酸、弱碱溶液稀释过程中 pH 值的变化规律

六、教学过程

环节一：导入新课

【导入】 请同学们回顾上节课学习的水的离子积和 pH 值的有关知识，并且计算下列溶液的 pH 值。

【练习】 1. pH 值的定义：pH = ____。

2. 水的离子积：K_w = ____；

常温下，K_w = ____；100℃，K_w = ____。

3. 计算 pH 值：

（1）25℃，0.005mol/L H_2SO_4溶液 pH = ____；

（2）100℃，0.05mol/L $Ba(OH)_2$溶液 pH = ____。

【讲述】 以上是单一溶液中 pH 值的计算，那么混合溶液的 pH 值怎么计算呢？溶液稀释过程中 pH 值会发生哪些变化呢？本节课就让我们一起来学习“溶液 pH 值的有关计算”。

【板书】 3.2.2　水的电离和溶液的酸碱性

3. 溶液 pH 值的有关计算

环节二：展开新课

【讲述】 对于溶液 pH 值的计算，我们通常会遵循一个基本思路：当溶液呈酸性时，先直接求出溶液中 $c(H^+)$，再根据定义式求算溶液的 pH 值。当溶液呈碱性时，先求出溶液中 $c(OH^-)$，再借助水的离子积常数表达式求算出溶液中 $c(H^+)$，最后根据定义式求算溶液的 pH 值。

【板书】（1）基本思路

1）酸性溶液：直接求 $c(H^+)$，再计算 pH 值。$pH=-\lg c(H^+)$

2）碱性溶液：先求 $c(OH^-)$，再求 $c(H^+)$，最后计算 pH 值

$$c(H^+)=\frac{K_w}{c(OH^-)}\quad pH=-\lg c(H^+)$$

【练习】试求算 pH=3 的盐酸与 pH=5 的硫酸等体积混合后的 pH 值。

【投影】解：

$$c(H^+)=\frac{10^{-3}+10^{-5}}{2}\text{mol/L}=5\times10^{-4}\text{mol/L}$$

$$pH=-\lg c(H^+)=-\lg(5\times10^{-4})=3.3$$

【讲述】首先我们要明确的是，该混合溶液是由强酸与强酸混合的，则该混合溶液呈酸性，因此我们依据酸性溶液 pH 值计算的基本思路：直接求算溶液中 $c(H^+)$，再计算溶液的 pH 值。

【讲述】首先根据计算公式 $n=c\cdot V$，混合溶液中 $c(H^+)_{混}=\frac{n(H^+)_{混}}{V}$，其中 $n(H^+)_{混}=c(H^+)_1V_1+c(H^+)_2V_2$，$V=V_1+V_2$，这样公式 $c(H^+)_{混}=\frac{n(H^+)_{混}}{V}$ 就可以变形为以下的这个公式：$c(H^+)_{混}=\frac{c(H^+)_1V_1+c(H^+)_2V_2}{V_1+V_2}$，通过刚才的这个推导过程就可以求出混合溶液中的 $c(H^+)$；然后根据 $pH=-\lg c(H^+)$ 求出混合溶液的 pH 值即可。

【板书】（2）强酸与强酸溶液混合后的 pH 值：$c(H^+)_{混}=\frac{c(H^+)_1V_1+c(H^+)_2V_2}{V_1+V_2}$

【练习】试求算 pH=10 与 pH=12 的氢氧化钠等体积混合后的 pH 值。

【投影】解：

$$c(OH^-)=\frac{10^{-4}+10^{-2}}{2}\text{mol/L}=5\times10^{-3}\text{mol/L}$$

$$c(H^+)=\frac{K_w}{c(OH^-)}=\frac{10^{-14}}{5\times10^{-3}}=2\times10^{-12}\text{mol/L}$$

$$pH=-\lg c(H^+)=-\lg(2\times10^{-12})=11.7$$

【讲述】首先我们要明确的是，该混合溶液是由强碱与强碱混合的，则该混合溶液呈碱性，因此我们依据碱性溶液 pH 值计算的基本思路：先求 $c(OH^-)$，再求 $c(H^+)$，最后计算 pH 值。

【讲述】首先根据计算公式 $n=c\cdot V$，混合溶液中 $c(OH^-)_{混}=\frac{n(OH^-)_{混}}{V}$，其中 $n(OH^-)_{混}=c(OH^-)_1V_1+c(OH^-)_2V_2$，$V=V_1+V_2$，这样公式 $c(OH^-)_{混}=\frac{n(OH^-)_{混}}{V}$ 就可以变形为以下的这个公式：$c(OH^-)_{混}=\frac{c(OH^-)_1V_1+c(OH^-)_2V_2}{V_1+V_2}$，通过刚才的这个推导过程就可以求出混合溶液中的 $c(OH^-)$；然后根据 $K_w=c(H^+)\cdot c(OH^-)$ 求出溶液

中 $c(H^+)$，最后根据 $pH=-\lg c(H^+)$ 求出混合溶液的 pH 值即可。

【板书】(3) 强碱与强碱溶液混合后的 pH 值：$c(OH^-)_{混}=\dfrac{c(OH^-)_1V_1+c(OH^-)_2V_2}{V_1+V_2}$

【练习】试求算 pH=4 的盐酸与 pH=12 的氢氧化钠等体积混合后的 pH 值。

【投影】解：据题意可知碱过量，计算过量的氢氧根离子浓度

$$c(OH^-)=\frac{10^{-2}-10^{-4}}{2}\text{mol/L}=5\times10^{-3}\text{mol/L}$$

$$c(H^+)=\frac{K_w}{c(OH^-)}=\frac{10^{-14}}{5\times10^{-3}}=2\times10^{-12}\text{mol/L}$$

$$pH=-\lg c(H^+)=-\lg(2\times10^{-12})=11.7$$

【讲述】首先我们要明确的是，该混合溶液是由强酸与强碱混合的，通过计算发现该混合溶液呈碱性，因此我们依据碱性溶液 pH 值计算的基本思路：先求 $c(OH^-)$，再求 $c(H^+)$，最后计算 pH 值。

【讲述】首先根据计算公式 $n=c\cdot V$，混合溶液中 $c(OH^-)_{混}=\dfrac{n(OH^-)_{混}}{V}$，其中 $n(OH^-)_{混}=c(OH^-)V_1-c(H^+)V_2$，$V=V_1+V_2$，这样公式 $c(OH^-)_{混}=\dfrac{n(OH^-)_{混}}{V}$ 就可以变形为以下的这个公式：$c(OH^-)_{混}=\dfrac{c(OH^-)V_1-c(H^+)V_2}{V_1+V_2}$，通过刚才的这个推导过程就可以求出混合溶液中的 $c(OH^-)$；然后根据 $K_w=c(H^+)\cdot c(OH^-)$ 求出溶液中 $c(H^+)$，最后根据 $pH=-\lg c(H^+)$ 求出混合溶液的 pH 值即可。

【板书】(4) 强酸与强碱溶液混合

1) 呈碱性：先依据 $c(OH^-)_{混}=\dfrac{c(OH^-)V_1-c(H^+)V_2}{V_1+V_2}$ 求剩余 $c(OH^-)$，再求 $c(H^+)$，最后求 pH 值

【讨论】请同学们小组讨论强酸与强碱混合之后，溶液除了刚才的这种情况以外还存在哪些情况？

【讲述】若强酸和强碱恰好完全反应，则溶液呈中性，此时溶液 pH=7。若强酸和强碱反应后呈酸性，表明酸过量，则先依据公式 $c(H^+)_{混}=\dfrac{c(H^+)V_1-c(OH^-)V_2}{V_1+V_2}$ 求剩余 $c(H^+)$，再求 pH 值。

【板书】2) 呈酸性：先依据公式 $c(H^+)_{混}=\dfrac{c(H^+)V_1-c(OH^-)V_2}{V_1+V_2}$ 求剩余 $c(H^+)$，再求 pH 值

3) 呈中性：pH=7

【练习】现有 0.005mol/L 硫酸溶液，计算：

(1) 该溶液的 pH 值；

(2) 求用水稀释到原来体积的 100 倍后的 pH 值；

（3）求再继续稀释到原来体积的1000000倍后的pH值。

【讲述】对于第（1）问，我们首先可以求出该硫酸溶液中$c(H^+)=0.01mol/L$，将该数值代入$pH=-\lg c(H^+)$即可得该溶液的pH值为2；对于第（2）问，根据稀释公式$c_1V_1=c_2V_2$，当用水稀释到原来体积的100倍后，该溶液中$c(H^+)=10^{-4}mol/L$，将该数值代入$pH=-\lg c(H^+)$即可得此时该溶液的pH值为4；对于第（3）问，根据稀释公式$c_1V_1=c_2V_2$，当用水稀释到原来体积的1000000倍后，该溶液中$c(H^+)=10^{-8}mol/L$，但由于加水稀释不可能使酸性溶液变为碱性溶液，故此时该溶液的pH值为7。

【讲述】通过刚才的这道题，我们能够总结出强酸、强碱以及弱酸、弱碱在稀释过程中，pH值存在这样的一种变化规律。

【板书】（5）强酸、强碱、弱酸、弱碱溶液稀释过程中pH值的变化规律

	强酸（$pH=a$）	弱酸（$pH=a$）	强碱（$pH=b$）	弱碱（$pH=b$）
无限稀释	pH≈7，但小于7	pH≈7，但小于7	pH≈7，但大于7	pH≈7，但大于7
稀释10^n倍后的pH值	$a+n<7$	$a<pH<a+n<7$	$7<b-n$	$7<b-n<pH<b$

【讲述】上述的计算规律可以概括为：碱按碱，酸按酸，同强混合在之间，异强混合看过量，无限稀释7为限，同学们要学会运用这些规律进行溶液pH值的相关计算。

【板书】小结：碱按碱，酸按酸，同强混合在之间，异强混合看过量，无限稀释7为限

环节三：归纳总结

【总结】本节课的重点是混合溶液pH值的计算方法，我们学习了单一酸碱溶液pH值的计算以及强酸和强酸混合、强碱和强碱混合以及强碱和强酸混合之后溶液pH值的计算方法，同学们要在理解的基础上加强计算的能力。酸碱溶液稀释之后溶液pH值的变化，也是本节课的重点和难点，总结的规律能够帮助我们更好更快地进行相关的计算，同学们要在理解的基础上记忆。请同学们完成课本第52页的5、6、7题并预习下节课“酸碱中和滴定”的有关内容。

七、板书设计

3.2.2　水的电离和溶液的酸碱性

3. 溶液pH值的有关计算

（1）基本思路

1）酸性溶液：直接求$c(H^+)$，再计算pH值。$pH=-\lg c(H^+)$

2）碱性溶液：先求$c(OH^-)$，再求$c(H^+)$，最后计算pH值

$$c(H^+)=\frac{K_w}{c(OH^-)}\quad pH=-\lg c(H^+)$$

（2）强酸与强酸溶液混合后的pH值：$c(H^+)_{混}=\dfrac{c(H^+)_1V_1+c(H^+)_2V_2}{V_1+V_2}$

（3）强碱与强碱溶液混合后的pH值：$c(OH^-)_{混}=\dfrac{c(OH^-)_1V_1+c(OH^-)_2V_2}{V_1+V_2}$

(4) 强酸与强碱溶液混合

1) 呈碱性：先依据 $c(OH^-)_{混}=\dfrac{c(OH^-)V_1-c(H^+)V_2}{V_1+V_2}$ 求剩余 $c(OH^-)$，再求 $c(H^+)$，最后求 pH 值

2) 呈酸性：先依据公式 $c(H^+)_{混}=\dfrac{c(H^+)V_1-c(OH^-)V_2}{V_1+V_2}$ 求剩余 $c(H^+)$，再求 pH 值

3) 呈中性：pH=7

(5) 强酸、强碱、弱酸、弱碱溶液稀释过程中 pH 值的变化规律

	强酸（pH=a）	弱酸（pH=a）	强碱（pH=b）	弱碱（pH=b）
无限稀释	pH≈7，但小于 7	pH≈7，但小于 7	pH≈7，但大于 7	pH≈7，但大于 7
稀释 10^n 倍后的 pH	$a+n<7$	$a<\text{pH}<a+n<7$	$7<b-n$	$7<b-n<\text{pH}<b$

小结：碱按碱，酸按酸，同强混合在之间，异强混合看过量，无限稀释 7 为限

第3课时　酸碱中和滴定

一、教材分析

本节内容选自人教版《化学(选修4)》第三章“水溶液中的离子平衡”第二节“水的电离和溶液的酸碱性”。依据课程标准“知道溶液pH的调控在科学研究中的重要应用”的要求，本节课安排了“酸碱中和滴定”的教学内容。

本节课综合了物质的量浓度的计算、溶液pH的计算、酸碱指示剂的变色范围和应用、滴定仪器的使用等知识，介绍了一种定量分析的方法——中和滴定法，使化学学习从定性分析转化为定量分析。教科书中先解释了什么是酸碱中和滴定以及酸碱中和滴定的实用价值，重点讨论了酸碱中和滴定原理的三个含义——酸碱中和反应的实质、酸碱中和滴定的计量依据、计算和准确判断中和反应是否恰好进行完全。然后教科书以盐酸滴定未知浓度的氢氧化钠溶液为例，详细地讨论了滴定过程中溶液的pH的变化以及溶液从碱性经中性突变到弱酸性的过程，说明可以选择合适的指示剂，并且根据指示剂在酸性或者碱性溶液中的颜色变化来准确判断中和反应是否恰好进行完全。教科书第二部分主要是利用演示实验将理论应用于实践，不仅将整个滴定操作过程由教师向学生准确进行示范，而且较详细地给学生介绍了如何处理实验数据，如何利用测得的实验数据来进行有关的计算，培养学生严肃认真的科学态度和科学素养。

本课时是本节内容中关键性的知识点，前两节课中的溶液酸碱性与pH的计算都为本节课酸碱中和滴定打下基础。酸碱中和滴定是继配制一定物质的量浓度溶液以后的一个定量实验，也是教科书中三个定量实验之一。

二、学情分析

学生已经掌握了酸碱中和的本质，同时具备一定的酸碱指示剂的使用知识，对中和滴定使用的仪器有了初步的了解和认识。高二学生经过两年多化学的学习，具备一定的对定性实验现象的分析、描述、探讨的能力和应用化学知识解决实际问题的能力，具备定量实验的基础。

三、教学目标

知识与技能	（1）理解酸碱中和滴定的原理并能够进行相关计算。 （2）初步了解酸碱中和滴定的操作方法。 （3）掌握酸碱中和滴定相关的误差分析
过程与方法	（1）通过中和滴定实验，学会测定未知溶液浓度的方法和实验步骤。 （2）通过实验知道pH与溶液酸碱性的关系，并能充分利用pH相关知识解决生产、生活中的难题
情感态度与价值观	（1）通过学习酸碱中和滴定的基本操作，形成严谨求实、一丝不苟的科学态度。 （2）通过本节课的学习，进一步感受化学与生活、生产的紧密联系性，强化合作学习的思想意识

四、教学重点和难点

（1）教学重点：酸碱中和滴定的本质和原理。

（2）教学难点：酸碱中和滴定终点的判定；酸碱中和滴定的误差分析。

五、知识框架

酸碱中和滴定
- 定义：利用中和反应，用已知物质的量浓度的酸（或碱）来测定未知物质的量浓度的碱（或酸）的方法
- 原理：$n(H^+)=n(OH^-)$　a 元酸和 b 元碱：$a \cdot c(酸) \cdot V(酸)=b \cdot c(碱) \cdot V(碱)$
- 仪器：酸式滴定管或碱式滴定管、标准液、待测液、酸碱指示剂（甲基橙或酚酞）
- 操作步骤：查漏、洗涤、装液、赶气泡、调液、取液、滴定、记录、计算
- 误差分析：$c(待)=\dfrac{c(标)V(标)}{V(待)}$，误差来源完全归结于消耗的 $V(标)$
- 酸碱滴定曲线：溶液 pH 值随酸或碱的滴加量而变化的曲线

六、教学过程

环节一：导入新课

【导入】通过前面的学习，我们了解到在科学实验和工业生产中，溶液 pH 的控制常常是影响实验结果或产品质量、产量的一个关键因素，因此在科学实验和工业生产中，经常都需要时刻测定和控制溶液的酸碱性。

【讲述】假设现有未知浓度的氢氧化钠溶液，你能想出多少种测定其浓度的方法？请同学们小组讨论，然后和大家分享一下自己的看法。

【讲述】我们可以发现测定未知溶液的浓度的方法多种多样，本节课让我们一起来学习其中一种方法——酸碱中和滴定。

【板书】3.2.3　水的电离和溶液的酸碱性

三、酸碱中和滴定

环节二：展开新课

1. 酸碱中和滴定概述

【讲述】何谓酸碱中和滴定呢？实际上，酸碱中和滴定是一种利用中和反应，用已知浓度的酸或碱来测定未知浓度的碱或酸的实验方法，其中已知浓度的酸或碱溶液叫做标准液，未知浓度的酸或碱溶液叫做待测液，在进行定量分析时经常会使用到这种实验方法。

【板书】1. 定义：利用中和反应，用已知物质的量浓度的酸（或碱）来测定未知物质的量浓度的碱（或酸）的方法

（1）标准液：已知浓度的酸或碱溶液

（2）待测液：未知浓度的酸或碱溶液

【提问】请同学们思考，中和反应的本质是什么？

【讲述】中和反应的本质可以用离子方程式表示为 $H^+ + OH^- = H_2O$，根据离子方程式中的计量关系可得 $n(H^+) = n(OH^-)$，酸碱中和滴定就是依据该计量关系来运用已知物质的量浓度的酸（或碱）来测定未知物质的量浓度的碱（或酸）的。当用 a 元酸与 b 元碱相互进行滴定时，该计量关系就可以变形为 $a \cdot c$(酸) $\cdot V$(酸) $= b \cdot c$(碱) $\cdot V$(碱)。

【板书】2. 原理：$n(H^+) = n(OH^-)$

a 元酸和 b 元碱：$a \cdot c$(酸) $\cdot V$(酸) $= b \cdot c$(碱) $\cdot V$(碱)

【提问】酸碱中和滴定的实验关键是什么呢？

【讲述】该实验其中一个关键就在于准确测量参加反应的两种溶液的体积。

【提问】我们该选择什么样的仪器准确测定溶液的体积呢？用量筒可以吗？

【讲述】要想准确测定溶液的体积，需要使用精密度较高的仪器才行，而量筒的精密度达不到这个要求，我们应该使用什么样的实验仪器呢？今天就让老师给大家介绍两个新的实验仪器——酸式滴定管和碱式滴定管。

【板书】3. 实验仪器

（1）酸式滴定管和碱式滴定管

【投影】酸式滴定管和碱式滴定管的构造示意图

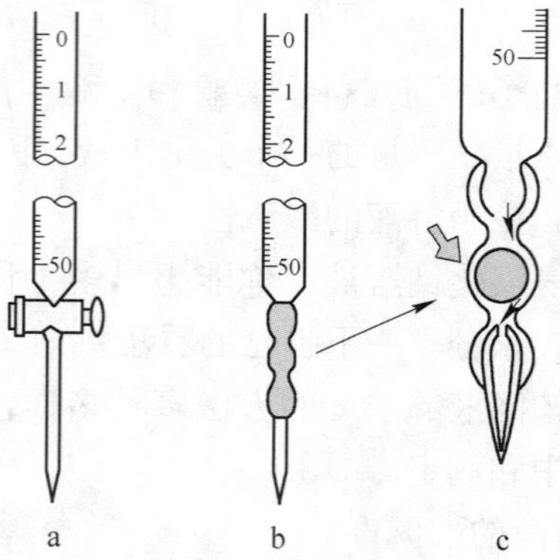

酸式滴定管和碱式滴定管

a—酸式滴定管；b—碱式滴定管；c—图 b 中的局部放大

【提问】请同学们仔细观察并思考，酸式滴定管和碱式滴定管的结构有什么不同？为什么？盛放溶液时有何要求？

【讲述】我们不难发现，酸式滴定管用的是玻璃活塞，只能盛放酸性溶液、强氧化性溶液以及中性溶液，如果盛放碱性溶液，玻璃活塞中含有的 SiO_2 会与碱性溶液含有的 OH^- 发生化学反应而使玻璃活塞腐蚀。而碱式滴定管用的是橡胶塞、玻璃珠，只能盛放碱性溶液和中性溶液，如果盛放酸性溶液会将橡胶管腐蚀，同学们一定要注意刚才说的这一点。

【板书】1）酸式滴定管：只能盛放酸性溶液、强氧化性溶液以及中性溶液

碱式滴定管：只能盛放碱性溶液和中性溶液

【讲述】尽管酸式滴定管和碱式滴定管有所不同，但它们的共同点都表现在其精确度均为

0.01mL，而且都有“0”刻度且小刻度在上。

【板书】2）共同点：精确度均为0.01mL，而且都有“0”刻度，小刻度都在上方

【提问】通过正确使用较高精密度的滴定管能够准确量取参加反应的两种溶液的体积。请同学们思考，在酸碱中和滴定实验中，除了使用滴定管以外，还要使用哪些仪器呢？

【讲述】除了使用滴定管以外，还要使用锥形瓶、滴定管夹、铁架台、烧杯来进行滴定实验的操作。

【板书】（2）其他仪器：锥形瓶、滴定管夹、铁架台、烧杯

【提问】总的来说，酸碱中和滴定实验会用到的仪器有滴定管、锥形瓶、滴定管夹、铁架台、烧杯和白纸。现在基本的实验仪器已经基本就绪了，那是不是就意味着我们可以开始运用标准液进行实验来测定待测液的浓度呢？

【讲述】实际上并不是的，在酸碱中和滴定实验中，除了要能够准确测量参加反应的两种溶液的体积以外，还有一个关键就是要能够准确判断中和反应是否恰好完全反应，中和反应恰好完全反应的时刻即为滴定终点的时刻。

【提问】如何准确判断中和反应是否恰好完全反应呢？

【讲述】在实验过程中，我们可以借助酸碱指示剂来准确判断中和反应是否恰好完全。通常选择的酸碱指示剂要求变色明显、变色范围部分或全部在突变范围内。我们常常会用到的酸碱指示剂为甲基橙和酚酞，通常用酸滴定碱采用甲基橙作指示剂，用碱滴定酸采用酚酞作指示剂。

【提问】为什么不用石蕊溶液作指示剂呢？

【讲述】其实是因为石蕊颜色变化不易分辨，故一般不采用石蕊作指示剂。综合刚才的分析，我们可以总结出，酸碱中和滴定实验通常所需的试剂有标准液、待测液和酸碱指示剂。

【板书】4. 所需试剂：标准液、待测液、酸碱指示剂（甲基橙或酚酞）

2. 酸碱中和滴定的操作步骤

【过渡】现在基本仪器与基本的实验药品都已经准备就绪了，我们该怎么进行酸碱中和滴定呢？接下来就让我们一起学习酸碱中和滴定的操作步骤。

【板书】5. 操作步骤

【演示】第一步操作叫做查漏。检查滴定管是否漏水和活塞转动是否灵活，只有确保不漏水后方可使用。检查滴定管是否漏水的方法是先关闭旋塞，将滴定管充满水，观察有无水滴漏下；然后将旋塞旋转180°，直立两分钟，再观察有无水滴漏下，如均不漏水，滴定管即可使用。

【板书】（1）查漏

【演示】第二步操作叫做洗涤。用蒸馏水洗涤滴定管2~3次后，采用少量标准液润洗滴定管。如何进行润洗呢？首先从滴定管上口加入3~5mL所要盛装的标准液，倾斜着转动滴定管，使液体润湿全部滴定管内壁。然后一手控制活塞（酸式滴定管轻轻转动活塞；碱式滴定管轻轻挤压玻璃球），将液体从滴定管下部放入预置的烧杯中。如果不用标准液润洗滴定管，会使加入溶液的浓度发生变化，使测得的待测液浓度产生误差。

【板书】（2）洗涤

【演示】第三步操作叫做装液。用倾倒法将标准液注入滴定管中，使液面位于“0”刻度以上 2~3cm 处，再将滴定管垂直固定在滴定管夹上。

【板书】（3）装液

【演示】第四步操作叫做赶气泡。如果使用的是酸式滴定管，则在滴定管下放一个烧杯，调节活塞，快速放液使滴定管的尖嘴部分充满标准液。如果使用的是碱式滴定管，则将橡皮管向上翘起并挤压玻璃珠，使溶液充满整个滴定管的顶嘴部，不留有气泡。

【板书】（4）赶气泡

【演示】第五步操作叫做调液。调节滴定管中液面高度，使液面等于或低于“0”刻度，并记下读数，在读数时注意视线与凹液面最低点保持水平。

【板书】（5）调液

【演示】第六步操作叫做取液。取一定体积的待测液于锥形瓶中，并加入 2~3 滴指示剂，并可以在瓶底衬一张白纸以便于观察溶液颜色的变化，从而准确地判断滴定终点。同学们在取液时要注意，锥形瓶不需要用待测液润洗，否则会使测量结果偏高；而且锥形瓶一定要洗净，如果未洗净，则会残留一些能与待测液中溶质反应的少量物质，从而使测量结果偏低。当然如果锥形瓶洗净后还留有蒸馏水或者不小心加水稀释了待测液，都不会对测定结果产生影响。

【板书】（6）取液

【演示】第七步操作叫做滴定。左手控制玻璃活塞或挤压玻璃球，右手摇动锥形瓶使两溶液混合均匀，眼睛注视锥形瓶内溶液颜色的变化，注意滴定时要确保液滴滴下的速度先快后慢，接近终点时应一滴一摇。还要注意滴定过程中，标准液不要滴出锥形瓶外，同时振荡锥形瓶时不要有液体溅出，否则会使测量结果产生误差。

【板书】（7）滴定

【演示】第八步操作叫做记录。当最后一滴刚好使指示剂颜色发生明显变化且半分钟内不恢复原来的颜色时，即为滴定终点。此时停止滴定，读出滴定管中标准溶液的体积并准确记录，切记在读数时注意视线与凹液面最低点保持水平。

【板书】（8）记录

【讲述】重复刚才的实验测定 2~3 次后，进行实验的最后一步——计算。整理相关数据并取平均值进行计算。

【板书】（9）计算

3. 酸碱中和滴定的误差分析

【讲述】通过刚才的实验，相信同学们对酸碱滴定的操作有了初步的认识。刚才我们也提到，一些不规范的操作等因素都会引起实验结果测定的误差。不同的误差来源会怎样影响实验的测定结果呢？接下来就让我们一起来进行误差分析。

【讲述】以一元强酸与一元强碱的中和滴定为例，根据酸碱中和滴定原理的计算关系可得 $c(\text{待}) = \frac{c(\text{标})V(\text{标})}{V(\text{待})}$。在实际计算时，标准液浓度和待测液体积按已知数据计算，是不变量。只有滴定管中所消耗的标准液体积 V(标) 随不同操作而变化，由此可知误差来源完全归结于消耗的 V(标)，若 V(标) 偏大，则 c(待) 偏大；若 V(标) 偏小，则 c(待) 偏小。

【板书】6. 误差分析：$c(\text{待}) = \dfrac{c(\text{标})V(\text{标})}{V(\text{待})}$，误差来源完全归结于消耗的 V(标)

【练习】依据刚才的基本思路，请同学们以标准盐酸滴定未知浓度的 NaOH 溶液为例，分析下列操作（其他操作均正确）对氢氧化钠溶液浓度的测定值有什么影响？

（1）未用标准液（盐酸）润洗酸式滴定管（偏大）

（2）滴定管尖嘴处有气泡，滴定后气泡消失（偏大）

（3）滴定操作时，有少量盐酸溶液滴于锥形瓶外（偏大）

（4）滴定前仰视刻度，滴定后俯视刻度（偏小）

（5）锥形瓶用待测氢氧化钠溶液润洗（偏大）

（6）锥形瓶用蒸馏水洗后未倒尽即装入氢氧化钠溶液（无影响）

4. 酸碱中和滴定曲线

【讲述】在误差允许的范围内，我们在进行酸碱中和滴定的过程中，如果以酸溶液或碱溶液的用量为横坐标，以溶液 pH 值为纵坐标，能够绘制出一条溶液 pH 值随酸或碱的滴加量变化而变化的曲线，这条曲线就叫做酸碱滴定曲线。

【板书】7. 酸碱滴定曲线

（1）定义：溶液 pH 值随酸或碱的滴加量变化而变化的曲线

【投影】用 0. 1000mol/L 的 NaOH 溶液滴定 20. 00mL 0. 1000mol/L 的 HCl 过程中的 pH 值变化

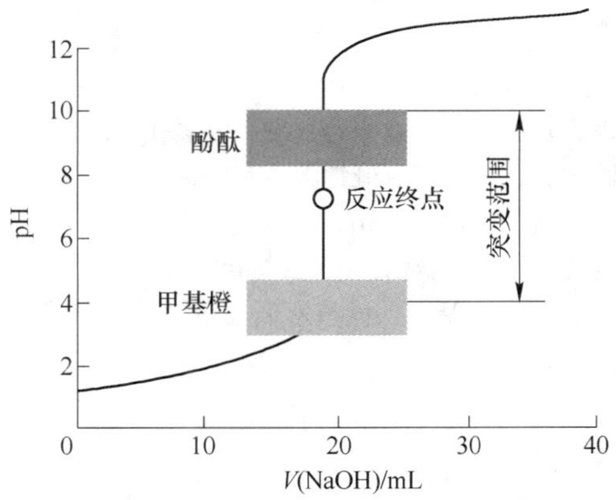

【提问】通过观察曲线，同学们能够发现酸碱中和滴定过程中，溶液 pH 值的变化有什么特点呢？

【讲述】在酸碱反应过程中，溶液的 pH 值会发生变化。对于强酸、强碱的反应，开始时由于被中和的酸或碱浓度较大，加入少量的碱或酸对其 pH 值的影响不大。当反应接近终点时，很少量的碱或酸就会引起溶液 pH 值突变，酸、碱的浓度不同，pH 值突变范围不同。

【讲述】酸碱滴定曲线描述了酸碱混合过程中溶液 pH 值的变化情况，其中酸碱反应终点附近的 pH 值突变，对于测定碱或酸浓度的实验中选择合适的酸碱指示剂具有重要意义。

【板书】（2）意义：描述了酸碱混合过程中溶液 pH 值的变化情况，对于测定碱或酸浓度的实验中选择合适的酸碱指示剂具有重要意义

环节三：归纳总结

【总结】本节课学习了酸碱滴定的原理以及如何实验测定未知浓度酸和未知浓度碱的方法，尤其是酸碱滴定过程中，指示剂的选择、酸碱滴定的操作步骤以及根据实验结果计算未知浓度酸碱的方法都是本节课的难点，同学们要能够在理解的基础上掌握本节内容。同时，对于酸碱滴定过程中出现的误差分析也是本节课的重点，同学们不需要死记硬背，要抓住关键和判断依据，在理解的前提下学会判断误差。希望同学们今天课后及时复习本节课学习的有关内容，完成课本第 52~53 页的 11 题并预习下节课“盐类的水解”的有关内容。

七、板书设计

3.2.3　水的电离和溶液的酸碱性

三、酸碱中和滴定

1. 定义：利用中和反应，用已知物质的量浓度的酸（或碱）来测定未知物质的量浓度的碱（或酸）的方法

（1）标准液：已知浓度的酸或碱溶液

（2）待测液：未知浓度的酸或碱溶液

2. 原理：$n(H^+)=n(OH^-)$

a 元酸和 b 元碱：$a \cdot c(酸) \cdot V(酸)=b \cdot c(碱) \cdot V(碱)$

3. 实验仪器

（1）酸式滴定管和碱式滴定管

1）酸式滴定管：只能盛放酸性溶液、强氧化性溶液以及中性溶液

碱式滴定管：只能盛放碱性溶液和中性溶液

2）共同点：精确度均为 0.01mL，而且都有“0”刻度，小刻度都在上方

（2）其他仪器：锥形瓶、滴定管夹、铁架台、烧杯

4. 所需试剂：标准液、待测液、酸碱指示剂（甲基橙或酚酞）

5. 操作步骤

（1）查漏

（2）洗涤

（3）装液

（4）赶气泡

（5）调液

（6）取液

（7）滴定

（8）记录

（9）计算

6. 误差分析：$c(待)=\dfrac{c(标)V(标)}{V(待)}$，误差来源完全归结于消耗的 $V(标)$

7. 酸碱滴定曲线

（1）定义：溶液 pH 值随酸或碱的滴加量变化而变化的曲线

（2）意义：描述了酸碱混合过程中溶液 pH 值的变化情况，对于测定碱或酸浓度的实验中选择合适的酸碱指示剂具有重要意义

第三节　盐类的水解

第 1 课时　盐类的水解

一、教材分析

本节内容选自人教版《化学(选修 4)》第三章“水溶液中的离子平衡”第三节“盐类的水解”。依据课程标准“认识盐类水解的原理”的要求，本节课安排了“盐类水解的概念、本质”等教学内容。

教科书首先联系生活中常见的盐，引入盐溶液的酸碱性的探究性实验，其次通过实验探究与微观分析，介绍了盐类水解的原理，并引入了盐类水解的基本概念。然后在“学与问”栏目中设问“盐的水解也属于离子反应。在认识水解反应原理的基础上，你对高中化学必修课中所学的‘离子反应发生的条件’有无新的认识?”，以强化学生对相关知识的理解与认识。最后在“家庭小实验”栏目中要求学生用 pH 试纸测试家中食盐、味精、苏打、小苏打等溶液的酸碱性以加深学生对化学与生活紧密联系的认识。

盐类水解在高中化学反应原理部分的教学占有非常重要的地位，它建立在弱电解质的电离和水的电离的理论基础上，因此综合性比较强，是高中化学的重点、难点之一，也是近年高考化学的必考内容，更是历年高考的热点之一。同时本节课在教学中起着承前启后的作用，既是对前面化学平衡移动原理、弱电解质电离平衡等知识的延伸拓展，又为后面盐类水解的应用、难溶电解质的溶解平衡等相关知识的学习奠定了基础。

二、学情分析

化学平衡、弱电解质电离平衡、水的电离、离子方程式的书写等有关知识的学习为学生从微观角度学习盐类的水解奠定了知识基础。同时，高二的学生经过两年的化学学习，已经具备了一定的实验动手能力和独立思考的能力，为本节课探究实验教学活动的开展奠定了能力基础。本节课将从学生已有的基础入手，使学生学会从微观和平衡的视角来动态地认识和分析溶液中微粒及微粒之间相互作用的基本思路，进一步强化学生分析水溶液中化学反应的思维方法。

三、教学目标

知识与技能	(1) 了解盐类水解的基本概念。 (2) 掌握盐类水解的原理，并能够运用盐类水解的规律来判断盐溶液的酸碱性
过程与方法	(1) 通过探究实验的开展，提高实验技能与探究能力。 (2) 通过从微观的视角分析溶液中微粒的行为，强化分析水溶液中化学反应的思维方法

续表

情感态度与价值观	（1）通过运用化学知识对实际生活现象进行科学分析，学会从化学的视角观察和分析生活中的实际现象。 （2）体验科学探究的乐趣，从化学反应的宏观现象感知微粒运动的变化，学会透过现象看本质

四、教学重点和难点

（1）教学重点：盐类水解的原理及规律；盐类水解方程式的书写。

（2）教学难点：盐类水解的原理；盐类水解方程式的书写。

五、知识框架

盐类水解的原理
- 定义：在溶液中，盐电离出来的弱酸阴离子或弱碱阳离子跟水电离出 OH^- 或 H^+ 生成弱电解质的反应
- 本质：弱碱阳离子或弱酸阴离子与水电离产生的 OH^- 或 H^+ 生成弱电解质——弱酸或弱碱，破坏了水的电离平衡，使得溶液中 $c(H^+) \neq c(OH^-)$，从而显现酸性或碱性
- 条件：必须易溶于水且有易结合水中的 OH^- 或 H^+ 的粒子
- 特点：可逆、吸热、微弱
- 规律：有弱就水解、无弱不水解、谁强显谁性、同强显中性、双弱双水解、越弱越水解
- 盐类水解方程式的书写

六、教学过程

环节一：导入新课

【导入】 在前面的学习中我们知道，纯碱、苏打（Na_2CO_3）和小苏打（$NaHCO_3$）的水溶液显碱性，相信同学们肯定想知道，二者为什么会呈现碱性呢？本节课让我们一起来学习“盐类的水解”的有关知识，揭开盐溶液显酸碱性的奥秘。

【板书】 3.3.1　盐类的水解

一、盐类水解的原理

环节二：展开新课

1. 探究盐溶液的酸碱性

【讲述】 在九年级我们学过，盐是指由金属离子或铵根离子与酸根离子结合形成的化合物，很多同学认为，当将盐溶解在纯水中时，盐电离出的金属离子或铵根离子与酸根离子一般对纯水的电离平衡不会产生影响。因此，即使盐溶解后在纯水中发生电离，但是溶液中 $c(H^+)$ 与 $c(OH^-)$ 仍然是相等的，即盐溶液应呈现中性，比如 NaCl 电离出的 Na^+ 和 Cl^- 就不会对纯水的电离平衡产生影响，从而 NaCl 溶液呈现中性。是不是所有的盐溶液都呈现中性呢？下面让我们通过一组实验来探究一下。

【实验】 将 NaCl、Na_2CO_3、$NaHCO_3$、NH_4Cl、Na_2SO_4、CH_3COONa、$(NH_4)_2SO_4$ 分别盛装在 7 个小烧杯中，加入足量蒸馏水，制成溶液，贴上标签，分别用 pH 试纸测 7

种盐溶液的 pH 值，记录测定结果。

盐溶液	NaCl	Na_2CO_3	$NaHCO_3$	NH_4Cl	Na_2SO_4	CH_3COONa	$(NH_4)_2SO_4$
pH 值	pH=7	pH>7	pH>7	pH<7	pH=7	pH>7	pH<7
酸碱性	中性	碱性	碱性	酸性	中性	碱性	酸性
盐类型	强酸强碱盐	强碱弱酸盐	强碱弱酸盐	强酸弱碱盐	强碱强酸盐	强碱弱酸盐	强酸弱碱盐

【讲述】通过刚才的实验，我们发现并不是所有的盐溶液都呈中性的，其中强酸强碱盐溶液呈中性，强酸弱碱盐溶液呈酸性，强碱弱酸盐溶液呈碱性。不同的盐溶液为什么会呈现出不同的酸碱性呢？下面让我们以 CH_3COONa 溶液、NH_4Cl 溶液和 NaCl 溶液为例深入探讨这些宏观现象背后的微观本质。

【提问】请同学们书写 3 种盐溶液中相关的电离方程式，思考盐溶液中存在哪些微观粒子？哪些微观粒子间可能结合形成弱电解质？对水的电离平衡有何影响？

【讲述】通过分析可以得出，盐溶液的酸碱性与盐所含离子在水中与水电离出的 H^+ 或 OH^- 能够生成弱电解质有关。例如，在强酸弱碱盐 NH_4Cl 溶液中，NH_4Cl 全部电离成 NH_4^+ 和 Cl^-，H_2O 微弱电离出 H^+ 和 OH^-，其中 NH_4^+ 与 OH^- 又可相互作用生成弱电解质 $NH_3\cdot H_2O$，因此溶液中共存的粒子有 NH_4^+、Cl^-、H^+、OH^-、$NH_3\cdot H_2O$ 和 H_2O 六种。显然，由于 NH_4^+ 与 OH^- 结合生成弱电解质 $NH_3\cdot H_2O$，使 H_2O 的电离平衡向电离的方向移动，溶液中的 $c(H^+)$ 随之增大，当达到新的平衡时，$c(H^+)>c(OH^-)$，溶液呈酸性。上述作用的总反应可以表示为：$NH_4Cl+H_2O \rightleftharpoons NH_3\cdot H_2O+HCl$（离子方程式：$NH_4^+ + H_2O \rightleftharpoons NH_3\cdot H_2O+H^+$）。

【副板书】

$$NH_4Cl = NH_4^+ + Cl^-$$

$$+$$

$$H_2O \rightleftharpoons OH^- + H^+$$

$$\updownarrows$$

$$NH_3\cdot H_2O$$

$$NH_4Cl + H_2O \rightleftharpoons NH_3\cdot H_2O + HCl$$

$$NH_4^+ + H_2O \rightleftharpoons NH_3\cdot H_2O + H^+$$

【讲述】同理，在强碱弱酸盐 CH_3COONa 溶液中，CH_3COONa 全部电离成 CH_3COO^- 和 Na^+，H_2O 微弱电离出 H^+ 和 OH^-，其中 CH_3COO^- 与 H^+ 又可相互作用生成弱电解质 CH_3COOH，因此溶液中共存的粒子有 Na^+、CH_3COO^-、H^+、OH^-、CH_3COOH 和 H_2O 六种。显然，由于 CH_3COO^- 与 H^+ 结合生成弱电解质 CH_3COOH，使 H_2O 的电离平衡向电离的方向移动，溶液中的 $c(OH^-)$ 随之增大，当达到新的平衡时，$c(H^+)<c(OH^-)$，溶液呈碱性，上述作用的总反应可以表示为：$CH_3COONa+H_2O \rightleftharpoons CH_3COOH+NaOH$（离子方程式：$CH_3COO^- + H_2O \rightleftharpoons CH_3COOH+OH^-$）。

【副板书】

$$
\begin{array}{l}
CH_3COONa = CH_3COO^- + Na^+ \\
\qquad\qquad\qquad\qquad + \\
\qquad\quad H_2O \rightleftharpoons H^+ + OH^- \\
\qquad\qquad\qquad\quad \Updownarrow \\
\qquad\qquad\quad CH_3COOH
\end{array}
$$

$$CH_3COONa + H_2O \rightleftharpoons CH_3COOH + NaOH$$

$$CH_3COO^- + H_2O \rightleftharpoons CH_3COOH + OH^-$$

【讲述】而在强酸强碱盐 NaCl 溶液中，NaCl 完全电离为 Na^+和 Cl^-，H_2O 微弱电离出 H^+和 OH^-，由于四种离子之间不能发生相互作用生成弱电解质，故溶液中共存的粒子有 Na^+、Cl^-、H^+、OH^-和 H_2O 五种，并且水的电离平衡未被破坏，使得溶液中 $c(H^+)=c(OH^-)$，溶液呈中性。

2. 盐类的水解

【讲述】通过刚才的分析，我们发现由强酸弱碱盐或强碱弱酸盐电离出的弱碱阳离子或弱酸阴离子与水电离产生的 OH^-或 H^+生成弱电解质——弱酸或弱碱，破坏了水的电离平衡，使得溶液中 $c(H^+)\neq c(OH^-)$，从而显现酸性或碱性，我们将这种盐与水发生的作用叫做盐类的水解。

【板书】1. 定义：在溶液中，盐电离出来的弱酸阴离子或弱碱阳离子跟水电离出 OH^-或 H^+生成弱电解质的反应

【讲述】结合刚才的分析能够得知，盐类水解的本质是弱碱阳离子或弱酸阴离子与水电离产生的 OH^-或 H^+生成弱电解质——弱酸或弱碱，破坏了水的电离平衡，使得溶液中 $c(H^+)\neq c(OH^-)$，从而显现酸性或碱性。也就是说，盐类要发生水解反应，必须易溶于水且有易结合水中 OH^-或 H^+的粒子。

【板书】2. 本质：弱碱阳离子或弱酸阴离子与水电离产生的 OH^-或 H^+生成弱电解质——弱酸或弱碱，破坏了水的电离平衡，使得溶液中 $c(H^+)\neq c(OH^-)$，从而显现酸性或碱性

3. 条件：必须易溶于水且有易结合水中的 OH^-或 H^+的粒子

【讲述】尽管一些盐类会发生水解反应，但是盐溶液中盐的含量仍然较多，由此说明盐类的水解是很微弱的。这是因为盐类的水解反应是可逆的，并且水解反应产生了酸和碱，由此说明盐类的水解反应是酸碱中和反应的逆反应；而酸碱中和反应是放热反应，盐类的水解反应作为酸碱中和反应的逆反应，则应该为吸热反应。综上所述，我们可以得出盐类水解的特点能够概括为“可逆”“吸热”“微弱”。

【板书】4. 特点：可逆、吸热、微弱

【提问】请同学们思考，弱酸弱碱盐能否水解？若能水解，弱酸弱碱盐溶液的酸碱性如何确定？说明理由。

【讲述】弱酸弱碱盐是能够水解的，其溶液的酸碱性由弱酸根和弱碱阳离子水解程度的相对强弱来决定的。比如弱酸弱碱盐 CH_3COONH_4溶液中，CH_3COO^-和 NH_4^+均会发生水解反应，由于二者水解程度相等，故 CH_3COONH_4溶液显中性。

【提问】请同学们结合前面的实验和相关分析进行思考，盐类的水解呈现怎样的规律？

【讲述】通过刚才的实验和分析，我们可以看出像 NaCl、Na_2SO_4这种强酸强碱盐的溶液，由于没有电离出弱离子，故强酸强碱盐不发生水解反应；像 Na_2CO_3、NH_4Cl 这种含有弱离子的盐，由于其在水溶液中能够电离出弱离子，故能够发生水解反应。由此我们能够得到盐类水解的第一条规律“有弱就水解，无弱不水解”。由于 NH_4Cl 属于强酸弱碱盐，故其水溶液显酸性；CH_3COONa 属于强碱弱酸盐，故其水溶液显碱性；NaCl 属于强酸强碱盐，故其水溶液显中性。由此我们能够得到盐类水解的第二条规律“谁强显谁性，同强显中性”。像 CH_3COONH_4这种弱酸弱碱盐，由于能够在水溶液中电离出弱碱阳离子和弱酸阴离子，故两种弱离子都会发生水解反应，即“双弱双水解”。

【板书】5. 规律：有弱就水解、无弱不水解、谁强显谁性、同强显中性、双弱双水解

【讲述】“有弱才水解、无弱不水解”是指盐中有弱酸根离子或弱碱阳离子才水解，若没有，则是强酸强碱盐，不发生水解反应。“谁强显谁性”是指当盐中的阴离子对应的酸比阳离子对应的碱更容易电离时，水解后盐溶液呈酸性，反之，呈碱性。“同强显中性”是指当盐中的阴离子对应的酸与阳离子对应的碱电离程度相同时，水解后盐溶液呈中性。

【板书】6. 盐类水解方程式的书写

【讲述】一般来说，如果我们用 HA 表示酸，MOH 表示碱，MA 表示由它们生成的盐，那么盐 MA 水解的方程式就可以表示为“$MA + H_2O \rightleftharpoons HA + MOH$”的形式。

【讲述】若 MA 为强碱弱酸盐，请将该化学方程式改写为相应的离子方程式。

若 MA 为强酸弱碱盐，请将该化学方程式改写为相应的离子方程式。

【板书】(1) 基本形式：$MA + H_2O \rightleftharpoons HA + MOH$

若 MA 为强碱弱酸盐：$A^- + H_2O \rightleftharpoons HA + OH^-$

若 MA 为强酸弱碱盐：$M^+ + H_2O \rightleftharpoons MOH + H^+$

【讲述】同学们在书写盐类水解方程式时，应注意以下几点：

(1) 盐类的水解是可逆反应，水解方程式一般用“$\rightleftharpoons$”，而不用“$=$”。

(2) 一般情况下，盐类的水解程度小，水解产物很少，通常不生成沉淀和气体，也不把生成物写成其分解产物的形式，所以一般不用符号“↑”和“↓”。

(3) 多元弱酸根离子的水解是分步进行的，水解反应必须分步表示，不能合并，一般以第一步为主，第二步很微弱。多元弱碱阳离子的水解也是分步进行的，但通常简化为一步表示。

(4) 当两种离子水解相互促进但不能进行到底时，仍用“$\rightleftharpoons$”表示，不用符号“↑”和“↓”；当两种离子水解相互促进且能进行到底时，生成物中的不溶物或气体均要注明状态，且要用“$=$”表示。

【板书】(2) 注意事项

1) 一般用“$\rightleftharpoons$”，而不用“$=$”

2) 一般不用符号“↑”和“↓”

3) 多元弱酸根离子水解方程式分步书写，不能合并，一般以第一步为主

4) 当两种离子水解相互促进但不能进行到底时，仍用“$\rightleftharpoons$”表示，不用

符号“↑”和“↓”

5）当两种离子水解相互促进且能进行到底时，生成物中的不溶物或气体均要注明状态且要用“══”表示

【练习】请写出下列盐水解的离子方程式，并判断溶液的酸碱性。

（1）NaClO：

（2）$AlCl_3$：

（3）K_2S：

（4）CH_3COONH_4：

环节三：归纳总结

【总结】本节课学习了盐类水解的原理以及盐类水解方程式的书写方法，相信同学们能够解答本节课开始时提出的那两个问题。希望同学们今天课后及时复习本节课学习的有关内容，完成课本第 59 页的第 1、7 题，并预习下节课“影响盐类水解的因素”与“盐类水解的应用”的有关内容。

七、板书设计

3.3.1　盐类的水解

一、盐类水解的原理

1. 定义：在溶液中，盐电离出来的弱酸阴离子或弱碱阳离子跟水电离出 OH^- 或 H^+ 生成弱电解质的反应
2. 本质：弱碱阳离子或弱酸阴离子与水电离产生的 OH^- 或 H^+ 生成弱电解质——弱酸或弱碱，破坏了水的电离平衡，使得溶液中 $c(H^+)\neq c(OH^-)$，从而显现酸性或碱性
3. 条件：必须易溶于水且有易结合水中的 OH^- 或 H^+ 的粒子
4. 特点：可逆、吸热、微弱
5. 规律：有弱就水解、无弱不水解、谁强显谁性、同强显中性、双弱双水解
6. 盐类水解方程式的书写

（1）基本形式：$MA + H_2O \rightleftharpoons HA + MOH$

若 MA 为强碱弱酸盐：$A^- + H_2O \rightleftharpoons HA + OH^-$

若 MA 为强酸弱碱盐：$M^+ + H_2O \rightleftharpoons MOH + H^+$

（2）注意事项

1）一般用“⇌”，而不用“══”

2）一般不用符号“↑”和“↓”

3）多元弱酸根离子水解方程式分步书写，不能合并，一般以第一步为主

4）当两种离子水解相互促进但不能进行到底时，仍用“⇌”表示，不用符号“↑”和“↓”

5）当两种离子水解相互促进且能进行到底时，生成物中的不溶物或气体均要注明状态且要用“══”表示

第2课时　影响盐类水解的因素与盐类水解的应用

一、教材分析

本节内容选自人教版《化学(选修4)》第三章“水溶液中的离子平衡”第三节“盐类的水解”。依据课程标准“归纳影响盐类水解程度的主要因素，能举例说明盐类水解在生产、生活中的应用”的要求，本节课安排了“影响盐类水解的因素、盐类水解的应用”等教学内容。

教科书首先向学生简要介绍了研究化学反应时要从反应物本身的性质与反应条件两方面考虑的研究思路，并从反应物本身性质的角度介绍了内因对盐类水解反应的影响。然后在“科学探究”栏目中通过实验探究促进或抑制$FeCl_3$水解的条件，向学生介绍了影响盐类水解程度的因素，并在“思考与交流”栏目中要求学生解答栏目中设置的两个问题，以强化学生对有关知识的理解与掌握。最后通过影响盐类水解程度的因素的有关知识，引出了盐类水解的应用，并在“科学视野”栏目中介绍了盐的水解常数的有关知识。

本节课主要包括外界因素对盐类水解平衡的影响以及盐类水解的应用两个知识点的教学，这部分知识既与学生已经学习过的酸碱中和反应、离子方程式的书写和化学平衡等知识点有机地联系起来，同时又对其有关知识起着巩固和加深的作用。

二、学情分析

学生在上节课“盐类的水解”原理的学习中，已经初步掌握盐类水解的本质，对于部分盐在水溶液中的水解反应有了一定的认识。同时，大部分学生在第二章的学习中，已经能够很好地理解与掌握化学平衡的有关知识，并能运用勒夏特列原理判断水解平衡的移动方向。盐类水解反应的应用是本节的难点问题，学生已经具备了一定的相关知识，并且具备一定的分析判断能力，教师充分发挥引导和启发学生思考的主导作用，学生基本上可以比较顺利完成本节课的学习。

三、教学目标

知识与技能	（1）掌握影响盐类水解的主要因素。 （2）能够运用盐类水解原理解决氢气的制备等问题
过程与方法	（1）通过实验探究与对实验结果的分析，提高实验操作与分析能力。 （2）通过知识点的交叉应用，提升知识迁移与应用能力
情感态度与价值观	（1）通过对盐类的水解在生产生活中应用的学习，加深对化学与生活紧密联系的理解。 （2）通过设计与进行实验，形成严谨的科学态度和勇于探索的科学精神。 （3）通过从内因和外因两个角度分析影响盐类水解的因素，形成“一分为二地看待事物”的辩证唯物主义思想

四、教学重点与难点

（1）教学重点：影响盐类水解平衡的因素；盐类水解的应用。

（2）教学难点：盐类水解的应用。

五、知识框架

- 盐类水解
  - 影响盐类水解的因素
    - 内因：盐本身的性质——“越弱越水解”
    - 外因：温度、浓度、溶液的酸碱性——遵循平衡移动原理
  - 盐类水解的应用
    - 制备某些胶体、某些无水盐以及制备氢气
    - 配制易水解的盐溶液
    - 实验室保存某些试剂
    - 混合盐溶液的除杂和提纯
    - 明矾等物质净水
    - 用热的纯碱溶液去污
    - 泡沫灭火器的原理
    - 农业生产中化肥的合理使用

六、教学过程

环节一：导入新课

【提问】上节课学习了“盐类的水解原理”的有关知识，请同学们回忆有关知识，然后回答以下的 3 个问题：什么是盐类的水解？盐类水解的实质是什么？盐类水解的特点是什么？

【讲述】通过前面的学习我们知道，当一个过程是可逆过程时，就会存在相应的平衡系统。既然盐类的水解过程是可逆的，则盐类的水解同之前学习的化学平衡与电离平衡一样也存在着平衡系统，那么影响盐类水解的因素有哪些呢？在实际生产生活中又有怎样的应用呢？本节课就让我们一起来学习“影响盐类水解的因素与盐类水解的应用”。

【板书】3. 3. 2　盐类的水解

二、影响盐类水解的因素与盐类水解的应用

环节二：展开新课

1. 影响盐类水解的因素

【讲述】通常在研究化学反应时，可以从反应物本身的性质和反应条件来进行考虑，比如在第二章学习影响化学反应速率的因素时，是从内因和外因两个角度来探讨各因素影响化学反应速率的规律的。同样，我们也能够从内因和外因两个角度来探讨影响盐类水解平衡的因素。

【讲述】从内因即盐本身的性质角度来考虑，盐类水解的发生是由于其能与水作用生成弱电解质，生成弱电解质的倾向越大，对水的电离平衡的影响越大，溶液中 $c(H^+)$ 和 $c(OH^-)$ 的差别就越大，即水解的程度越大。通常，组成盐的酸根离子对应的酸越弱或阳离子对应的碱越弱，盐的水解程度就越大，即我们在上节课学过的盐类水解的其中一条规律“越弱越水解”。

【板书】（一）影响盐类水解的因素

1. 内因：盐本身的性质——“越弱越水解”

【过渡】从反应条件考虑，水解反应属于可逆反应，影响水解程度的因素可以从影响水解平衡的因素去分析和寻找，哪些外界因素会对盐类的水解平衡产生影响呢？下面就让我们一起通过实验来探究促进或抑制 $FeCl_3$ 水解的条件。

【讨论】请同学们联系前面学过的有关知识，小组讨论一下，哪些因素可能会对 $FeCl_3$ 水解产生影响？并设计有关实验进行验证。

【实验】

序号	可能影响因素	实验操作	现　象
1	盐的浓度	加入少量 $FeCl_3$ 晶体，测溶液的 pH	pH 减小
2	溶液的酸碱性	加入少量盐酸	溶液颜色变浅
3	温度	升高温度	溶液颜色变深
4	外加物质	加入少量 CH_3COONa 固体	溶液颜色变深

【讲述】该实验中涉及的水解反应方程式为 $Fe^{3+}+3H_2O \rightleftharpoons Fe(OH)_3+3H^+$，当向 $FeCl_3$ 溶液中加入少量 $FeCl_3$ 晶体时，溶液中 $c(Fe^{3+})$ 增大，平衡正向移动，使溶液中 $c(H^+)$ 增大，故 pH 减小；当向 $FeCl_3$ 溶液中加入少量盐酸时，溶液中 $c(H^+)$ 增大，平衡逆向移动，故溶液颜色变浅；当对 $FeCl_3$ 溶液进行加热时，平衡正向移动，故溶液颜色变深；当向 $FeCl_3$ 溶液中加入少量 CH_3COONa 固体时，溶液中 $c(H^+)$ 减小，平衡正向移动，故溶液颜色变深。

【讲述】通过刚才的实验分析，我们不难发现 Fe^{3+} 的水解是一个可逆过程，水解平衡是一个动态平衡，并且 Fe^{3+} 的水解属于吸热反应；改变影响平衡的条件，水解平衡就会发生移动。当加入的物质能与溶液中的离子结合成难电离的弱电解质时，Fe^{3+} 的水解程度就可能趋向完全。

【讲述】通过刚才的这个实验，我们可以看到影响盐类水解的外界因素有温度、浓度以及溶液酸碱性。温度对盐类的水解的影响是由于水解是吸热过程，故升高温度，水解程度增大，反之则减小。

【板书】2. 外因——遵循勒夏特列原理

（1）温度：升高温度，水解程度增大；反之则减小

【讲述】从浓度对盐类的水解的影响角度来说，增大盐溶液的浓度，水解平衡向右移动，但要注意的是总体的水解程度是减小的。同样加水稀释可以促进水解，使平衡右移，水解程度增大，即“越稀越水解”。但同学们要注意的是，尽管加水稀释促进水解，会使盐类水解产生的弱电解质分子和离子的物质的量增大，但其物质的量的变化幅度始终比不上外界条件使得溶液体积改变的幅度，故盐类水解产生的弱电解质分子和离子的浓度在加水稀释的过程中是减小的。

【板书】（2）浓度

1）增大盐溶液的浓度，水解平衡向右移动，但总体的水解程度减小

2）加水稀释，促进水解，平衡右移，水解程度增大——“越稀越水解”

【讲述】对于溶液酸碱性对盐类水解的影响来说，若向盐溶液中加入 H^+，可以促进阴离子

的水解，抑制阳离子的水解；若向盐溶液中加 OH^-，可以促进阳离子的水解，抑制阴离子的水解。总的来说，外界因素对盐类水解的影响规律仍遵循勒夏特列原理。

【板书】（3）溶液的酸碱性

1）若向盐溶液中加入 H^+，可以促进阴离子的水解，抑制阳离子的水解

2）若向盐溶液中加 OH^-，可以促进阳离子的水解，抑制阴离子的水解

【练习】已知 NaAc 溶液中存在水解平衡：$Ac^- + H_2O \rightleftharpoons HAc + OH^-$，完成下列表格：

改变条件	方向	$c(Ac^-)$	$c(HAc)$	$c(OH^-)$	$c(H^+)$	pH	水解程度
升温							
加 H_2O							
加冰醋酸							
加醋酸钠固体							
通入 HCl(g)							
加 NaOH							

2. 盐类水解的应用

【提问】通过刚才的学习，我们已经对影响盐类水解的因素有所了解，那么盐类的水解在生产生活中有哪些应用呢？

【板书】（二）盐类水解的应用

【讲述】在科学研究领域中，会运用盐类水解的原理制取某些胶体、某些无水盐以及制备氢气。比如在必修 1 中我们学习的 $Fe(OH)_3$胶体的制备，就是利用盐类水解的原理进行制取的；同样，我们也能够采用将活泼金属加入到 NH_4Cl、$MgCl_2$等水解呈酸性的溶液中的方法制备氢气，利用的原理就是由于阳离子的水解导致溶液呈酸性，活泼金属将 H^+还原为 H_2放出，使阳离子的水解平衡正向移动，促进阳离子的水解。

【板书】1. 制备某些胶体、某些无水盐以及制备氢气

【提问】通常在配制 $FeCl_3$溶液时，都是先将其溶解在盐酸中，使溶液保持澄清，再加水稀释到其所需浓度，为什么要采取这样的方法来配制 $FeCl_3$溶液呢？

【讲述】$FeCl_3$属于强酸弱碱盐，其电离出的 Fe^{3+}会结合水电离出的 OH^-形成 $Fe(OH)_3$，配制 $FeCl_3$溶液时，若直接将其溶解在水中，会使 Fe^{3+} 的水解平衡向右移动，$Fe(OH)_3$的含量增多，易形成 $Fe(OH)_3$沉淀而使配制的 $FeCl_3$溶液浑浊。将其溶解在盐酸中，HCl 电离出的 H^+能抑制 Fe^{3+}的水解，从而使溶液保持澄清。

【讲述】在配制强酸弱碱盐的水溶液时，为抑制阳离子的水解，需加入少量相应的强酸。同理，在配制强碱弱酸盐的水溶液时，应先加入少量强碱以抑制酸根离子的水解。

【板书】2. 配制易水解的盐溶液

（1）在配制强酸弱碱盐的水溶液时，为抑制阳离子的水解，需加入少量相应的强酸

（2）在配制强碱弱酸盐的水溶液时，应先加入少量强碱以抑制酸根离子的水解

【提问】保存 Na_2CO_3、Na_2S 等碱性试剂时能不能用玻璃塞？为什么？

【讲述】由于碱性溶液可与玻璃中的 SiO_2 反应，因此保存像 Na_2CO_3、Na_2S 等碱性试剂时是不能用磨口玻璃塞的，应用带橡皮塞的玻璃瓶保存。由此可以看出，盐类的水解原理能够应用在实验室保存某些试剂的方面。

【板书】3. 实验室保存某些试剂

【讲述】在科学研究中，利用盐的水解程度不一样，将其中一种盐转化为氢氧化物沉淀而除去。如除去 $MgCl_2$ 酸性溶液中的 $FeCl_3$，可以加入 MgO、$Mg(OH)_2$ 或 $MgCO_3$，促进 $FeCl_3$ 的水解，使 $FeCl_3$ 转化为 $Fe(OH)_3$ 而除去。由此可见，盐类的水解原理能够应用于混合盐溶液的除杂和提纯。

【板书】4. 混合盐溶液的除杂和提纯

【提问】请同学们思考，明矾净水的原理是什么？

【讲述】明矾在水中发生完全电离，该过程能够表示为 $KAl(SO_4)_2 = K^+ + Al^{3+} + 2SO_4^{2-}$，其中 Al^{3+} 发生水解 $Al^{3+} + 3H_2O \rightleftharpoons Al(OH)_3(胶体) + 3H^+$，生成的 $Al(OH)_3$ 胶体因胶体粒子带正电荷而具有较强的吸附性，可吸附杂质而沉降，以达到净水的目的。$FeCl_3$ 也能净水，原理与明矾相同。由此可见，盐类的水解原理能够应用于净水方面。

【板书】5. 明矾等物质净水

【提问】同样，在生活中，我们经常会用热的纯碱溶液去除油污，为什么要用热的纯碱溶液来去除油污呢？

【讲述】由于加热可使 CO_3^{2-} 水解程度增大，因而溶液的碱性增强，去污能力增强。

【板书】6. 用热的纯碱溶液去污

【提问】请同学们思考当油类物质着火时，我们应当使用什么类型的灭火器进行灭火呢？

【讲述】当油类物质着火时，我们应该用泡沫灭火器进行灭火。泡沫灭火器内装有饱和的 $Al_2(SO_4)_3$ 溶液和 $NaHCO_3$ 溶液，它们分装在不同的容器中。当两溶液混合后，发生盐类相互促进的水解反应：$Al^{3+} + 3HCO_3^- = Al(OH)_3\downarrow + 3CO_2\uparrow$。灭火器内压强增大，$Al(OH)_3$、$CO_2$、$H_2O$ 一起喷出，覆盖在着火物质上使火焰熄灭。由此可见，泡沫灭火器是运用了盐类水解的原理进行工作的。

【板书】7. 泡沫灭火器的原理

【提问】请同学们思考在农业生产施肥的过程中，能否长期施用氮肥 $(NH_4)_2SO_4$？草木灰和铵态氮肥能否混用？为什么？

【讲述】在施肥时，是不能长期施用氮肥 $(NH_4)_2SO_4$。长期施用 $(NH_4)_2SO_4$ 的土壤因 NH_4^+ 的水解而使土壤的酸性增强。同样，草木灰和铵态氮肥是不能混用的，因草木灰主要成分为 K_2CO_3，属强碱弱酸盐，水解呈碱性，生成的 OH^- 与 NH_4^+ 发生如下反应：$NH_4^+ + OH^- = NH_3\uparrow + H_2O$，使氮肥肥效损失。

【讲述】刚才老师提到的这两个问题均与农业生产中化肥的合理使用有关，而且均涉及了盐类水解的原理。由此可见，盐类水解的原理也能应用于农业生产中化肥的合理使用方面。

【板书】8. 农业生产中化肥的合理使用

【讲述】盐类水解的原理在生产生活中的运用还有很多，希望同学们课后查阅相关资料去了解盐类水解原理在生产生活中的其他应用，我们将在后面的学习中进行交流。

环节三：归纳总结

【总结】本节课学习了影响盐类水解平衡的因素与盐类水解的应用的相关知识，首先影响盐类水解的因素包含内因和外因两个方面，其中内因主要与盐本身的性质有关，外因主要与温度、浓度、溶液的酸碱性有关，而外因对盐类水解平衡移动影响的规律仍遵循勒夏特列原理；然后我们知道盐类水解的原理能够应用在制备某些胶体、制备某些无水盐、制备氢气、配制易水解的盐溶液、实验室保存某些试剂、混合盐溶液的除杂和提纯、明矾等物质净水、用热的纯碱溶液去污、泡沫灭火器的原理、农业生产中化肥的合理使用等方面，我们可以感受化学与生产、生活的紧密联系。希望同学们课后能够对相关知识进行及时地巩固与复习，完成课本第 59 页的第 4、7、9、10、11 题并预习下节课“难溶电解质的溶解平衡”的有关内容。

七、板书设计

3.3.2　盐类的水解

二、影响盐类水解的因素与盐类水解的应用

（一）影响盐类水解的因素

1. 内因：盐本身的性质——“越弱越水解”

2. 外因——遵循勒夏特列原理

（1）温度：升高温度，水解程度增大；反之则减小

（2）浓度

1）增大盐溶液的浓度，水解平衡向右移动，但总体的水解程度减小

2）加水稀释，促进水解，平衡右移，水解程度增大——“越稀越水解”

（3）溶液的酸碱性

1）若向盐溶液中加入 H^+，可以促进阴离子的水解，抑制阳离子的水解

2）若向盐溶液中加 OH^-，可以促进阳离子的水解，抑制阴离子的水解

（二）盐类水解的应用

1. 制备某些胶体、某些无水盐以及制备氢气

2. 配制易水解的盐溶液

（1）在配制强酸弱碱盐的水溶液时，为抑制阳离子的水解，需加入少量相应的强酸

（2）在配制强碱弱酸盐的水溶液时，应先加入少量强碱以抑制酸根离子的水解

3. 实验室保存某些试剂

4. 混合盐溶液的除杂和提纯

5. 明矾等物质净水

6. 用热的纯碱溶液去污

7. 泡沫灭火器的原理

8. 农业生产中化肥的合理使用

第四节　难溶电解质的溶解平衡

一、教材分析

本节内容选自人教版《化学(选修4)》第三章“水溶液中的离子平衡”第四节“难溶电解质的溶解平衡”。依据课程标准“能描述沉淀溶解平衡，知道沉淀转化的本质”的要求，本节课安排了“沉淀溶解平衡的建立与应用”和“溶度积常数”等教学内容。

教科书首先联系离子反应发生的条件之一“产生沉淀”引入了 Ag^+ 与 Cl^- 的离子反应，并以该反应为例提出问题“Ag^+ 与 Cl^- 的反应真能进行到底吗?”，从而引起学生对本节内容学习的好奇心。其次在“思考与交流”栏目中设置了两个问题，进一步引导学生通过查阅资料对有关问题进行思考与讨论。然后联系有关知识对该问题进行了详细地分析，引入了“难溶电解质的溶解平衡”的有关知识，并通过相关实验的演示与联系实际生产生活中的实例对沉淀反应的应用进行了详细的介绍。最后在“科学视野”栏目中详细介绍“溶度积”的有关知识，并在“资料”栏目中介绍了氟化物防治龋齿的化学原理的有关知识以拓宽学生的视野，加深学生对有关知识的理解。

本节内容是继化学平衡、电离平衡、盐类水解平衡之后又一个重点，可以帮助学生更全面地了解水溶液中离子平衡的相关理论，使学生更加透彻地理解在溶液中发生离子反应的本质以及离子反应在生活、生产中的应用，帮助学生形成辩证唯物主义世界观。本节内容是学生对难溶电解质溶解过程中平衡的建立以及学会运用平衡的观点来解释沉淀转化的过程，并且理解沉淀转化的本质，掌握沉淀溶解和沉淀转化的过程能够帮助学生运用知识解释生活生产中有关沉淀转化的原因。

二、学情分析

学生在九年级已经学习过溶解度的概念，并且学习了一些有沉淀生成的化学反应。在选修4第二章和第三章又学习了化学平衡和水溶液中离子平衡的相关理论，对动态平衡有了较充分的理解，在已有的认知基础上再学习本节课，学生更容易理解和接受，但是很多学生容易和本章前面学习的内容混淆。

三、教学目标

知识与技能	(1) 了解难溶电解质在水中的溶解情况，理解沉淀溶解平衡的建立过程。 (2) 掌握沉淀反应的应用，并能运用平衡移动原理分析、解决沉淀的生成、沉淀的溶解和沉淀的转化问题。 (3) 了解溶度积常数的概念，掌握溶度积常数的意义，并能够正确书写溶度积常数的表达式和应用“溶度积规律”判断沉淀的溶解与生成

续表

过程与方法	（1）通过实验探究和对实验结果的分析，提升实验操作与分析能力。 （2）通过知识点的交叉应用，提升知识迁移与应用能力。
情感态度与价值观	（1）通过运用化学知识对实际生活现象进行科学分析，学会从化学的视角观察、分析和解释生活中的实际现象。 （2）在理论分析和总结规律的过程中，学会从本质思考问题，提升对化学的学习兴趣

四、教学重点与难点

（1）教学重点：沉淀溶解平衡的建立过程；沉淀反应的应用；溶度积常数。

（2）教学难点：沉淀反应的应用。

五、知识框架

难溶电解质的溶解平衡
- 定义：在一定条件下，难溶电解质溶解成离子的速率等于离子重新结合成沉淀的速率，溶液中各离子的浓度保持不变的状态
- 特征：逆、等、动、定、变
- 影响因素
  - 内因：难溶电解质本身的性质
  - 外因：温度、浓度、同离子效应、其他因素——遵循平衡移动原理
- 沉淀反应的应用
  - 沉淀的生成
  - 沉淀的溶解
  - 沉淀的转化
- 溶度积常数
  - 定义：在一定温度下，沉淀溶解平衡时，离子浓度幂的乘积为一常数
  - 符号：K_{sp}
  - 表达式
  - 意义：难溶电解质在水中溶解的能力
  - 影响因素：难溶物本身的性质、温度
  - 溶度积规则
    - 当 $Q_c>K_{sp}$时，平衡向生成沉淀方向移动，有沉淀析出
    - 当 $Q_c=K_{sp}$时，沉淀与溶解处于平衡状态
    - 当 $Q_c<K_{sp}$时，平衡向溶解方向移动，无沉淀析出

六、教学过程

环节一：导入新课

【讲述】 我国有很多溶洞景观，比如大家最熟知的花果山水帘洞，就是一处非常美丽的溶洞风景区。在溶洞里有千奇百怪的石笋、石柱、钟乳石，你知道这些地貌的形成原因吗？要想解决这个问题，就让我们今天一起来学习“难溶电解质的溶解平衡”。

【板书】 3.4　难溶电解质的溶解平衡

环节二：展开新课

1. 难溶电解质的溶解平衡的建立

【提问】现在请同学们回忆一下离子反应的有关知识，然后告诉老师，离子反应发生的条件是什么？向 2mL 0.1mol/L 的 NaCl 溶液中滴加几滴 0.1mol/L 的 $AgNO_3$溶液时，会产生什么现象？

【讲述】离子反应发生的条件是有易挥发、难溶物质或弱电解质生成。因此，当向 2mL 0.1mol/L 的 NaCl 溶液中滴加几滴 0.1mol/L 的 $AgNO_3$溶液时，$AgNO_3$溶液中所含的 Ag^+与 NaCl 溶液中所含的 Cl^-会结合形成 AgCl，宏观上表现出的现象为产生白色沉淀，发生离子反应 $Ag^+ + Cl^- = AgCl\downarrow$。

【讲述】那么 Ag^+与 Cl^-的反应真能进行到底吗？也就是说生成的 AgCl 完全不溶于水吗？下面就让我们一起来探索一下这个问题。

【投影】20℃时，几种电解质的溶解度

化学式	溶解度/g	化学式	溶解度/g
AgCl	1.5×10^{-4}	$Ba(OH)_2$	3.89
$AgNO_3$	222	$BaSO_4$	2.4×10^{-4}
AgBr	8.4×10^{-6}	$Ca(OH)_2$	0.165
Ag_2SO_4	0.796	$CaSO_4$	0.21
Ag_2S	1.3×10^{-16}	$Mg(OH)_2$	9×10^{-4}
$BaCl_2$	35.7	$Fe(OH)_3$	3×10^{-9}

【讲述】通过观察表格我们不难发现，生成沉淀的离子反应之所以能够发生，在于生成物的溶解度很小。例如，当温度为 20℃时，AgCl 在 100g 水中仅能溶解 1.5×10^{-4}g。这就表明，溶解度可以很小很小，但仍有少量溶解，“溶”与“不溶”是相对的，没有绝对不溶的物质。上述事实表明，AgCl 在水中是能够溶解少量的，生成 AgCl 沉淀后的溶液中三种粒子在反应体系中共存，是否真是这样呢？下面就让我们通过一个实验来验证一下。

【实验】向装有 2mL 0.1mol/L NaCl 溶液的试管中滴加几滴 0.1mol/L 的 $AgNO_3$溶液，反应后取上层清液于另一支试管中，向其中滴加几滴 0.1mol/L 的 KI 溶液。

【讲述】在实验中，我们能够看到，第一支试管中出现白色沉淀，说明 NaCl 溶液中含有的 Cl^-与 $AgNO_3$溶液中含有的 Ag^+发生反应生成了 AgCl 沉淀；第二支试管中出现黄色沉淀，说明上层清液中含有的 Ag^+与 KI 溶液中含有的 I^-反应生成了 AgI 沉淀。

【讲述】刚才的实验现象进一步说明，AgCl 在水中是能够溶解少量的，生成 AgCl 沉淀后的溶液中三种有关反应的粒子在反应体系中共存，即生成 AgCl 沉淀后的溶液中存在着如下反应：$AgCl(s) \rightleftharpoons Ag^+(aq) + Cl^-(aq)$。我们不难发现，AgCl 在溶液中存在下述两个过程：一方面，在水分子的作用下，少量 Ag^+和 Cl^-脱离 AgCl 的表面溶入水中；另一方面，溶液中的 Ag^+和 Cl^-受 AgCl 表面阴、阳离子的吸引，回到

AgCl 的表面析出——沉淀。在一定温度下，当沉淀溶解和生成的速率相等时，得到 AgCl 的饱和溶液，即建立了溶解平衡。

【讲述】在化学中，就将这种在一定条件下，难溶电解质溶解成离子的速率等于离子重新结合成沉淀的速率，溶液中各离子的浓度保持不变的状态称为难溶电解质的溶解平衡状态，它和化学平衡、电离平衡以及盐类水解平衡一样，具有“逆、等、动、定、变”的特征。

【板书】一、难溶电解质的溶解平衡

1. 定义：在一定条件下，难溶电解质溶解成离子的速率等于离子重新结合成沉淀的速率，溶液中各离子的浓度保持不变的状态

2. 特征：逆、等、动、定、变

【讲述】难溶电解质的溶解平衡常表示成“难溶电解质(s) $\rightleftharpoons$ 阳离子(aq)+阴离子(aq)”的形式，如 AgCl 的溶解平衡可表示成 $AgCl(s) \rightleftharpoons Ag^+(aq)+Cl^-(aq)$。同学们在书写溶解平衡离子方程式时，要注意标明物质的状态和使用可逆符号。

【板书】3. 表示：难溶电解质(s) $\rightleftharpoons$ 阳离子(aq) + 阴离子(aq)

【练习】已知 AgCl 在溶液中存在着如下反应：$AgCl(s) \rightleftharpoons Ag^+(aq)+Cl^-(aq)$，请根据平衡移动原理完成下列表格。

外界条件	移动方向	$c(Ag^+)$
升高温度		
加入少量的 $AgNO_3$		
加入 Na_2S		
加入 HCl		

【讲述】通过刚才的这个练习，我们不难发现，影响难溶电解质溶解平衡的因素与其他平衡体系一样，主要分为内因和外因两个方面，内因主要取决于难溶电解质本身的性质，不同的电解质在水溶液中溶解的程度不一样，而且差别很大，有的能溶解得很多，有的溶解得很少，但不管怎样，只要是它们的饱和溶液，都存在溶解平衡。外因主要有温度、浓度、同离子效应以及其他的因素，这些因素对难溶电解质溶解平衡的影响均遵循平衡移动的原理。

【板书】4. 影响因素

（1）内因：难溶电解质本身的性质

（2）外因：温度、浓度、同离子效应、其他因素——遵循平衡移动原理

2. 沉淀反应的应用

【提问】现在想请同学们思考一个问题，如果要除去某溶液中的 SO_4^{2-}，应该选择加入钡盐还是钙盐？为什么？

【讲述】从溶解度大小考虑，应选择钡盐，因为 $BaSO_4$ 比 $CaSO_4$ 更难溶，使用钡盐可使 SO_4^{2-} 沉淀更完全。实际上，刚才老师提到的这个利用沉淀反应除去溶液中的某些离子的方法经常运用于生产、科研等领域当中，那么沉淀反应在提纯工艺的生产、

科研等领域中有哪些运用呢？下面就让我们一起来学习“沉淀反应的应用”。

【板书】二、沉淀反应的应用

【讲述】在刚才的这个问题中，实际上是利用沉淀 $BaSO_4$ 的生成来除去溶液中的 SO_4^{2-}。在涉及无机制备、提纯工艺的生产、科研、废水处理等领域中，常常利用沉淀的生成来达到分离或除去某些离子的目的。

【板书】1. 沉淀的生成

(1) 目的：分离或除去某些离子

【投影】化学沉淀法废水处理工艺流程示意图

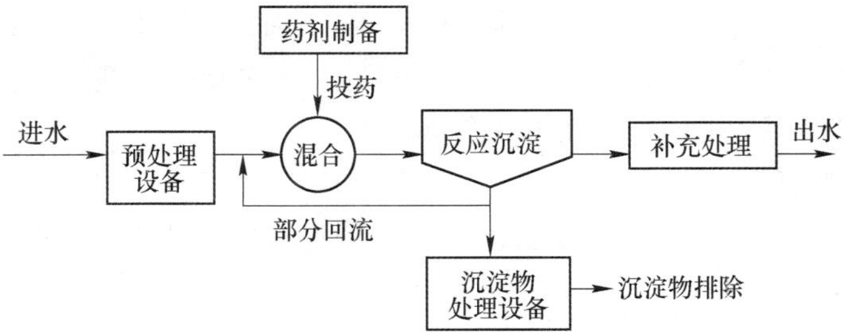

【讲述】从图中我们可以看到，在进行废水处理时，常常利用某些化学物质作沉淀剂，与废水中的污染物（主要是重金属离子）发生化学反应，生成难溶于水的沉淀析出，从废水中分离出去。例如，向含有 Hg^{2+} 的废水中加入 Na_2S，可以使 Hg^{2+} 转变为 HgS 沉淀而除去，从而使废水中 Hg^{2+} 的浓度可降到几乎对人体无害。

【提问】请同学们思考工业生产等领域中通常采用哪些方法使沉淀生成？

【讲述】通常会采用调节 pH 值法来生成沉淀，比如工业原料氯化铵中常含有杂质 $FeCl_3$，通常采取的方法是先使其溶解于水，再加入氨水调节 pH 值至 7～8，使 Fe^{3+} 转变为 $Fe(OH)_3$ 而除去。

【板书】(2) 方法

1) 调节 pH 值法

【讲述】也会采用加沉淀剂法来生成沉淀，比如以 Na_2S、H_2S 等作沉淀剂，使某些金属离子如 Cu^{2+}、Hg^{2+} 等生成极难溶的硫化物 CuS、HgS 等沉淀，也是分离、除去杂质常用的方法。

【板书】2) 加沉淀剂法

【讲述】同学们要注意的是，对于沉淀剂的选择，要注意以下三方面的问题：

(1) 要求除去溶液中的某种离子，又不能影响其他离子的存在，并且由沉淀剂引入溶液的杂质离子还要便于除去。

(2) 溶液中沉淀物的溶解度越小，离子沉淀越完全。

(3) 要注意沉淀剂的电离程度，而且要加入适当过量的沉淀剂，使沉淀完全，一般过量 20%～50%。

【讲述】还会运用氧化还原法改变某离子的存在形式，促使其转变为溶解度更小的难溶电解质便于分离出。如将 Fe^{2+} 氧化为 Fe^{3+} 再转化为沉淀除去。

【板书】3) 氧化还原法

【讲述】通常根据应用目的不同，也可以将沉淀方法分为直接沉淀法、分步沉淀法和共沉淀法三种，同学们可以在课下查阅相关资料来对三种沉淀方法进行了解。

【提问】现在请同学们思考一个问题：为什么 $CaCO_3$ 可以溶解在盐酸中？试根据平衡移动原理进行分析。

【讲述】$CaCO_3$ 在水中建立了如下平衡：$CaCO_3(s) \rightleftharpoons Ca^{2+}(aq)+CO_3^{2-}(aq)$，将 $CaCO_3$ 固体加入至盐酸中时，盐酸中含有的 H^+ 与 $CaCO_3$ 在水溶液中电离出的 CO_3^{2-} 反应生成 CO_2 并逸出，使 $CaCO_3$ 溶解平衡体系中的 CO_3^{2-} 浓度不断减小，平衡向沉淀溶解方向移动，只要盐酸的量足够，$CaCO_3$ 就可溶解完全。因此，通常在工业生产等领域中，常常可用强酸溶解部分难溶强电解质，而这个过程涉及到了沉淀的溶解问题，那么沉淀溶解的原理是什么呢？沉淀溶解的方法有哪些呢？下面就让我们一起来学习“沉淀的溶解”的相关知识。

【板书】2. 沉淀的溶解

【实验】向 3 支盛有少量 $Mg(OH)_2$ 沉淀的试管中分别滴加适量的蒸馏水、盐酸和氯化铵溶液，观察并记录现象。

滴加试剂	蒸馏水	盐酸	氯化铵溶液
现　象	不溶解	溶解	溶解

【提问】请同学们思考为什么 $Mg(OH)_2$ 难溶于水，但却能够溶于盐酸和氯化铵溶液？沉淀溶解的规律是什么？

【讲述】$Mg(OH)_2$ 在水中建立了如下平衡：$Mg(OH)_2(s) \rightleftharpoons Mg^{2+}(aq)+2OH^-(aq)$，盐酸中含有的 H^+ 与 OH^- 反应生成弱电解质 H_2O，使 $Mg(OH)_2$ 的溶解平衡右移，$Mg(OH)_2$ 不断溶解，直至与盐酸反应完全。同样，氯化铵溶液中含有的 NH_4^+ 与 OH^- 反应生成弱电解质 $NH_3 \cdot H_2O$，使 $Mg(OH)_2$ 的溶解平衡右移，直至 $Mg(OH)_2$ 完全溶解。

【讲述】通过上述分析，我们不难得出，沉淀溶解的规律是不断减小溶解平衡体系中的相应离子，平衡就向沉淀溶解的方向移动，从而使沉淀溶解，这就是沉淀溶解的原理。通常采用酸溶解法、盐溶解法、生成配合物法和氧化还原法进行沉淀的溶解，其中酸溶解法和盐溶解法是指加入适当的酸溶液或盐溶液，使其与溶液中的某种离子结合生成弱电解质，从而使沉淀溶解；生成配合物法是指加入适当试剂，使其与溶液中某种离子结合生成配合物，从而使沉淀溶解；氧化还原法是指加入适当氧化剂或还原剂，使其与溶液中某种离子发生氧化还原反应，从而使沉淀溶解。

【板书】（1）原理：不断减少溶解平衡体系中的相应离子，平衡就向沉淀溶解的方向移动，从而使沉淀溶解

（2）方法：酸溶解法、盐溶解法、生成配合物法、氧化还原法

【实验】（1）向盛有 10 滴 0.1mol/L $AgNO_3$ 溶液的试管中滴加 0.1mol/L NaCl 溶液，至不再有白色沉淀生成。向其中滴加 0.1mol/L KI 溶液，观察、记录现象；再向其中滴加 0.1mol/L 的 Na_2S 溶液，观察并记录现象。

步骤	NaCl 与 $AgNO_3$ 溶液混合	向所得固液混合物中滴加 KI 溶液	向新得固液混合物中滴加 Na_2S 溶液
现象	产生白色沉淀	白色沉淀慢慢转化为黄色沉淀	黄色沉淀慢慢转化为黑色沉淀

（2）向盛有 1mL 0.1mol/L $MgCl_2$溶液的试管中滴加 1～2 滴 2mol/L NaOH 溶液，有白色沉淀生成，再滴加 2 滴 0.1mol/L $FeCl_3$溶液，静置。观察并记录现象。

步骤	向盛有 $MgCl_2$溶液中滴加 NaOH 溶液	向有白色沉淀的溶液中滴加 $FeCl_3$溶液	静置
现象	产生白色沉淀	有少量红褐色沉淀生成	白色沉淀慢慢转化为红褐色沉淀

【实验结论】由实验可知，AgCl 沉淀能够转变为 Ag_2S 沉淀，$Mg(OH)_2$沉淀能够转化为 $Fe(OH)_3$沉淀。通过查阅资料，我们可以知道 AgCl 沉淀在 20℃ 的溶解度为 1.5×10^{-4}g，Ag_2S 沉淀在 20℃ 的溶解度为 1.3×10^{-16}g；$Mg(OH)_2$沉淀在 20℃ 的溶解度为 9×10^{-4}g，$Fe(OH)_3$沉淀在 20℃ 的溶解度为 3×10^{-9}g，由此可以看出溶解度小的物质容易转化为溶解度更小的物质。

【讲述】在刚才的实验中，发生了由一种难溶物转化为另一种难溶物的过程，该过程就是沉淀的转化过程，其实质就是沉淀溶解平衡的移动，一般呈现的规律是较难溶物质转化为更难溶物质。

【板书】3. 沉淀的转化

（1）定义：由一种难溶物转化为另一种难溶物的过程

（2）实质：沉淀溶解平衡的移动

（3）规律：较难溶物质转化为更难溶物质

【提问】锅炉中的水垢会降低燃料的利用率，造成能源浪费，也会影响锅炉的使用寿命，形成安全隐患，因此要定期清除锅炉水垢。而水垢含有 $CaSO_4$，较难清除，如何清除水垢中的 $CaSO_4$？

【讲述】对于水垢中含有的 $CaSO_4$，可先用 Na_2CO_3溶液处理，使之转化为疏松、易溶于酸的 $CaCO_3$，而后用酸去除，这就是沉淀的转化的第一个应用：锅炉除水垢。同样，自然界中也发生着溶解度小的矿物转化为溶解度更小的矿物的现象。例如，各种原生铜的硫化物经氧化、淋滤作用后可变成 $CuSO_4$溶液，并向深部渗透，遇到深层的闪锌矿（ZnS）和方铅矿（PbS），便慢慢地使之转变为铜蓝（CuS）。

【板书】（4）应用：锅炉除水垢、对自然界中一些现象的解释

【讲述】生活中存在着许多沉淀溶解平衡，比如氟化物防治龋齿、水垢中 $Mg(OH)_2$的生成、溶洞的形成等，请同学们课下查阅相关资料，我们将在后面的课程学习中进行交流与讨论。

3. 溶度积常数

【讲述】像电离平衡、水解平衡一样，沉淀溶解平衡也有沉淀溶解平衡常数，该平衡常数

即为溶度积常数，下面就让我们一起来学习“溶度积常数”的有关知识。

【板书】三、溶度积常数

【讲述】请同学们根据化学平衡常数和电离平衡常数的定义，尝试给溶度积常数下一个定义。

【板书】1. 定义：在一定温度下，沉淀溶解平衡时，离子浓度幂的乘积为一常数，叫做溶度积常数

【讲述】溶度积常数的符号为 K_{sp}，以 $A_nB_m(s) \rightleftharpoons nA^{m+}(aq) + mB^{n-}(aq)$ 为例，K_{sp}能够表示为 $K_{sp}(A_nB_m) = c^n(A^{m+}) \cdot c^m(B^{n-})$ 的形式，在书写 K_{sp}表达式时，同学们要注意，书写溶度积表达式时不考虑固体的浓度，并且溶度积常数有单位，但通常不写。

【板书】2. 符号：K_{sp}

3. 表达式：以 $A_nB_m(s) \rightleftharpoons nA^{m+}(aq) + mB^{n-}(aq)$ 为例，$K_{sp}(A_nB_m) = c^n(A^{m+}) \cdot c^m(B^{n-})$

【讲述】一般来说，平衡常数衡量的是可逆过程正向进行的程度，由于沉淀溶解平衡正向为沉淀溶解的过程，因此 K_{sp}则衡量的是难溶电解质在水中溶解的能力，当化学式所表示的阴、阳离子个数比相同时，K_{sp}数值越大的难溶电解质在水中的溶解能力相对越强。而且，K_{sp}与其他的平衡常数一样，内因主要取决于难溶物本身的性质，外因主要取决于温度，即对于确定的难溶物，K_{sp}只是温度的函数，故只与温度有关，与沉淀的量和溶液中的离子浓度无关。

【板书】4. 意义：难溶电解质在水中溶解的能力

5. 影响因素

（1）内因：难溶物本身的性质

（2）外因：只与温度有关

【讲述】通常，通过比较溶度积与溶液中有关离子浓度幂的乘积——离子积 Q_c 的相对大小，可以判断难溶电解质在给定条件下沉淀能否生成或溶解。一般来说，当 $Q_c > K_{sp}$时，溶液处于过饱和状态，此时有沉淀析出，直至溶液饱和，达到新的平衡；当 $Q_c = K_{sp}$时，溶液处于饱和状态，此时沉淀与溶解处于平衡状态；当 $Q_c < K_{sp}$时，溶液处于不饱和状态，此时无沉淀析出，若加入过量难溶电解质，难溶电解质溶解直至溶液饱和。上述规则即为“溶度积规则”。

【板书】6. 溶度积规则

（1）当 $Q_c > K_{sp}$时，平衡向生成沉淀方向移动，有沉淀析出

（2）当 $Q_c = K_{sp}$时，沉淀与溶解处于平衡状态

（3）当 $Q_c < K_{sp}$时，平衡向溶解方向移动，无沉淀析出

环节三：归纳总结

【总结】本节课我们学习了“难溶电解质的溶解平衡”的相关知识，首先对“难溶电解质溶解平衡”的概念、定义等有关知识进行了学习，然后共同探讨了沉淀反应的应用：沉淀生成、沉淀溶解和沉淀转化的规律、实际应用等有关内容，最后向大家介绍了难溶电解质的溶解平衡——溶度积常数的相关知识，希望同学们课下及时

地巩固相关知识，完成课本第 67 页的 1～5 题并预习下节课“原电池”的有关内容。

七、板书设计

3.4　难溶电解质的溶解平衡

一、难溶电解质的溶解平衡

1. 定义：在一定条件下，难溶电解质溶解成离子的速率等于离子重新结合成沉淀的速率，溶液中各离子的浓度保持不变的状态

2. 特征：逆、等、动、定、变

3. 表示：难溶电解质(s) $\rightleftharpoons$ 阳离子(aq) + 阴离子(aq)

4. 影响因素

（1）内因：难溶电解质本身的性质

（2）外因：温度、浓度、同离子效应、其他因素——遵循平衡移动原理

二、沉淀反应的应用

1. 沉淀的生成

（1）目的：分离或除去某些离子

（2）方法

1）调节 pH 法

2）加沉淀剂法

3）氧化还原法

2. 沉淀的溶解

（1）原理：不断减少溶解平衡体系中的相应离子，平衡就向沉淀溶解的方向移动，从而使沉淀溶解

（2）方法：酸溶解法、盐溶解法、生成配合物法、氧化还原法

3. 沉淀的转化

（1）定义：由一种难溶物转化为另一种难溶物的过程

（2）实质：沉淀溶解平衡的移动

（3）规律：较难溶物质转化为更难溶物质

（4）应用：锅炉除水垢、对自然界中一些现象的解释

三、溶度积常数

1. 定义：在一定温度下，沉淀溶解平衡时，离子浓度幂的乘积为一常数，叫做溶度积常数

2. 符号：K_{sp}

3. 表达式：以 $A_nB_m(s) \rightleftharpoons nA^{m+}(aq) + mB^{n-}(aq)$ 为例，$K_{sp}(A_nB_m) = c^n(A^{m+}) \cdot c^m(B^{n-})$

4. 意义：难溶电解质在水中溶解的能力

5. 影响因素

（1）内因：难溶物本身的性质

（2）外因：只与温度有关

6. 溶度积规则

（1）当 $Q_c > K_{sp}$ 时，平衡向生成沉淀方向移动，有沉淀析出

（2）当 $Q_c = K_{sp}$ 时，沉淀与溶解处于平衡状态

（3）当 $Q_c < K_{sp}$ 时，平衡向溶解方向移动，无沉淀析出

第四章　电化学基础

本章知识框架

- 电化学基础
  - 原电池
    - 概念：化学能转化为电能的装置
    - 实质：利用能自发进行的氧化还原反应，把化学能转化为电能
    - 形成条件：两个电极、电解质溶液/熔融电解质、闭合回路、自发的氧化还原反应
    - 工作原理：

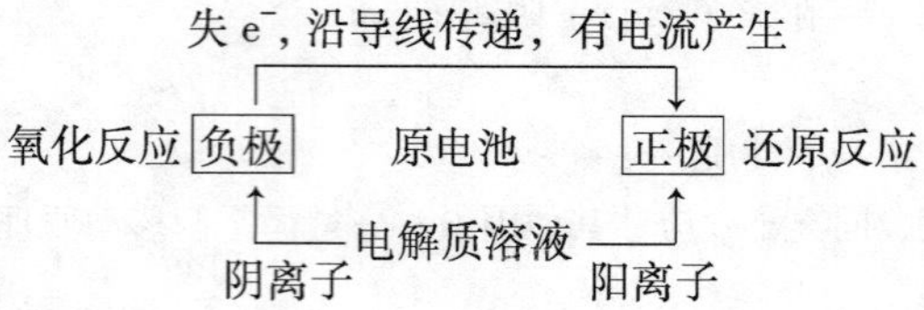

    - 分类：单液原电池、双液原电池
    - 应用：加快化学反应速率、比较金属活动性的强弱、用于金属的防护、制作各种化学电源、设计化学电池
    - 化学电池
      - 一次电池：碱性锌锰电池、锌银电池、锂电池
      - 二次电池：铅蓄电池
      - 燃料电池：氢氧燃料电池、甲烷燃料电池
  - 电解池
    - 概念：在外加电源作用下，将电能转变为化学能的装置
    - 构成条件：外加电源、两个电极、电解质溶液/熔融电解质、闭合回路
    - 工作原理：

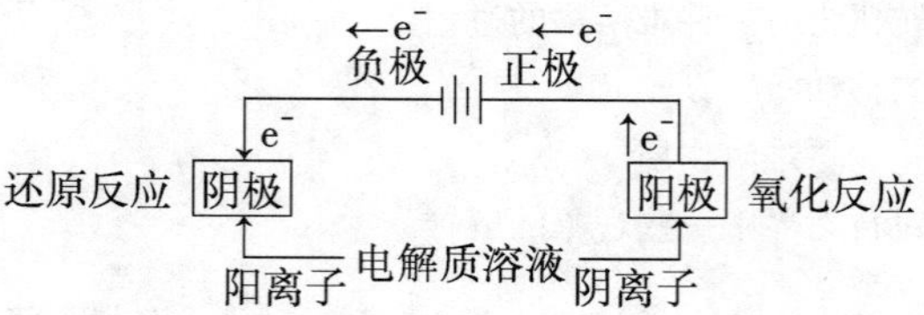

    - 放电顺序
      - 阳极：活泼金属（除 Pt、Au 以外）> S^{2-} > I^- > Br^- > Cl^- > OH^- > 含氧酸根 > F^-
      - 阴极：Ag^+ > Hg^{2+} > Fe^{3+} > Cu^{2+} > $H^+_{(酸)}$ > Pb^{2+} > Sn^{2+} > Fe^{2+} > Zn^{2+} > $H^+_{(水)}$ > Al^{3+} > Mg^{2+} > Na^+ > Ca^{2+} > K^+
    - 应用：氯碱工业、电解精炼铜、电镀、电冶金
  - 金属的电化学腐蚀与防护
    - 金属的电化学腐蚀
      - 析氢腐蚀：金属在较强酸性溶液中发生腐蚀并有氢气产生的电化学腐蚀
      - 吸氧腐蚀：金属在酸性很弱或中性溶液里，空气里的氧气溶解于金属表面水膜中而发生的一种电化学腐蚀
    - 金属的防护：改变金属的内部结构、形成保护层、改善腐蚀环境、牺牲阳极的阴极保护法、外加电流的阴极保护法

第一节 原 电 池

一、教材分析

本节内容选自人教版高中《化学(选修4)》第四章“电化学基础”第一节“原电池”。依据课程标准“体验化学能与电能相互转化的探究过程，了解原电池和电解池的工作原理，能写出电极反应和电池反应方程式”的要求，本节课安排“原电池的概念、形成条件、实质、原理和应用”等教学内容。

教科书首先结合必修1中氧化还原反应的有关知识，以锌与硫酸铜溶液的氧化还原反应为例，对在氧化还原反应中得不到电流的原因进行了详细地分析，并以此为基础引入“锌铜双液原电池”实验的演示，引导学生进行宏观实验现象的辨识。然后在微观层次上分析了宏观实验现象并介绍了锌铜双液原电池与锌铜双液原电池中盐桥的工作原理和有关电极反应以及电池总反应方程式的书写方法。最后对原电池的工作原理进行总结，并在“科学探究”栏目中开展原电池的设计与制作活动，以加深学生对本节知识的理解，实现知识的迁移与应用的目的。

本节内容以化学必修2第二章第二节“化学能与电能”为基础，进一步介绍了双液原电池的组成与工作原理，在学生原有认知基础上起到一个承前启后的作用，“承前”是指对化学必修2中单液原电池的有关知识的深化巩固，“启后”是指为后续化学电源的学习奠定了知识基础。

二、学情分析

通过九年级化学和高中化学必修模块的学习，学生已经掌握了氧化还原反应的知识，初步认识与理解了原电池的概念、原理等，这为本节课的学习奠定了知识基础。同时通过前面的学习，学生已具备一定的实验探究能力，这为本节课“再探原电池”和“改进原电池”中开展探究实验活动奠定了能力基础。但原电池内容涉及到学生对氧化还原反应、微粒观的认识以及分析体系中化学反应的基本思路的培养，这些都会给学生的认知发展带来障碍。由于学生对电化学知识的欠缺和受到物理学知识的影响，导致学生存在一定的认知障碍。

三、教学目标

知识与技能	（1）理解双液原电池的工作原理及构成条件。 （2）掌握盐桥的组成、作用与工作原理以及原电池在生产生活的应用。 （3）能正确书写原电池的电极反应式和电池总反应方程式
过程与方法	（1）通过“锌—硫酸铜溶液—铜”原电池的设计实验探究，体验科学探究的过程，学习运用以实验为基础的实证研究方法。 （2）通过实验引导以问题为中心的学习方法，学会发现问题和解决问题的方法
情感态度与价值观	（1）通过对简单原电池装置的优化过程，加深对科学探究意义的理解。 （2）通过学习原电池在生活生产中的应用，了解化学在生产、生活和科学研究中的意义及作用，增强联系实际学习化学并将化学知识应用于生活的意识

四、教学重点和难点

（1）教学重点：双液原电池的工作原理；盐桥的作用及工作原理；原电池的应用。

（2）教学难点：双液原电池的工作原理；盐桥的作用及工作原理。

五、知识框架

- 原电池
  - 概念：化学能转化为电能的装置
  - 实质：利用能自发进行的氧化还原反应，把化学能转化为电能
  - 形成条件
    - 两极：两个活泼性不同的电极
    - 一液：电解质溶液或熔融态电解质
    - 一回路：形成闭合回路
    - 一反应：能自发进行的氧化还原反应
  - 工作原理：氧化反应 负极 原电池 正极 还原反应
    - 负极失 e^-，沿导线传递，有电流产生 → 正极
    - 电解质溶液：阴离子 → 负极；阳离子 → 正极
  - 分类
    - 单液原电池
    - 双液原电池——盐桥工作原理
  - 应用
    - 加快化学反应速率
    - 比较金属活动性的强弱
    - 用于金属的防护
    - 制造各种化学电源、设计化学电池

六、教学过程

环节一：导入新课

【导入】 我们知道化学反应发生时总会伴随着能量的变化，在第一章中我们一起学习了化学能与热能的有关知识，探讨了化学能与热能之间的相互转换。在这一章中将会探讨另一种能量——电能，电能是现代社会中应用最广泛，使用最方便、污染最小的一种二次能源。

【讲述】 在本章中我们将会探讨化学能与电能之间的相互转换，在化学中将研究化学能与电能相互转换的装置、过程和效率的科学叫做电化学。从反应产物与电流的关系来区分，电化学反应过程（及其装置）可以分为两类：产生电流的反应（发生在化学电池中，是自发的，向外输出能量）和借助电流而发生的反应（发生在电解池中，由外界输入的能量推动）。本章主要给同学们介绍的是有关电化学的一些基础知识，本节课我们先来认识第一类装置——原电池。

【板书】 4.1 原电池

环节二：展开新课

1. 回顾原电池

【提问】 在必修2中，我们已经初步学习了原电池的有关知识，请同学们回忆并回答下面的三个问题：什么叫原电池？原电池的实质是什么？原电池构成的条件是什么？

【板书】 一、原电池

1. 概念：将化学能转化为电能的装置
2. 实质：利用能自发进行的氧化还原反应，把化学能转化为电能
3. 构成条件

（1）两极：两个活泼性不同的电极

（2）一液：电极插入电解质溶液中

（3）一回路：形成闭合回路

（4）一反应：能自发进行的氧化还原反应

2. 再探原电池

【提问】 在必修2中，我们曾经做过“锌—硫酸铜溶液—铜”单液原电池的实验，请同学们回忆铜锌原电池的电极是如何确定的？写出两极的电极反应式。

【讲述】 在“锌—硫酸铜溶液—铜”单液原电池中，由于金属锌的活泼性强于金属铜的活泼性，因此金属锌作负极，其电极反应式为 $Zn - 2e^- \xlongequal{} Zn^{2+}$；金属铜作正极，其电极反应式为 $Cu^{2+} + 2e^- \xlongequal{} Cu$。

【副板书】 负极：$Zn - 2e^- \xlongequal{} Zn^{2+}$　　正极：$Cu^{2+} + 2e^- \xlongequal{} Cu$

【讲述】 请同学们分组进行“锌—硫酸铜溶液—铜”单液原电池的实验，注意观察电流计指针有什么变化，锌电极上有什么变化。

【实验】 将锌片和铜片用导线连接（导线中间接入一个电流表），平行插入盛有硫酸铜溶液的烧杯中。

【讲述】 在实验中我们看到随着实验时间的延续，电流表读数先增大后减小，同时两个电极表面均有红色固体析出。

【提问】 请同学们思考为什么电流表读数是先增大后减小，而且锌电极表面会有红色固体析出？

【讲述】 锌与硫酸铜溶液接触，铜离子直接在锌表面得电子生成单质铜，因此锌电极表面会有红色固体析出。同时随着反应的进行，实验装置中发生了电子的定向移动，产生电流，故电流表读数先增大；但随着反应的延续，锌电极上产生金属铜的量增多，金属铜会沉积在锌片上，阻止了锌片与硫酸铜溶液的进一步反应，因此电流表读数后减小。

3. 改进原电池

【讲述】 通过刚才的分析，我们能够发现“锌—硫酸铜溶液—铜”单液原电池具有供电效率不高的特点，我们该如何改进这个装置呢？实际上，我们只需要使锌与铜离子

不直接接触就能解决问题，具体该怎么样改进呢？接下来就让我们一起来探讨这个问题。

【讨论】（1）什么样的装置才能使锌与铜离子不接触？

（2）两种溶液如何连通呢？

（3）画出简单装置图。

【讲述】我们只需要将锌片浸入盛有硫酸锌溶液的烧杯中，铜片浸入盛有硫酸铜溶液的烧杯中，建立两个半电池，然后借助一个特殊的“桥梁”——盐桥即可，实际上就是将该装置由单液原电池改为双液原电池。

【投影】“锌—硫酸锌溶液—硫酸铜溶液—铜”双液原电池装置示意图

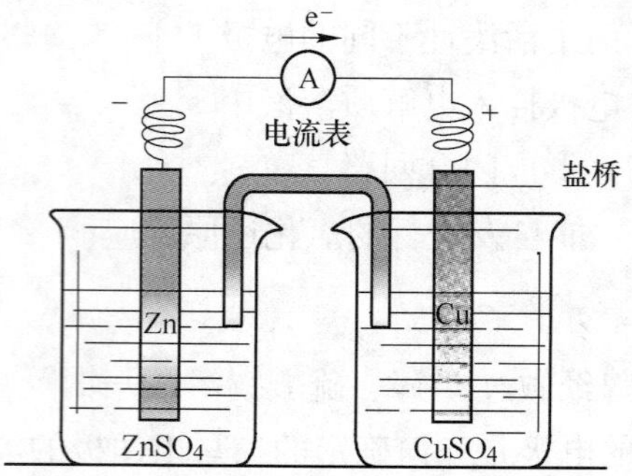

【过渡】在这个装置中有一个特殊的“桥梁”叫做盐桥，什么叫做盐桥呢？接下来我们来一起认识一下盐桥。

【展示】盐桥实物图

【讲述】盐桥中通常装有含琼胶的饱和氯化钾溶液，其中琼胶起固定作用，其最大的优点就是能够将两个半电池完全隔开，使副反应减至最小程度，有利于最大程度地将化学能转化为电能，产生的电流更稳定。

【板书】二、双液原电池

1. 认识盐桥

（1）构成：琼胶、饱和氯化钾溶液

（2）优点：能够将两个半电池完全隔开，使副反应减至最小程度，有利于最大程度地将化学能转化为电能，产生的电流更稳定

（3）作用：平衡电荷

【提问】请同学们思考借助盐桥是否真的能够使两个半电池形成闭合回路呢？

【实验演示】用一个充满电解质溶液的盐桥，将置有锌片的 $ZnSO_4$ 溶液和置有铜片的 $CuSO_4$ 溶液连接起来，然后将锌片和铜片用导线连接，并在中间串联一个电流表，观察有什么现象发生；取出盐桥，观察又有什么现象发生。

【实验现象】锌片逐渐溶解，电流指针发生偏转，铜片上逐渐有红色物质析出；若取出盐桥，电流表指针即回到零点，反应停止。

【提问】由此我们可以看出盐桥能够使两个半电池形成闭合回路。那盐桥在双液原电池中是如何起作用的呢？

【讲述】现以“锌—硫酸锌溶液—硫酸铜溶液—铜”双液原电池为例来进行说明。在刚才的装置中，当有盐桥存在时，在 $ZnSO_4$溶液中，锌片逐渐溶解，即 Zn 被氧化，锌原子失去电子，形成 Zn^{2+}进入溶液中，从锌片上释放出电子，经过导线流向铜片，$CuSO_4$溶液中的 Cu^{2+}从铜片上得到电子，还原成金属铜并沉积在铜片上。

【讲述】随着反应的进行，左边烧杯的溶液中 $c(Zn^{2+})$ 增大，使 $ZnSO_4$溶液中正电荷增多；右边烧杯的溶液中 $c(Cu^{2+})$ 减小，使 $CuSO_4$溶液中负电荷增多。此时盐桥中的 Cl^-受到正电荷的吸引移向 $ZnSO_4$溶液，同时 K^+受到负电荷的吸引移向 $CuSO_4$溶液，使 $CuSO_4$溶液与 $ZnSO_4$溶液均保持电中性，氧化还原反应得以继续进行，从而使原电池不断地产生电流。盐桥在该装置中的作用就是平衡电荷。

【板书】2. 双液原电池工作原理

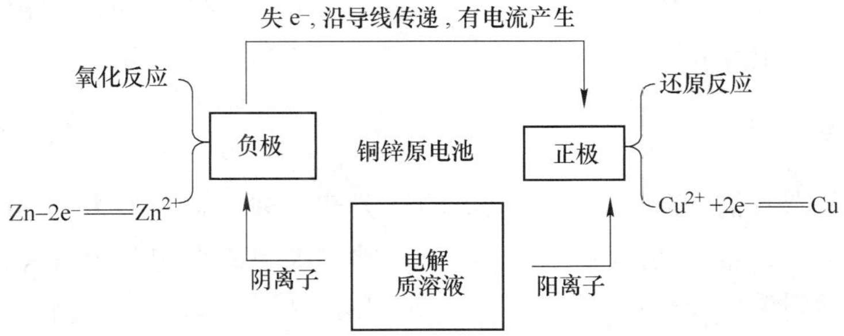

4. 应用原电池

【提问】原电池原理在我们生活生产中有什么应用呢？

【讲述】首先，可以运用原电池来加快化学反应速率。比如实验室用锌与稀硫酸反应制氢气，使用粗锌时产生氢气的速率会更快。在稀硫酸中加入少量硫酸铜溶液时，同样也会加快产生氢气的速率。前者形成的是锌—稀硫酸—杂质金属原电池，后者形成的是锌—稀硫酸—铜原电池（铜单质是锌与 Cu^{2+}反应生成的）。

【板书】三、原电池的应用

1. 加快化学反应速率

【讲述】其次，还能运用原电池的原理比较金属活动性的强弱。一般来说，原电池装置中负极金属一般比正极金属活动性强，例如有两种金属 a 和 b，用导线连接后插入稀硫酸，观察到 a 极溶解，b 极上有气泡产生。根据电极现象判断出 a 是负极，b 是正极，由原电池原理可知金属活动性：$a > b$。

【板书】2. 比较金属活动性的强弱

【讲述】再次，还能运用原电池原理来进行金属的防护。比如要保护一个钢闸门，可用导线将其与一锌块相连，使锌作原电池的负极，钢闸门作正极，该内容我们将在第四节中给同学们进行详细介绍。

【板书】3. 用于金属的防护

【讲述】我们都知道原电池能将化学能转化为电能，所以原电池原理最重要的一个应用就是制造各种实用电池，比如现在我们手机中的锂电池等等。

【板书】4. 制造各种化学电源

【讲述】最后，能运用原电池原理设计各种化学电池。一般来说，我们按照如下的设计思路来进行：

（1）以自发的氧化还原反应为基础。

（2）把氧化还原反应分解为氧化反应和还原反应两个半反应，从而确定电极反应。

（3）以两极反应为原理，确定电极材料及电解质溶液。对于负极材料的选择，一般遵循如下的规律：若是活泼金属可直接作负极，若是燃料或者离子可选用惰性电极。对于正极的选择，我们可以选用活动性比负极小的金属或惰性电极。对于电解质溶液的选择，一般选用反应物作电解质溶液。

（4）画出示意图，注意一定要形成闭合回路，可用导线或盐桥构成闭合回路。

【板书】5. 设计化学电池

环节三：归纳总结

【总结】本节课我们一起回顾了原电池的有关知识并对盐桥双液原电池的有关知识进行了学习，希望通过今天的学习，同学们能够对原电池有深刻地认识与了解。请同学们课后完成课本第73页的2、3、6题，并预习下节课“化学电源”的有关内容。

七、板书设计

4.1　原电池

一、原电池

1. 概念：将化学能转化为电能的装置

2. 实质：利用能自发进行的氧化还原反应，把化学能转化为电能

3. 构成条件

（1）两极：两个活泼性不同的电极

（2）一液：电极插入电解质溶液中

（3）一回路：形成闭合回路

（4）一反应：能自发进行的氧化还原反应

二、双液原电池

1. 认识盐桥

（1）构成：琼胶、饱和氯化钾溶液

（2）优点：能够将两个半电池完全隔开，使副反应减至最小程度，有利于最大程度地将化学能转化为电能，产生的电流更稳定

（3）作用：平衡电荷

2. 双液原电池工作原理

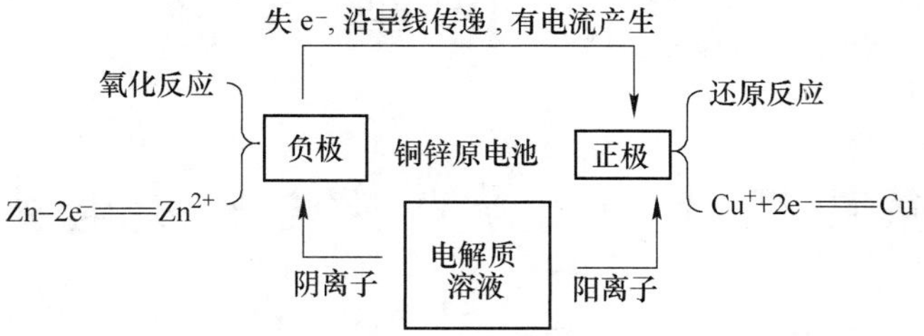

三、原电池的应用

1. 加快化学反应速率
2. 比较金属活动性的强弱
3. 用于金属的防护
4. 制造各种化学电源
5. 设计化学电池

第二节　化学电源

第1课时　化学电池与一次电池

一、教材分析

本节内容选自人教版高中《化学(选修4)》第四章“电化学基础”第二节“化学电源”。依据课程标准“通过查阅资料了解常见化学电源的种类及工作原理，认识化学能与电能相互转化的实际意义”的要求，本节课安排“化学电池与一次电池”等教学内容。

教科书首先在“学与问”栏目中引导学生列举日常生活与学习中使用过的电池以及电池的其他应用，突出化学与生活的紧密联系。然后介绍了化学电池的种类、特点等内容，促进学生从总体上了解与认识化学电池。最后分别介绍三种典型的一次电池——碱性锌锰干电池、锌银电池和锂电池的工作原理、构造等知识，促进学生了解常见的一次电池。

本节内容是电化学学习的重点内容，且在高考中占有比较重要的地位。它既是对前一节原电池有关内容的巩固与运用，同时也为后续二次电池、新型燃料电池以及电解池（电能转化为化学能）的学习打下坚实的基础。

二、学情分析

通过前面的学习，学生对化学电池的原理和应用有了一定的认识，但对化学电池的优点、质量判断的优劣标准和常见的一次电池——碱性锌锰干电池、锂电池和锌银电池的工作原理、优缺点等知识比较陌生。本节内容与第一节“原电池”紧密联系，学生可以结合已有知识，学习化学电源以及一次电池的有关内容。而且现阶段的学生已积累较为丰富的生活经验，能通过观察实验现象和分析实验数据得出相关结论，具备一定的观察能力、分析能力和思维能力，这为本节课联系生活实际介绍化学电源和通过对比得出锂电池的优点等教学活动的开展奠定了能力与情感基础。

三、教学目标

知识与技能	（1）了解一次电池的基本构造、优缺点和应用。 （2）了解日常生活中常用的化学电源，并能正确书写常见一次电源的电极反应式和电池总反应方程式
过程与方法	（1）通过学习一次电池的有关知识，学会运用观察、查阅资料等多种手段获取信息。 （2）通过对比分析锂电池、碱性锌锰电池和普通锌锰电池的各项性能指标，提升分析问题和解决问题的能力
情感态度与价值观	（1）通过查阅资料了解一次电源的缺点，形成“一分为二看待问题”的辩证唯物主义观念。 （2）通过联系生活生产学习化学电源，了解化学在生产、生活和科学研究中的意义及作用，增强联系实际学习化学并将化学知识应用于生活的意识

四、教学重点和难点

（1）教学重点：常见一次电池的工作原理及应用。

（2）教学难点：常见一次电池的工作原理。

五、知识结构

- 化学电池与一次电池
  - 化学电池
    - 概念：一种将化学能转变为电能的装置
    - 分类
      - 一次电池
      - 二次电池
      - 燃料电池
    - 优点：能量转换效率高，供能稳定可靠，可以制成各种形状和大小、不同容量和电压的电池及电池组，使用方便，便于维护，并可在各种环境下工作
    - 优劣的判断标准：电池的比能量、比功率、电池的储存时间
  - 一次电池
    - 特点：活性物质消耗到一定程度，就不能使用
    - 常见的一次电池
      - 碱性锌锰电池
        - 内部构造：锌粉和 KOH 的混合物、MnO_2 与金属外壳
        - 工作原理
          - 负极：$Zn + 2OH^- - 2e^- = Zn(OH)_2$
          - 正极：$2MnO_2 + 2e^- + 2H_2O = 2MnOOH + 2OH^-$
          - 总反应：$2MnO_2 + 2H_2O + Zn = Zn(OH)_2 + 2MnOOH$
        - 优点：比能量和可储存时间相比普通锌锰电池均有提高，适用于大电流和连续放电
      - 锌银电池
        - 内部构造：锌、浸了 KOH 溶液的隔板、Ag_2O 与金属外壳
        - 工作原理
          - 负极：$Zn + 2OH^- - 2e^- = Zn(OH)_2$
          - 正极：$Ag_2O + H_2O + 2e^- = 2Ag + 2OH^-$
          - 总反应：$Ag_2O + Zn + H_2O = Zn(OH)_2 + 2Ag$
        - 优点：比能量大、电压稳定，储存时间长，适宜小电流连续放电
      - 锂电池
        - 概念：负极为 Li 的电池
        - 工作原理：负极 Li 失去电子转变为 Li^+，氧化剂在正极获得电子而发生氧化还原反应产生电流的过程
        - 优点：比能量高、电压高、工作温度高，可储存时间长

六、教学过程

环节一：导入新课

【导入】 在生活中我们随处都可以见到各种各样的化学电源，比如手机中的锂电池和家庭常用的干电池等等，这些化学电源的工作原理及特点是否相同？本节课我们一起来学习“化学电源”的有关知识。

【板书】 4.2.1 化学电源

环节二：展开新课

1. 化学电池

【提问】在日常生活中，同学们用过哪些电池？

【投影】生活中干电池图片

【讲述】在生活中，电池随处可见，比如太阳能电池、化学电池等等。这些图片就是生活中常常使用的干电池，干电池属于化学电池的其中一类。化学电池的使用给社会生产、生活带来了极大的方便。

【讲述】通过前面的学习，我们知道原电池原理的应用之一是制造各种化学电池，即现今化学电池的源头为原电池。因此，化学电池是一种将化学能转变为电能的装置，包括一次电池、二次电池和燃料电池等几种类型。

【板书】一、化学电池

1. 定义：一种将化学能转变为电能的装置
2. 分类：一次电池、二次电池和燃料电池等

【提问】生活中常见的录音机、照相机等许多用电器均要使用电池，为什么使用电池而不使用其他能源？请同学们小组讨论一下。

【讲述】电池相对于其他能源而言，有许多优点，比如能量转换效率高，供能稳定可靠，可以制成各种形状和大小、不同容量和电压的电池及电池组，使用方便，便于维护，并可在各种环境下工作等。正是因为如此，在现代生活、生产、国防和科学技术的发展中，电池发挥着越来越重要的作用，大至火箭、人造卫星、空间电视转播站、飞机、轮船，小至电脑、收音机等都离不开各种各样的电池。

【板书】3. 优点

（1）能量转换效率高，供能稳定可靠

（2）可以制成各种形状和大小、不同容量和电压的电池及电池组

（3）使用方便，便于维护，并可在各种环境下工作

【提问】假如同学们去市场上购买电池，你们是如何判断电池的优劣？如何判断是否需要这种电池？

【讲述】要想判断一种电池的优劣或是否适合某种需要，主要看这种电池单位质量或单位体积所能输出电能的多少或者输出功率的大小以及电池的储存时间的长短，即通过观察该种电池的比能量［单位是（W·h)/kg、(W·h)/L］、比功率［单位是W/kg、W/L］及电池的储存时间。一般地，质量轻、体积小而输出电能多、功率大、储存时间长的电池更适合使用者的需要。

【板书】4. 电池优劣的判断标准

（1）电池的比能量

（2）电池的比功率

（3）电池的储存时间

2. 一次电池

【过渡】化学电池家族中有三位成员，分别是一次电池、二次电池和燃料电池，三种电池各具特色，首先我们来认识一次电池。

【讲述】一次电池，顾名思义是指只能使用一次的电池，当其中的活性物质（发生氧化还原反应的物质）消耗到一定程度时，就不能使用了。通常生产厂家在生产一次电池时，会将其中的电解质溶液制成胶状，不流动，因此一次电池也叫做干电池。通过刚才的分析，我们能够得出一次电池（干电池）的特点是活性物质消耗到一定程度，就不能使用。

【板书】二、一次电池

1. 特点：活性物质消耗到一定程度，就不能使用

【提问】市场上销售的一次电池品种很多，常见的一次电池有哪些呢？

【讲述】常见的一次电池除必修 2 中学过的普通锌锰干电池外，还有碱性锌锰电池、锌银电池和锂电池等，我们先来认识一下碱性锌锰电池。

【投影】碱性锌锰电池构造示意图

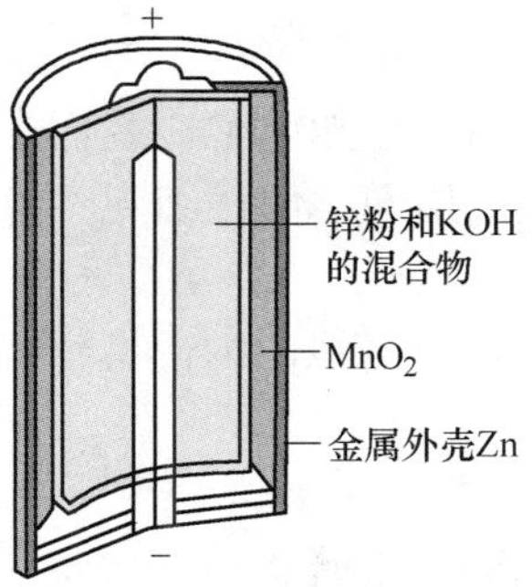

碱性锌锰干电池

【提问】仔细观察碱性锌锰电池的构造示意图，其由哪些部分构成？

【讲述】通过观察，我们能够发现碱性锌锰电池的内部有锌粉和 KOH 的混合物、MnO_2和金属外壳。

【板书】2. 常见的一次电池

（1）碱性锌锰干电池

1）内部构造：锌粉和 KOH 的混合物、MnO_2和金属外壳

【提问】碱性锌锰电池工作原理是什么？其正极、负极与电解质分别是什么？请写出碱性锌锰干电池的电极反应式与电池反应方程式。

【讲述】由于原电池装置中一般是由活泼金属作为负极，Zn 是活泼金属，具有较强还原性，因此锌作为碱性锌锰电池的负极。而 MnO_2中锰元素化合价为+4 价，MnO_2具有氧化性，因此 MnO_2作为碱性锌锰电池的正极，电解质即为 KOH。

【讲述】碱性锌锰电池工作时，Zn 失电子转变为 Zn^{2+}，由于电解质溶液中有 OH^-，所以 Zn^{2+}与 OH^-反应生成 $Zn(OH)_2$。

【板书】2）工作原理

负极：$Zn + 2OH^- - 2e^- = Zn(OH)_2$

【讲述】MnO_2作为碱性锌锰电池的正极，+4 价的锰元素会得到电子转变为+3 价，即MnO_2会获得电子并与水发生相互作用转变为一种叫“氢氧化氧锰”的物质，将正负极反应式相加即得电池总反应式。

【板书】正极：$2MnO_2 + 2e^- + 2H_2O = 2MnOOH + 2OH^-$

总反应：$2MnO_2 + 2H_2O + Zn = Zn(OH)_2 + 2MnOOH$

【提问】碱性锌锰电池与普通锌锰电池相比，哪一个更好？

【讲述】相比而言，碱性锌锰电池性能更佳，它的比能量和可储存时间均有提高，适用于大电流和连续放电，是民用电池的升级换代产品之一。

【板书】3）优点：比能量和可储存时间相比普通锌锰电池均有提高

【过渡】了解完了碱性锌锰电池，接下来我们一起认识第二个常见的一次电池：锌银电池。

【投影】锌银电池构造示意图

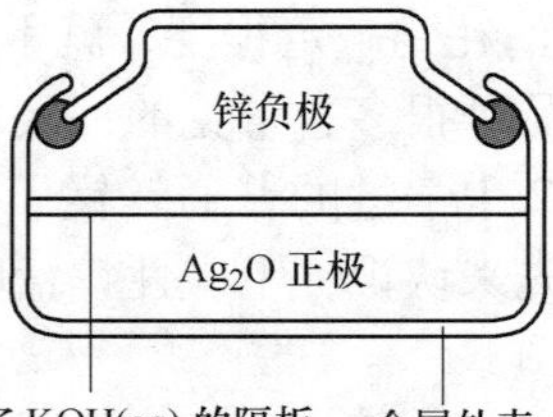

【提问】锌银电池因其外观很小又叫作纽扣电池，我们常在电子手表、照相机、计算器和其他微电子仪器中见到它。请同学们仔细观察锌银电池的构造示意图，其由哪些部分构成？

【讲述】通过观察我们能够发现，锌银电池的内部有锌、浸了 KOH 溶液的隔板、Ag_2O 与金属外壳。

【板书】（2）锌银电池

1）内部构造：锌、浸了 KOH 溶液的隔板、Ag_2O、金属外壳

【提问】锌银电池工作原理是什么？其正极、负极与电解质分别是什么？请写出锌银电池的电极反应式与电池总反应方程式。

【讲述】锌银电池中的负极是 Zn、正极是 Ag_2O、电解质是 KOH。电池工作时，Zn 失电子转变为 Zn^{2+}，由于电解质溶液中有 OH^-，因此 Zn^{2+}与 OH^-反应生成 $Zn(OH)_2$。

【板书】2）工作原理

负极：$Zn + 2OH^- - 2e^- = Zn(OH)_2$

【讲述】Ag_2O 作为锌银电池的正极，其中+1 价的银离子会得到电子转变为 0 价的银单质，将正负极反应式相加即得总反应。

【板书】正极：$Ag_2O + H_2O + 2e^- = 2Ag + 2OH^-$

总反应：$Ag_2O + Zn + H_2O = Zn(OH)_2 + 2Ag$

【提问】请同学们思考，锌银电池有怎样的优点？

【板书】3）优点：比能量大、电压稳定，储存时间长，适宜小电流连续放电

【过渡】了解完了锌银电池，接下来我们一起认识最后一个常见的一次电池：锂电池。

【板书】（3）锂电池

1）概念：负极为 Li 的电池

【投影】锂电池的工作原理示意图

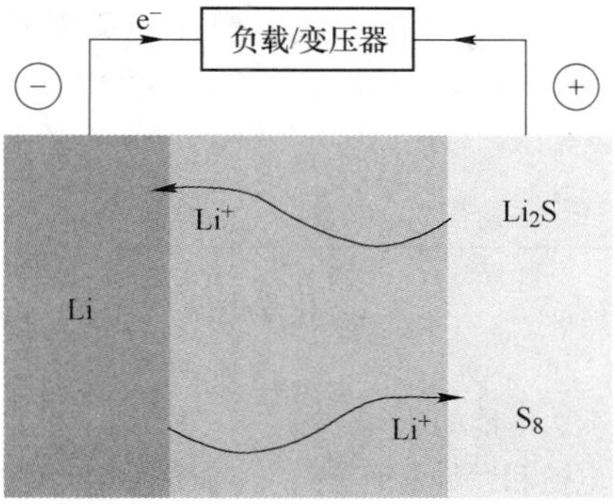

【讲述】这幅图就是锂电池的工作原理示意图。它的正极可以是 MnO_2、CuO、FeS_2 等多种物质，但无论正极是哪一种物质，其工作原理都是负极 Li 失去电子转变为 Li^+，并发生定向迁移，氧化剂在正极上获得电子，整个电池内部发生氧化还原反应，发生电子的定向移动，从而产生电流。

【板书】2）工作原理：负极 Li 失去电子转变为 Li^+ 并发生定向迁移，氧化剂在正极上获得电子，整个电池内部发生氧化还原反应，产生电流

【提问】锂电池既然在当今社会生活中能被广泛使用，它与碱性锌锰电池和普通锌锰电池相比，有什么优点？请同学们阅读课本第 76 页的表 4-1。

【投影】

表 4-1　锂电池与碱性锌锰电池和普通锌锰电池比较

电池体系	电压/V	比能量		工作温度范围/℃	可贮存时间（20℃）/年
		（W·h）/kg	（W·h）/L		
锂亚硫酰氯电池（Li-$SOCl_2$）	3.7	420	800	−55～+70	10
碱性锌锰电池	1.5	84	210	−20～+70	3
普通锌锰电池（圆筒式）	1.5	55	150	−10～+50	1～2
普通锌锰电池（叠层式）	1.5	77	190	−10～+50	1～2

【讲述】通过对比，我们发现锂电池的比能量高、电压高、工作温度高，可储存时间长，由于其性能的优异，因此广泛用于军事和空间领域，民用领域以微小型功率为主，故我们常在电脑、手机、手表中见到它。

【板书】3）优点：比能量高、电压高、工作温度高，可储存时间长

环节三：归纳总结

【总结】本节课我们学习了化学电池和常见一次电池的工作原理等有关知识，化学电池作为一种将化学能转变为电能的装置，在生活中随处可见，其包含一次电池、二次电池和燃料电池三类。同学们要学会根据电池单位质量或单位体积所能输出电能的多少或者输出功率的大小以及电池的储存时间的长短判断一个化学电池的优劣，

并要掌握常见的一次电池，碱性锌锰电池、锌银电池和锂电池的工作原理和优点。希望通过今天的学习，同学们能够对身边的化学电池与一次电池有更深刻地认识。请同学们课后完成课本第78页的1题，查阅相关资料了解使用一次电池的缺点并预习下节课“二次电池与燃料电池”的有关内容。

七、板书设计

4.2.1　化学电源

一、化学电池

1. 定义：一种将化学能转变为电能的装置
2. 分类：一次电池、二次电池和燃料电池等
3. 优点

（1）能量转换效率高，供能稳定可靠

（2）可以制成各种形状和大小、不同容量和电压的电池及电池组

（3）使用方便，便于维护，并可在各种环境下工作

4. 电池优劣的判断标准

（1）电池的比能量

（2）电池的比功率

（3）电池的储存时间

二、一次电池

1. 特点：活性物质消耗到一定程度，就不能使用
2. 常见的一次电池

（1）碱性锌锰干电池

1）内部构造：锌粉和 KOH 的混合物、MnO_2和金属外壳

2）工作原理

负极：$Zn + 2OH^- - 2e^- = Zn(OH)_2$

正极：$2MnO_2 + 2e^- + 2H_2O = 2MnOOH + 2OH^-$

总反应：$2MnO_2 + 2H_2O + Zn = Zn(OH)_2 + 2MnOOH$

3）优点：比能量和可储存时间相比普通锌锰电池均有提高

（2）锌银电池

1）内部构造：锌、浸了 KOH 溶液的隔板、Ag_2O、金属外壳

2）工作原理

负极：$Zn + 2OH^- - 2e^- = Zn(OH)_2$

正极：$Ag_2O + H_2O + 2e^- = 2Ag + 2OH^-$

总反应：$Ag_2O + Zn + H_2O = Zn(OH)_2 + 2Ag$

3）优点：比能量大、电压稳定，储存时间长，适宜小电流连续放电

（3）锂电池

1）概念：负极为 Li 的电池

2）工作原理：负极 Li 失去电子转变为Li^+并发生定向迁移，氧化剂在正极上获得电子，整个电池内部发生氧化还原反应，产生电流

3）优点：比能量高、电压高、工作温度高，可储存时间长

第 2 课时　二次电池与燃料电池

一、教材分析

本节内容选自人教版高中《化学(选修 4)》第四章“电化学基础”第二节“化学电源”。依据课程标准“通过查阅资料了解常见化学电源的种类及工作原理，认识化学能与电能相互转化的实际意义”的要求，本节课安排“二次电池和燃料电池”等教学内容。

教科书首先以最常见的二次电池——铅蓄电池为例，介绍了铅蓄电池的构造、优缺点及工作原理，呈现了铅蓄电池的电极反应式和电池总反应方程式，并简要介绍了铅蓄电池的发展和新型铅蓄电池的种类。然后通过与一般化学电池进行对比的方式，详细地介绍了燃料电池的特点，并以氢氧燃料电池为例，介绍了氢氧燃料电池的工作原理与构造。最后教科书在“科学视野”栏目中简要介绍了微型燃料电池以拓宽学生的视野。

本节内容是电化学学习的重点内容，一方面是对必修 2 中铅蓄电池、燃料电池以及第一节中原电池有关内容的巩固与深化，另一方面也是近年来高考试题中常常出现的高频考点。而且，本节内容与社会生产和实际生活密切联系，能引起学生的学习兴趣，涉及绿色环保、节约能源等可持续发展理念，能提高学生的环保意识。

二、学情分析

通过必修 2 的学习，学生对铅蓄电池以及燃料电池的原理和应用有了一定的认识与了解，但对可充电电池充电和放电过程的区别与联系、可充电电池充电连接方式和燃料电池规律的有关知识比较陌生。而且现阶段的学生具备一定的观察能力、分析能力和思维能力，这为本节课分析铅蓄电池的内部构造和工作原理等教学活动的开展奠定了能力基础。同时，学生通过近一年半的化学学习已初步具备绿色环保、节约能源的可持续发展理念、关注科学与关注社会的思想意识，这为本节课进一步学习铅蓄电池和燃料电池的有关知识奠定了情感基础。

三、教学目标

知识与技能	（1）了解铅蓄电池、燃料电池的基本构造及应用。 （2）能正确书写铅蓄电池、氢氧燃料电池的电极反应式和电池总反应方程式。 （3）掌握可充电电池充、放电过程的区别与联系以及充电连接方式。 （4）理解与掌握燃料电池的规律
过程与方法	（1）通过观察与分析铅蓄电池、燃料电池的内部构造和工作原理，提升知识迁移、分析问题与解决问题的能力。 （2）通过分析与归纳总结燃料电池的规律，学会分析、归纳的学习方法
情感态度与价值观	（1）通过联系生活和生产实际学习二次电池与燃料电池，了解化学在生产、生活和科学研究中的意义及作用，增强联系实际学习化学并将化学知识应用于生活的意识。 （2）通过学习二次电池和燃料电池等知识，强化环保意识

四、教学重点和难点

（1）教学重点：铅蓄电池的工作原理；氢氧燃料电池的工作原理；燃料电池的规律。

（2）教学难点：铅蓄电池充电时工作原理；氢氧燃料电池的电极反应式书写。

五、知识框架

- 二次电池与燃料电池
  - 二次电池
    - 特点：放电后可以再充电使活性物质获得再生
    - 能量转换：化学能 $\underset{充电}{\overset{放电}{\rightleftharpoons}}$ 电能
    - 铅蓄电池
      - 内部构造：两组栅状极板交替排列，正极板上覆盖有 PbO_2，负极板上覆盖有 Pb，电解质溶液是 H_2SO_4 溶液
      - 工作原理
        - 放电工作原理
          - 负极：$Pb(s) + SO_4^{2-}(aq) - 2e^- = PbSO_4(s)$
          - 正极：$PbO_2(s) + 4H^+(eq) + SO_4^{2-}(aq) + 2e^- = PbSO_4(s) + 2H_2O(l)$
          - 总反应：$Pb(s) + PbO_2(s) + 2H_2SO_4(aq) = 2PbSO_4(s) + 2H_2O(l)$
        - 充电工作原理
          - 阳极：$PbSO_4(s) + 2H_2O(l) - 2e^- = PbO_2(s) + 4H^+(aq) + SO_4^{2-}(aq)$
          - 阴极：$PbSO_4(s) + 2e^- = Pb(s) + SO_4^{2-}(aq)$
          - 总反应：$2PbSO_4(s) + 2H_2O(l) = Pb(s) + PbO_2(s) + 2H_2SO_4(aq)$
      - 特点：电压稳定、使用方便、安全可靠、价格低廉，但比能量低、笨重，而且废弃电池污染环境
  - 燃料电池
    - 概念：一种连续将燃料和氧化剂的化学能直接转换成电能的化学新型电池
    - 组成：两个电极，一般由多孔性镍与金属铂作为电极材料
      熔融电解质/电解质溶液（KOH 等强碱溶液、H_2SO_4 等强酸溶液、NaCl 等盐溶液）
      燃料，包括 H_2、烃、醇等
    - 特点：能连续不断地提供电能、清洁和能量转换率高
    - 工作原理
      - 总反应式：一般是燃料与 O_2 发生的氧化还原反应
      - 正极反应式
        - 酸性电解质溶液：$O_2 + 4H^+ + 4e^- = 2H_2O$
        - 碱性电解质溶液：$O_2 + 2H_2O + 4e^- = 4OH^-$
        - 高温下能传导 O^{2-} 的固体电解质：$O_2 + 4e^- = 2O^{2-}$
        - 熔融碳酸盐作电解质：$O_2 + 2CO_2 + 4e^- = 2CO_3^{2-}$
      - 负极反应式：总反应式减去相应条件下的正极反应式
      - 规律：两个电极皆为惰性电极，负极一般通入的是燃料，正极一般通入的都是 O_2

六、教学过程

环节一：导入新课

【导入】 在上节课中，老师给大家介绍了化学电源与一次电池的有关内容，并给同学们留

下了一道思考题，希望同学们查阅有关资料了解一次电池的缺点有哪些，现在请同学们回答这个问题。

【讲述】虽然一次电池的使用给我们的生活带来了方便，但是事物总是有两面性的，有优点必然有缺点，一次电池的缺点就在于它只能使用一次，如果普遍回收不及时，会造成巨大的污染。

【讲述】随着科学技术的发展，进而生产了能够重复使用的电池——蓄电池和新型的燃料电池，它们能够减少污染。这两种电池为什么能够减少污染呢？接下来让我们一起学习“二次电池与燃料电池”的有关内容。

【板书】4. 2. 2　化学电源

环节二：展开新课

1. 二次电池

【提问】二次电池作为化学电池家族的另一位成员，其具备怎样的特点呢？

【讲述】二次电池，又称充电电池或蓄电池，是指能够重复使用的电池，即它的特点是放电后可以再充电使活性物质获得再生，从而恢复其供电能力。

【板书】三、二次电池

1. 特点：放电后可以再充电使活性物质获得再生

【讲述】由于二次电池既能够充电也能够放电，因此当二次电池放电时，能量可由化学能转变为电能，此时可作为电源供用电器进行使用；当其充电时，能量可由电能转变为化学能，也就是说，蓄电池可将电能转变为化学能的形式储存起来，如此循环往复能够充放电千百次，因此能够循环使用，减少对环境的污染。

【板书】2. 能量转换：化学能 $\underset{\text{充电}}{\overset{\text{放电}}{\rightleftharpoons}}$ 电能

【提问】在生活中，我们经常在使用电动车一段时间后要给它充电，这说明电动车使用的电池是哪种类型的电池？

【讲述】电动车使用的是二次电池，是常见的铅蓄电池。

【提问】铅蓄电池作为一种常见的二次电源，其具备怎样的内部构造？

【投影】铅蓄电池内部结构剖面图

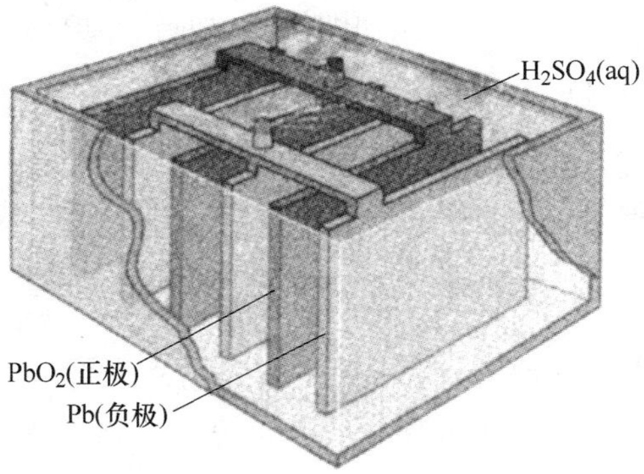

【讲述】我们可以看到铅蓄电池由两组栅状极板交替排列而成，正极板上覆盖有 PbO_2，负极板上覆盖有 Pb，电解质溶液是 H_2SO_4 溶液。

【板书】3. 常见的二次电池——铅蓄电池

（1）内部构造：正极——PbO_2　负极——Pb　电解质溶液——H_2SO_4 溶液

【提问】铅蓄电池是怎样进行工作的呢?

【讲述】当铅蓄电池放电时，负极 Pb 失去电子转变为 Pb^{2+}，由于电解质溶液中有 SO_4^{2-}，Pb^{2+} 与 SO_4^{2-} 发生相互作用转变为 $PbSO_4$。

【板书】（2）工作原理

1）放电工作原理

负极：$Pb(s) + SO_4^{2-}(aq) - 2e^- \Longrightarrow PbSO_4(s)$

【讲述】PbO_2 作为铅蓄电池的正极，其中+4 价的铅离子会得到电子转变为+2 价的铅离子，O^{2-} 与溶液中的 H^+ 发生相互作用转变为 H_2O，同时 Pb^{2+} 与 SO_4^{2-} 发生相互作用转变为 $PbSO_4$，将正负极反应式相加即得铅蓄电池放电时的总反应方程式。

【板书】正极：$PbO_2(s) + 4H^+(aq) + SO_4^{2-}(aq) + 2e^- \Longrightarrow PbSO_4(s) + 2H_2O(l)$

总反应：$Pb(s) + PbO_2(s) + 2H_2SO_4(aq) \Longrightarrow 2PbSO_4(s) + 2H_2O(l)$

【提问】通过刚才的介绍，我们学习了铅蓄电池放电的工作原理，它的充电工作原理又是怎样的呢?

【讲述】既然铅蓄电池能够通过充电恢复其供电能力，这就表明放电时产生的 $PbSO_4$ 与 H_2O 能够在外加电流的作用下恢复成 Pb、PbO_2 和 H_2SO_4，即充电时的反应为放电反应的逆过程。此时将铅蓄电池的正极与电源的正极相连，铅蓄电池的正极转变为能够发生氧化反应的电极——阳极，使 $PbSO_4$ 中+2 价的铅离子失去电子转变为+4 价的铅离子并释放出 SO_4^{2-}，然后+4 价的铅离子与水分子相互作用生成 PbO_2 并释放出 H^+。

【板书】2）充电工作原理

阳极：$PbSO_4(s) + 2H_2O(l) - 2e^- \Longrightarrow PbO_2(s) + 4H^+(aq) + SO_4^{2-}(aq)$

【讲述】将铅蓄电池的负极与电源的负极相连，铅蓄电池的负极转变为能够发生还原反应的电极——阴极，使 $PbSO_4$ 当中+2 价的铅离子得到电子转变为 0 价的铅单质并释放出 SO_4^{2-}，将阴、阳极反应式相加即得充电时铅蓄电池的总反应方程式。

【板书】阴极：$PbSO_4(s) + 2e^- \Longrightarrow Pb(s) + SO_4^{2-}(aq)$

总反应：$2PbSO_4(s) + 2H_2O(l) \Longrightarrow Pb(s) + PbO_2(s) + 2H_2SO_4(aq)$

【讲述】通常为了方便直观，我们直接将铅蓄电池的总反应式写成如下的形式。

【板书】3）充放电总反应：$Pb(s) + PbO_2(s) + 2H_2SO_4(aq) \underset{\text{充电}}{\overset{\text{放电}}{\rightleftharpoons}} 2PbSO_4(s) + 2H_2O(l)$

【提问】知道了铅蓄电池的工作原理，它具有怎样的特点呢?

【讲述】铅蓄电池的电压稳定、使用方便、安全可靠、价格低廉，所以在生产、生活中使用广泛，例如多数汽车中就装有这种蓄电池，然而铅蓄电池的缺点是比能量低、笨重，而且废弃电池中含有铅会污染环境。

【板书】（3）特点：电压稳定、使用方便、安全可靠、价格低廉，但比能量低、笨重，而且废弃电池污染环境

2. 燃料电池

【提问】尽管铅蓄电池相比一次电池而言要优良的多，造成的环境污染比一次电池小，但是废弃的铅蓄电池仍然会造成环境污染。环保的一个重要理念是要减少污染，请同学们思考，除了二次电池，还有没有污染小或无污染的电池呢?

【讲述】污染小的另外一种电池就是燃料电池，接下来就让我们一起来学习燃料电池。

【投影】燃料电池内部简易构造示意图

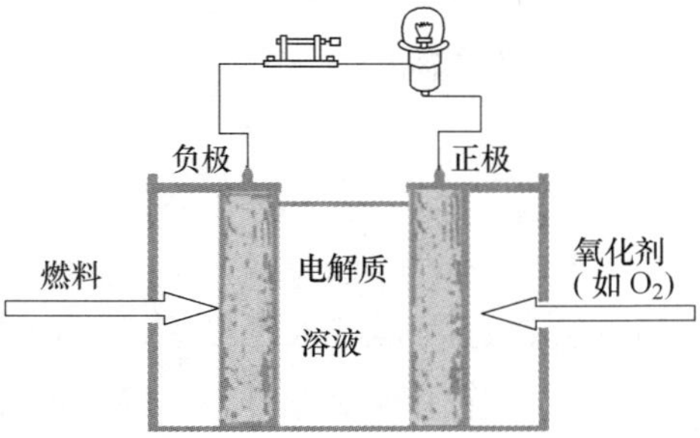

【讲述】这幅图就是燃料电池的内部简易构造示意图，它是一种连续将燃料和氧化剂的化学能直接转换成电能的化学新型电池。电池的电极本身不包含活性物质，只是一个催化转化元件，也就是说电极在放电过程中，不参与氧化还原反应，一般由多孔性镍或金属铂作为燃料电池的电极材料。

【讲述】燃料电池工作时，燃料（包括 H_2、烃、醇等 ）和氧化剂连续地由外部供给，在电极上不断地进行反应，生成物不断地被排除，于是电池具有能连续不断地提供电能、清洁和能量转换率高的特点，电解质溶液可以是 KOH 等强碱溶液，也可以是 H_2SO_4等强酸溶液或 NaCl 等盐溶液，同样也可以在燃料电池中使用熔融电解质。

【板书】四、燃料电池

1. 概念：一种连续将燃料和氧化剂的化学能直接转换成电能的化学新型电池

2. 组成：

（1）两个电极，一般由多孔性镍或金属铂作为电极材料

（2）熔融电解质/电解质溶液（KOH 等强碱溶液、H_2SO_4 等强酸溶液、NaCl 等盐溶液）

（3）燃料，包括 H_2、烃、醇等

3. 特点：能连续不断地提供电能、清洁和能量转换率高

【提问】请同学们以氢氧燃料电池为例，思考燃料电池是怎样工作的?

【投影】氢氧燃料电池装置示意图

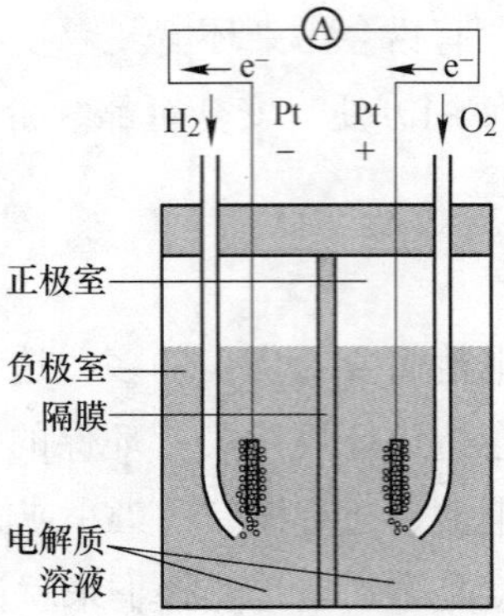

【讲述】 在该燃料电池中，燃料是氢气，氧化剂为氧气，电极材料均为 Pt。当使用酸性溶液作为电解质溶液时，在负极室通入 H_2，它在 Pt 电极上被催化分解为 H 原子，再失去电子成为 H^+进入电解质溶液中。

【副板书】 氢氧燃料电池

（1）酸性条件

负极：$2H_2 - 4e^- = 4H^+$

【讲述】 H^+进入电解质溶液后，会透过隔膜进入正极室，当向正极室通入 O_2时，O_2在 Pt 电极的催化作用下与 H^+发生作用转变为 H_2O，将正负极反应式相加即得氢氧燃料电池总反应方程式。

【副板书】 正极：$O_2 + 4H^+ + 4e^- = 2H_2O$

总反应：$2H_2 + O_2 = 2H_2O$

【提问】 当使用碱性溶液作为氢氧燃料电池的电解质溶液，其工作原理又是怎样的？请尝试书写此时氢氧燃料电池的电极反应式和总反应方程式。

【讲述】 在碱性条件下，氢氧燃料电池工作时，仍然是在负极室通入 H_2，它在 Pt 电极上被催化分解为 H 原子，再失去电子成为 H^+进入电解质溶液中，但由于电解质溶液是碱性溶液，溶液中含有大量的 OH^-，故 H^+与 OH^-相互作用转变为 H_2O。

【副板书】（2）碱性条件

负极：$2H_2 - 4e^- + 4OH^- = 4H_2O$

【讲述】 当向正极室通入 O_2时，O_2在 Pt 电极的催化作用下与水电离出的 H^+发生作用生成 OH^-，同样将正负极反应式相加即得氢氧燃料电池总反应方程式。

【副板书】 正极：$O_2 + 2H_2O + 4e^- = 4OH^-$

总反应：$2H_2 + O_2 = 2H_2O$

【提问】 请同学们继续思考，当使用高温下能传导 O^{2-}的固体电解质作为氢氧燃料电池的电解质时，其工作原理又是怎样的？试写出相应的电极反应式和总反应方程式。

【讲述】 氢氧燃料电池工作时，仍然会在负极室通入 H_2，它在 Pt 电极上被催化分解为 H 原子，再失去电子成为 H^+进入至固体电解质中与 O^{2-}反应生成 H_2O。

【副板书】（3）高温下能传导 O^{2-}的固体电解质

负极：$2H_2 - 4e^- + 2O^{2-} = 2H_2O$

【讲述】当向正极室通入 O_2 时，O_2 在 Pt 电极的催化作用下会得到电子转变为 O^{2-}，由于是固体电解质，无其他离子能够与 O^{2-} 发生相互作用，故 O^{2-} 在固体电解质中能稳定存在，将正负极反应式相加即得氢氧燃料电池总反应方程式。

【副板书】正极：$O_2 + 4e^- = 2O^{2-}$

总反应：$2H_2 + O_2 = 2H_2O$

【讲述】通过刚才的分析，我们发现酸性电解质溶液、碱性电解质溶液和高温下能传导 O^{2-} 的固体电解质作为电解质时，氢氧燃料电池的总反应式均是相同的。

【提问】请同学们思考，当甲烷燃料电池分别用酸性电解质溶液、碱性电解质溶液和高温下能传导 O^{2-} 的固体电解质作为电解质时，其工作原理分别是怎样的？试写出相应的电极反应式和总反应方程式。

【讲述】当甲烷燃料电池使用酸性电解质溶液时，在负极室通入 CH_4，它在 Pt 电极上失去电子并与溶液中含有的水反应转变为 CO_2 和 H^+。在正极室通入 O_2，O_2 在 Pt 电极的催化作用下与 H^+ 发生相互作用转变为 H_2O，将正负极反应式相加即得总反应方程式。

【副板书】甲烷燃料电池

（1）酸性电解质溶液

负极：$CH_4 - 8e^- + 2H_2O = CO_2 + 8H^+$

正极：$2O_2 + 8H^+ + 8e^- = 4H_2O$

总反应：$CH_4 + 2O_2 = CO_2 + 2H_2O$

【讲述】当甲烷燃料电池使用碱性电解质溶液时，在负极室通入 CH_4，它在 Pt 电极上失去电子并与电解质溶液中存在的 OH^- 反应转变为 CO_3^{2-} 和 H_2O。在正极室通入 O_2，O_2 在 Pt 电极的催化作用下与溶液中水发生相互作用转变为 OH^-，将正负极反应式相加即得总反应方程式。

【副板书】（2）碱性电解质溶液

负极：$CH_4 - 8e^- + 10OH^- = CO_3^{2-} + 7H_2O$

正极：$2O_2 + 4H_2O + 8e^- = 8OH^-$

总反应：$CH_4 + 2O_2 + 2OH^- = CO_3^{2-} + 3H_2O$

【讲述】当甲烷燃料电池使用高温下能传导 O^{2-} 的固体电解质作为电解质时，在负极室通入 CH_4，它在 Pt 电极上失去电子并与固体电解质中存在的 O^{2-} 反应转变为 CO_2 和 H_2O。在正极室通入 O_2，由于是固体电解质，无其他离子能够与 O^{2-} 发生相互作用，故 O^{2-} 在固体电解质中能稳定存在，将正负极反应式相加即得氢氧燃料电池总反应方程式。

【副板书】（3）高温下能传导 O^{2-} 的固体电解质

负极：$CH_4 - 8e^- + 4O^{2-} = CO_2 + 2H_2O$

正极：$2O_2 + 8e^- = 4O^{2-}$

总反应：$CH_4 + 2O_2 = CO_2 + 2H_2O$

【提问】请同学们思考，当在甲烷燃料电池中，使用熔融碳酸盐作为其电解质时，其工作原理是怎样的？试写出相应的电极反应式和总反应方程式。

【讲述】甲烷燃料电池工作时，在负极室通入CH_4，它在Pt电极上失去电子并与熔融碳酸盐中含有的CO_3^{2-}反应转变为CO_2和H_2O。

【副板书】（4）熔融碳酸盐作电解质

负极：$CH_4 - 8e^- + 4CO_3^{2-} = 5CO_2 + 2H_2O$

【讲述】当向正极室通入O_2时，O_2在Pt电极的催化作用下与CO_2发生相互作用转变为CO_3^{2-}，将正负极反应式相加即得氢氧燃料电池总反应方程式。

【副板书】正极：$2O_2 + 4CO_2 + 8e^- = 4CO_3^{2-}$

总反应：$CH_4 + 2O_2 = CO_2 + 2H_2O$

【讲述】通过以上的分析，我们可以认为燃料电池的总反应一般是燃料与O_2发生的氧化还原反应，并且两个电极都为惰性电极，负极一般通入的都是燃料，燃料在负极区域发生氧化反应。

【讲述】正极一般通入的都是O_2，都是O_2在正极区域发生还原反应。当使用酸性电解质溶液时，其电极反应式为$O_2 + 4H^+ + 4e^- = 2H_2O$；当使用碱性电解质溶液时，其电极反应式为$O_2 + 2H_2O + 4e^- = 4OH^-$；当使用高温下能传导$O^{2-}$的固体电解质时，其电极反应式为$O_2 + 4e^- = 2O^{2-}$；当使用熔融碳酸盐作为电解质时，其电极反应式为$O_2 + 2CO_2 + 4e^- = 2CO_3^{2-}$。此时负极反应式可以用总反应式减去相应条件下的正极反应式即可获得。

【板书】4. 工作原理

（1）总反应式：一般是燃料与O_2发生的氧化还原反应

（2）正极反应式：

1）酸性电解质溶液：$O_2 + 4H^+ + 4e^- = 2H_2O$

2）碱性电解质溶液：$O_2 + 2H_2O + 4e^- = 4OH^-$

3）高温下能传导O^{2-}的固体电解质：$O_2 + 4e^- = 2O^{2-}$

4）熔融碳酸盐作电解质：$O_2 + 2CO_2 + 4e^- = 2CO_3^{2-}$

（3）负极反应式：总反应式减去相应条件下的正极反应式

（4）规律：两个电极皆为惰性电极，负极一般通入的是燃料，正极一般通入的都是O_2

环节三：归纳总结

【总结】本节课我们学习了二次电池、燃料电池的有关知识，希望通过今天的学习，同学们能够对二次电池和燃料电池有深刻地认识。尽管不同的电池具有不同的优缺点，但是总的来说，电池的使用给我们的社会生产与生活带来了极大的方便。希望同学们课后及时复习本节课所学的有关知识，完成课本第78页的2、3、4题并预习下节课“电解池”的有关内容。

七、板书设计

4.2.2　化学电源

三、二次电池

1. 特点：放电后可以再充电使活性物质获得再生

2. 能量转换：化学能 $\underset{充电}{\overset{放电}{\rightleftharpoons}}$ 电能

3. 常见的二次电池——铅蓄电池

（1）内部构造：正极——PbO_2　负极——Pb　电解质溶液——H_2SO_4溶液

（2）工作原理

1）放电工作原理

负极：$Pb(s) + SO_4^{2-}(aq) - 2e^- = PbSO_4(s)$

正极：$PbO_2(s) + 4H^+(aq) + SO_4^{2-}(aq) + 2e^- = PbSO_4(s) + 2H_2O(l)$

总反应：$Pb(s) + PbO_2(s) + 2H_2SO_4(aq) = 2PbSO_4(s) + 2H_2O(l)$

2）充电工作原理

阳极：$PbSO_4(s) + 2H_2O(l) - 2e^- = PbO_2(s) + 4H^+(aq) + SO_4^{2-}(aq)$

阴极：$PbSO_4(s) + 2e^- = Pb(s) + SO_4^{2-}(aq)$

总反应：$2PbSO_4(s) + 2H_2O(l) = Pb(s) + PbO_2(s) + 2H_2SO_4(aq)$

3）充放电总反应：$Pb(s) + PbO_2(s) + 2H_2SO_4(aq) \underset{充电}{\overset{放电}{\rightleftharpoons}} 2PbSO_4(s) + 2H_2O(l)$

（3）特点：电压稳定、使用方便、安全可靠、价格低廉，但比能量低、笨重，而且废弃电池污染环境

四、燃料电池

1. 概念：一种连续将燃料和氧化剂的化学能直接转换成电能的化学新型电池

2. 组成

（1）两个电极，一般由多孔性镍或金属铂作为电极材料

（2）熔融电解质/电解质溶液（KOH 等强碱溶液、H_2SO_4等强酸溶液、NaCl 等盐溶液）

（3）燃料，包括 H_2、烃、醇等

3. 特点：能连续不断地提供电能、清洁和能量转换率高

4. 工作原理

（1）总反应式：一般是燃料与 O_2发生的氧化还原反应

（2）正极反应式：

1）酸性电解质溶液：$O_2 + 4H^+ + 4e^- = 2H_2O$

2）碱性电解质溶液：$O_2 + 2H_2O + 4e^- = 4OH^-$

3）高温下能传导 O^{2-} 的固体电解质：$O_2 + 4e^- = 2O^{2-}$

4）熔融碳酸盐作电解质：$O_2 + 2CO_2 + 4e^- = 2CO_3^{2-}$

（3）负极反应式：总反应式减去相应条件下的正极反应式

（4）规律：两个电极皆为惰性电极，负极一般通入的是燃料，正极一般通入的都是 O_2

第三节　电　解　池

第1课时　电解原理

一、教材分析

本节内容选自人教版高中《化学(选修4)》第四章“电化学基础”第三节“电解池”。依据课程标准“体验化学能与电能相互转化的探究过程，了解电解池的工作原理，能写出电极反应和电池反应方程式”的要求，本节课安排“电解池的定义、构成条件、工作原理”等教学内容。

教科书首先采用直接引入的方式，通过阐释原电池与电解池能量转换相反的关系，直接引入电解池的概念。然后通过电解氯化铜溶液实验的演示，引导学生进行宏观实验现象的辨识，从而得出实验结果为氯化铜溶液在电流的作用下发生化学反应生成金属铜和氯气和从微观层次分析实验结果以引入电解原理进行了铺垫。最后从微观角度分析实验结果，在原理分析过程中对放电、电解、电解池等有关知识进行了详细地解释与说明，以帮助学生理解有关概念的内涵与电解原理，并掌握电解池电极反应式与总反应方程式的书写方法，强化学生“透过宏观看微观，用微观解释宏观”的化学学科思想。

本节内容是学生学习原电池知识后的自然延伸，有助于学生更加系统地学习电化学知识，并为后续学习电化学知识在生产、生活和科研中的重要作用打下了坚实的理论基础。从知识的价值和功能考虑，电解知识的学习发展了学生对氧化还原反应的再认识，再次证实了氧化反应和还原反应是同时发生的，可以发生在体系的不同部位，丰富了学生制备物质的新视角。从“微粒观”建构和发展的层面考虑，电解内容的学习将丰富和完善学生已经建构起来的“微粒观”。同时本节的核心内容“电解原理”是中学化学重要基本理论之一，基于氧化还原反应规律和元素化合物的具体反应事实，且和原电池互为补充构建电化学体系，体现化学能与电能之间的转化，是能量观的重要载体，在高考中占有比较重要的地位。

二、学情分析

通过前面的学习，学生已经理解与掌握了氧化还原反应和原电池的有关知识，同时了解“电解水能产生氢气和氧气”的客观事实，这都为本节课教学活动的开展奠定了知识基础，但学生不能从本质上理解为什么电解水会产生氢气和氧气，更不能从本质上去分析电解水的微观过程。另外，现阶段的学生具备一定的观察能力、分析能力、知识迁移能力和思维能力，同时初步学会了分析水溶液中微粒成分的方法，并初步建构起了“微粒观”和“能量观”，这为本节课分析电解氯化铜溶液的产物等教学活动的开展奠定了能力基础和情感基础。

三、教学目标

知识与技能	（1）知道电解、电解池的概念与电解池的构成条件。 （2）理解并掌握电解原理，能够正确书写电极反应式

续表

过程与方法	（1）通过分析纯水和 $CuCl_2$溶液中微粒的种类与行为，进一步强化分析水溶液中微粒成分的方法，提升知识迁移运用的能力。 （2）通过体验科学探究过程，强化实验能力、观察能力和思维能力
情感态度与价值观	（1）通过电解原理的学习，进一步强化已建构的微粒观和能量观，形成制备物质的新视角。 （2）通过电解原理的探析，提升“宏观辨识与微观探析”化学学科核心素养

四、教学重点和难点

（1）教学重点：电解原理；电解池中电极反应式与总反应方程式的书写。

（2）教学难点：电解池工作原理思维模型的建立；电解电极反应产物的判断。

五、知识结构

电解原理

- 电解池：在外加电源作用下，将电能转变为化学能的装置
- 电解池的构成条件
  - 外加直流电源
  - 两个固定电极
    - 阴极：与电源负极相连的电极
    - 阳极：与电源正极相连的电极
  - 电解质溶液/熔融电解质
  - 形成闭合回路
- 电解原理
  - 放电：离子在阴、阳两极上得到或失去电子而发生还原或氧化反应的过程
  - 电解：在直流电的作用下，电解质在两个电极上分别发生氧化反应和还原反应的过程
  - 工作原理：

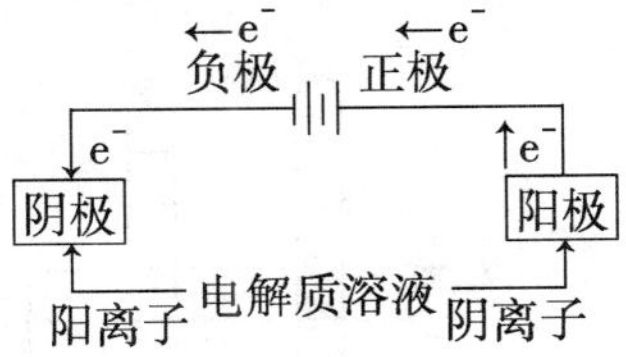

  - 注意事项
    - 粒子流向
      - 电子：负极→阴极　阳极→正极
      - 电流：正极→阳极　阴极→负极
      - 溶液中阴离子→阳极
      - 溶液中阳离子→阴极
    - 放电顺序
      - 阳极：活泼金属（除 Pt、Au 以外）$>S^{2-}>I^->Br^->Cl^->OH^->$含氧酸根$>F^-$
      - 阴极：$Ag^+>Hg^{2+}>Fe^{3+}>Cu^{2+}>H^+_{(酸)}>Pb^{2+}>Sn^{2+}>Fe^{2+}>Zn^{2+}>H^+_{(水)}>Al^{3+}>Mg^{2+}>Na^+>Ca^{2+}>K^+$
    - 电极反应
      - 阴极：还原反应——溶液阳离子得电子变单质
      - 阳极：氧化反应——电极金属或溶液阴离子失电子
      - 总反应：阴、阳极反应相加
- 电极反应式与总反应式的书写步骤
  - 分电极：根据有关知识分析出该电解池中的阴、阳极
  - 析溶液：分析电解质溶液中含哪些离子
  - 判流向：根据有关知识确定电子流向、电流流向以及离子流向
  - 定微粒：根据放电顺序确定两极反应的微粒
  - 书电极：根据电子守恒与放电顺序书写电极反应式
  - 写方程：书写电解化学方程式或离子方程式

六、教学过程

环节一：导入新课

【导入】在前面两节内容中，已经学习了原电池与化学电源的有关知识，我们知道原电池是把化学能转变为电能的装置，借助原电池能够实现化学能向电能的转换，那么电能能否转化为化学能呢？通过本章序言的介绍，实际上是可以的，不过需要借助一个特殊的装置，这个特殊的装置就是本节课中将要学习的“电解池”。

【板书】4. 3. 1　电解池

环节二：展开新课

1. 回顾电解水

【提问】在标题中有一个词“电解”，实际上，同学们对于“电解”一词并不陌生，在九年级“电解水”实验中曾经接触过它，请同学们回忆这个实验，思考正极与负极分别产生的气体是什么？

【讲述】该实验中，正极产生的是氧气，负极产生的是氢气，即“正氧负氢”。

2. 再探电解水

【过渡】为什么正极能够产生氧气，负极能够产生氢气呢？下面就让我们一起来探究其中的奥秘。

【投影】电解水简易装置示意图

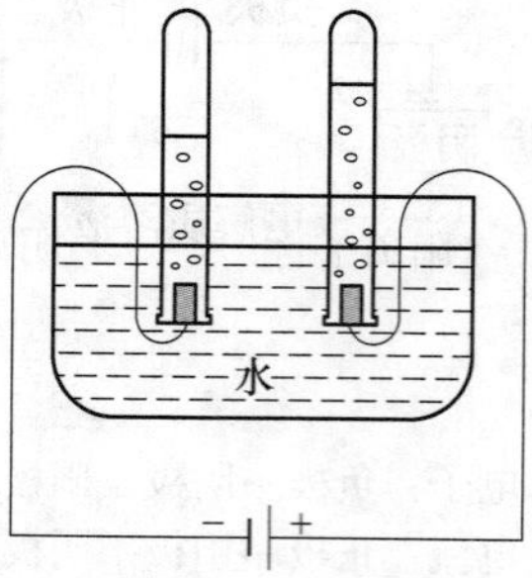

【提问】这个装置中有哪些部分组成？

【讲述】我们能够观察到，这个装置中有外加电源、分别与电源的正极和负极相连的两个电极、水。当接通电源后，就能够开始电解水获得氢气和氧气。

【提问】请同学们思考，这个反应是氧化还原反应吗？

【讲述】该反应是氧化还原反应，因为有元素化合价的升降。从能量的角度来说，通过该实验装置能够实现电能转变为化学能，我们就将这种在外加电源作用下，将电能转变为化学能的装置叫做电解池。

【板书】一、电解原理

1. 电解池：在外加电源作用下，将电能转变为化学能的装置

【讲述】通过刚才的分析，我们发现电解池装置中有外加电源、两个电极以及电解质溶液，而且要想使氧化还原反应发生，必须接通电源并且要使两个电极分别与电源的正极

和负极相连形成闭合回路，因此电解池的构成条件有以下几点：第一，必须要有外加电源；第二，要有两个固定电极，其中将与电源正极相连的电极叫做阳极，与电源负极相连的电极叫做阴极；第三，要有电解质溶液，实际上在有的电解池装置中装的并不一定是电解质溶液，也可以是熔融电解质；第四装置要形成闭合回路。

【板书】2. 电解池的构成条件

（1）外加直流电源

（2）两个固定电极

（3）电解质溶液/熔融电解质

（4）形成闭合回路

【过渡】电解池装置是如何实现水的电解呢？下面我们一起来探索其工作原理。

【提问】请同学们思考两个问题：纯水中存在哪些微粒，如何运动？接通电源后，微粒如何运动？

【讲述】通过前面的学习，我们已经知道纯水中存在的微粒有 H_2O、H^+ 与 OH^-，它们在纯水中进行不规则地运动。当接通电源后，产生外加电场，H^+ 与 OH^- 在外加电场作用下发生定向移动。

【提问】在外加电场作用下，H^+、OH^- 分别移向电解池的哪极？

【投影】电解水微观原理示意图

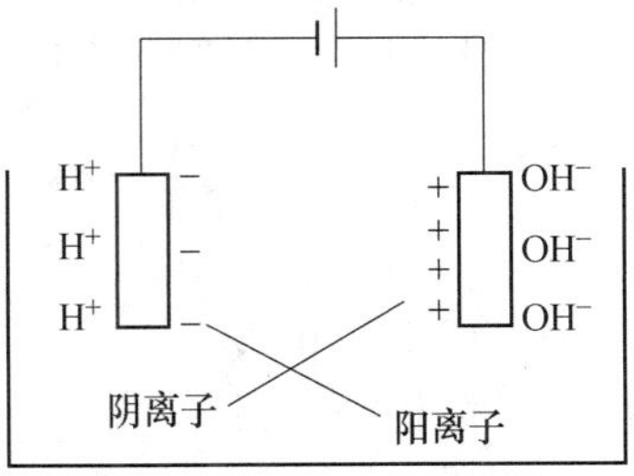

【讲述】电流的方向是从正极到负极，则电子运动的方向是从负极到正极，因此在电解水的过程中，阴极上电子较多，负电荷较多，会吸引溶液中 H^+ 朝阴极移动，并在阴极上获得电子，中和阴极上较多的负电荷，使 H^+ 的元素化合价降低，发生还原反应转变为氢气。而阳极上电子较少，正电荷较多，会吸引溶液中 OH^- 朝阳极移动，并在阳极上失去电子，使 OH^- 中氧元素化合价升高，发生氧化反应转变为 O_2 和水，我们能够用电极反应式将该过程表示为如下的形式。

【副板书】阴极：$4H^+ + 4e^- = 2H_2\uparrow$

阳极：$4OH^- - 4e^- = 2H_2O + O_2\uparrow$

3. 电解原理

【讲述】通过刚才的分析，我们已经揭开了电解水实验神秘的面纱。电解过程之所以能够发生，主要是因为外加电源产生的电流使电解质溶液中存在的阴、阳离子发生定向移动，分别移至阳、阴两极并在两极上分别发生氧化反应与还原反应。在此过程中，我们将离子在阴、阳两极上得到或失去电子而发生还原或氧化反应的过程叫做放电，而在直流电的作用下，电解质在两个电极上分别发生氧化反应和还原反应的过程叫做电解。

【板书】3. 电解原理

（1）放电：离子在阴、阳两极上得到或失去电子而发生还原或氧化反应的过程

（2）电解：在直流电的作用下，电解质在两个电极上分别发生氧化反应和还原反应的过程

【讲述】刚才给大家所说的就是电解池的工作原理，现在我们通过一张图来一起总结电解池的工作原理。

【板书】（3）工作原理

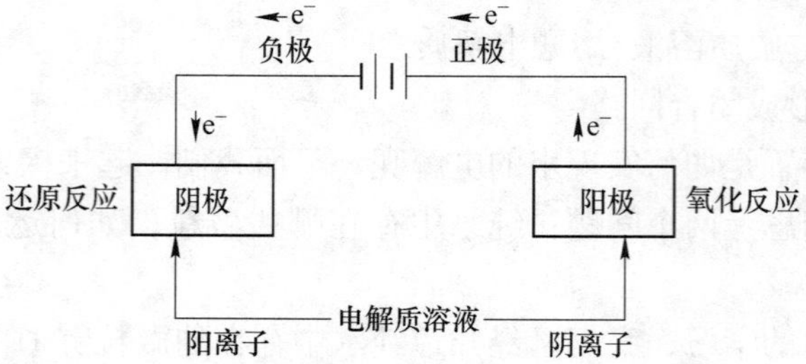

【讲述】在电解池的工作原理中，我们要注意以下几点：

（1）粒子的流向。我们要注意电子的流向是从负极到阴极，从阳极到正极；电流的方向是从正极到阳极，从阴极到负极；溶液中阴离子定向移动至阳极，阳离子定向移动至阴极。

（2）电极反应。阳极发生的氧化反应，一般是电极金属或溶液阴离子失电子；阴极发生的还原反应，一般是溶液阳离子得电子变单质；总反应能够通过阴、阳极反应相加得到。

【板书】（4）注意事项

1）粒子的流向

电子：负极→阴极　阳极→正极

电流：正极→阳极　阴极→负极

溶液中：阴离子→阳极　阳离子→阴极

2）电极反应

阳极：氧化反应——电极金属或溶液阴离子失电子

阴极：还原反应——溶液阳离子得电子变单质

总反应：阴、阳极反应相加

【提问】请同学们根据电解原理分析下列装置中，电解反应的产物是什么？

【投影】电解 $CuCl_2$溶液装置示意图

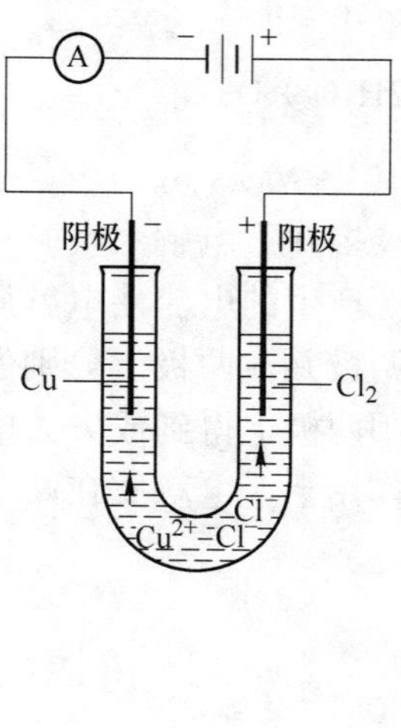

【讲述】同学们的答案不唯一，大体上有以下几种情况：

(1) 产物是单质铜和氯气；(2) 产物是氢气和氯气；(3) 产物是氢气和氧气；(4) 产物是单质铜和氧气。

【讲述】大家答案不唯一的原因是由于对哪种离子首先放电的问题产生了困惑。我们都知道 $CuCl_2$溶液中存在的离子有 Cu^{2+}、H^+、Cl^-与 OH^-。当接通外加电源后，Cu^{2+}和 H^+在外加电场作用下定向移动至阴极，Cl^-与 OH^-在外加电场作用下定向移动至阳极，两个电极上都富集了两种离子，到底哪种离子先放电呢?

【投影】实验：在 U 形管中注入 $CuCl_2$溶液，插入两根石墨棒做电极，把湿润的碘化钾-淀粉试纸放在与直流电源正极相连的电极附近，接通电源。

【讲述】通过观察，我们可以看到阴极上有红色固体析出，该红色固体即为金属铜，说明在阴极处，Cu^{2+}优先放电；同时阳极处有气泡产生，而且气体能使湿润的淀粉-KI 试纸变蓝色，由此说明该气体为氯气，进而说明在阳极处，Cl^-优先放电。

【讲述】综上所述，我们能得到的实验结论是用惰性电极电解 $CuCl_2$溶液时的产物是 Cu 和 Cl_2，请同学们尝试书写一下该反应的电极反应式和总反应式。

【副板书】阴极：$Cu^{2+} + 2e^- = Cu$

阳极：$2Cl^- - 2e^- = Cl_2\uparrow$

总反应式：$Cu^{2+} + 2Cl^- \xlongequal{电解} Cu + Cl_2\uparrow$

【讲述】通过刚才的实验，我们发现离子在电极上放电时是存在一定先后顺序的，那么存在着什么规律呢? 首先对于阳极来说，若其电极材料是活性电极（活动性在 Ag 以前的金属），则电解时电极材料失电子，电极不断消耗，溶液中的阴离子不能失电子；若其电极材料是惰性电极（如 Pt、Au、石墨），则根据溶液中阴离子失电子能力的大小判断放电顺序。然后对于阴极来说，直接根据根据阳离子得电子能力判断放电顺序。下面我们一起来总结一下电解池中存在的放电顺序，希望同学们能够根据该放电顺序准确地分析出电解产物并正确书写电极反应式及总反应式。

【板书】3) 放电顺序

阳极（金属或还原性强的离子先失电子）：金属（要求活动性 Ag 及 Ag 以前）$>S^{2-}>I^->Br^->Cl^->OH^-$>含氧酸根$>F^-$

阴极（按氧化性由强至弱）：$Ag^+>Hg^{2+}>Fe^{3+}>Cu^{2+}>H^+_{(酸)}>Pb^{2+}>Sn^{2+}>Fe^{2+}>Zn^{2+}>H^+_{(水)}>Al^{3+}>Mg^{2+}>Na^+>Ca^{2+}>K^+$

【练习】按要求书写有关的电极反应式及总方程式

(1) 用惰性电极电解 $MgCl_2$溶液；

(2) 用惰性电极电解 $AgNO_3$溶液。

【总结】通过刚才的练习，我们能够总结出电极反应式与总反应式的书写可按照如下步骤进行：

(1) 分电极：根据有关知识分析出该电解池中的阴、阳极；

（2）析溶液：分析电解质溶液中含哪些离子；

（3）判流向：根据有关知识确定电子流向、电流流向以及离子流向；

（4）定微粒：根据放电顺序确定两极反应的微粒；

（5）书电极：根据电子守恒与放电顺序书写电极反应式；

（6）写方程：书写电解化学方程式或离子方程式。

【板书】（5）电解总反应式的书写步骤：分电极、析溶液、判流向、定微粒、书电极、写方程

环节三：归纳总结

【讲述】本节课我们通过再探电解水学习了电解池的定义、构成条件、工作原理等有关知识，同学们要重点掌握电解池的工作原理，注意电解过程中电子的流向、离子的流向以及阴、阳两极上发生的反应类型和放电顺序，能够正确区别阴、阳极并书写相应的电极反应式和总反应方程式，下面我们通过一张表格对原电池与电解池进行对比。

【投影】原电池与电解池的对比

	电解池	原电池
电极材料	可以相同或不同	不同
电极名称	阴阳极由外电源决定 与电源负极相连的为阴极 与电源正极相连的为阳极	正负极由电极材料决定 活泼性较强的金属做负极
电极反应	阳极：氧化反应 阴极：还原反应	负极：氧化反应 正极：还原反应
能量转换	电能→化学能	化学能→电能
电子流向	负→阴　　阳→正	负→导线→正
特征	有外加电源	本身是电源，外接用电器

【作业布置】请同学们完成课本第 83 页的 1、3 题并预习下节课“电解原理的应用”的有关内容。

七、板书设计

4.3.1　电解池

一、电解原理

1. 电解池：在外加电源作用下，将电能转变为化学能的装置

2. 电解池的构成条件

（1）外加直流电源

（2）两个固定电极

（3）电解质溶液/熔融电解质

（4）形成闭合回路

3. 电解原理

（1）放电：离子在阴、阳两极上得到或失去电子而发生还原或氧化反应的过程

（2）电解：在直流电的作用下，电解质在两个电极上分别发生氧化反应和还原反应的过程

（3）工作原理

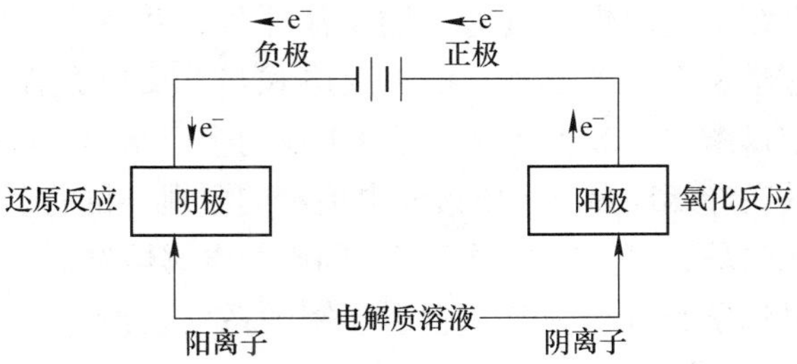

（4）注意事项

1）粒子的流向

电子：负极→阴极　阳极→正极

电流：正极→阳极　阴极→负极

溶液中：阴离子→阳极　阳离子→阴极

2）电极反应

阳极：氧化反应——电极金属或溶液阴离子失电子

阴极：还原反应——溶液阳离子得电子变单质

总反应：阴、阳极反应相加

3）放电顺序

阳极（金属或还原性强的离子先失电子）：金属（要求活动性 Ag 及 Ag 以前）> S^{2-}>I^->Br^->Cl^->OH^->含氧酸根>F^-

阴极（按氧化性由强至弱）：Ag^+>Hg^{2+}>Fe^{3+}>Cu^{2+}>$H^+_{(酸)}$>Pb^{2+}>Sn^{2+}>Fe^{2+}>Zn^{2+}>$H^+_{(水)}$>Al^{3+}>Mg^{2+}>Na^+>Ca^{2+}>K^+

（5）电解总反应式的书写步骤：分电极、析溶液、判流向、定微粒、书电极、写方程

第2课时　电解原理的应用

一、教材分析

本节内容选自人教版高中《化学(选修4)》第四章“电化学基础”第三节“电解池”。依据课程标准“认识化学能与电能相互转化的实际意义及其重要应用”的要求，本节课安排“电解饱和食盐水、电解精炼铜、电镀和电冶金”等教学内容。

教科书首先介绍了电解饱和食盐水的工作原理，并写出其电极反应式和总反应方程式，以进一步加深学生对电解原理、电极反应式与总反应方程式的书写等有关知识的理解，同时教科书中以图片的形式展现了氯碱工业的生产车间，促进学生感知化学与工业生产的紧密联系。其次详细地介绍了电镀和电冶金的原理、目的等内容，同时以图片的形式展现生活中的电镀制品、电解精炼铜生产车间以及电解熔融氯化钠制钠的工业生产原理示意图，加强学生对化学与社会生产、生活紧密联系的认识。然后在“思考与交流”栏目中，运用表格对比原电池与电解池，以强化学生对有关知识的理解。最后在“科学探究”栏目中要求学生设计一套电解饱和食盐水的装置并进行实验，促进学生亲自体验科学探究的过程并实现知识的迁移与综合运用。

二、学情分析

通过上节课的学习，学生对电解原理有了一定的认识，已初步建立运用电解原理的有关知识分析与解决问题的思维模式，并能够正确书写电极反应式与总反应方程式。同时学生通过近一个学期的学习，已具备分析能力、观察能力和利用化学原理解决实际问题的能力，对化学与生产生活的紧密联系有较深刻的认识，这为本节课的学习奠定了知识与能力基础。

三、教学目标

知识与技能	(1) 了解氯碱工业、电镀、电冶金和电解精炼铜的装置构造。 (2) 理解并掌握氯碱工业、电镀、电冶金、电解精炼铜的电解原理
过程与方法	(1) 通过运用电解原理分析电解饱和食盐水中所发生的反应，强化分析能力与利用化学原理解决实际问题的能力。 (2) 通过对电解原理的应用，掌握逻辑推理的方法，熟悉归纳化学反应原理的过程和运用相关原理解决问题的演绎过程
情感态度与价值观	(1) 通过氯碱工业、电镀、电冶金、电解精炼铜与生产、生活实际的联系，强化将化学知识应用于生产生活中的意识。 (2) 通过电解原理应用的学习，养成勇于创新、积极实践的科学态度

四、教学重点与难点

(1) 教学重点：氯碱工业、电镀、电冶金、电解精炼铜的电解原理。

（2）教学难点：离子交换膜电解槽工作原理。

五、知识框架

- 电解原理的应用
  - 氯碱工业
    - 阴极：$2H^+ + 2e^- = H_2\uparrow$
    - 阳极：$2Cl^- - 2e^- = Cl_2\uparrow$
    - 总反应：$2Cl^- + 2H_2O \xlongequal{电解} H_2\uparrow + 2OH^- + Cl_2\uparrow$
      $2NaCl + 2H_2O \xlongequal{电解} 2NaOH + H_2\uparrow + Cl_2\uparrow$
    - 注意事项：避免 Cl_2 与 NaOH 溶液接触发生反应，使产品不纯
      避免生成物 H_2 和 Cl_2 混合遇火或遇强光易发生爆炸
  - 铜的电解精炼
    - 阴极：$Cu^{2+} + 2e^- = Cu$
    - 阳极：$Zn - 2e^- = Zn^{2+}$　$Fe - 2e^- = Fe^{2+}$　$Ni - 2e^- = Ni^{2+}$　$Cu - 2e^- = Cu^{2+}$
  - 电镀
    - 定义：利用电解原理在某些金属表面镀上一薄层其他金属或合金的过程
    - 装置
      - 阳极：镀层金属（与电源正极相连）
      - 阴极：待镀金属制品（与电源负极相连）
      - 电镀液：含镀层金属离子的溶液
    - 电极反应式
      - 阳极（镀层）：$M - ne^- = M^{n+}$
      - 阴极（待镀）：$M^{n+} + ne^- = M$
  - 电冶金
    - 电解熔融 NaCl 制取单质 Na
    - 电解熔融 $MgCl_2$ 制取单质 Mg
    - 电解熔融 Al_2O_3 制取金属 Al

六、教学过程

环节一：导入新课

【导入】上一节课中通过再探电解水的学习活动学习了电解原理的有关知识，化学与社会生产生活是密切联系的，电解原理是如何运用在实际生产与生活中？本节课就让我们一起来了解电解原理的应用。

【板书】4.3.2　电解池

二、电解原理的应用

环节二：展开新课

1. 氯碱工业

【提问】电解原理的一个重要应用就是运用在“氯碱工业”中，其中“氯”指的是氯气，“碱”指的是烧碱 NaOH，即工业生产中，能够运用电解原理来生产氯气和烧碱，请同学们思考，运用电解原理制取氯气和烧碱的原理是什么？

【提问】在一个 U 型管中装入饱和食盐水，用一根碳棒作阳极，一根碳棒作阴极，然后接通直流电源进行电解。请同学们思考以下三个问题：电解池的两极各产生什么现象？若在两极附近均滴加酚酞试液，会有什么现象？怎样初步检验两极产物？

【实验演示】 按如下图所示的实验装置，在 U 型管中装入饱和食盐水，用一根碳棒作阳极，一根碳棒作阴极，同时两边管中各滴入几滴酚酞溶液，并用湿润的淀粉-碘化钾试纸检验放出的气体，接通直流电源进行电解。电解一段时间后，在阴极附近收集反应产生的气体，点燃并在上方罩一个干冷烧杯。

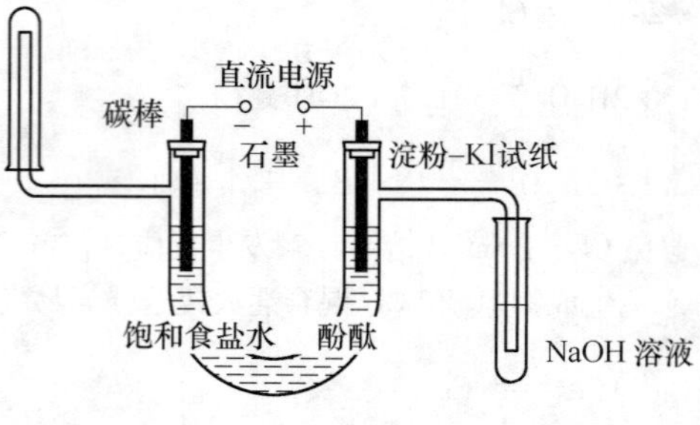

【讲述】 通过实验，我们发现两极均有气泡产生，说明两极上产生了气体，并且通过将湿润的淀粉-碘化钾试纸放置在阳极附近变蓝的现象，说明阳极产生了 Cl_2。然后通过点燃阴极收集的纯净气体并在上方罩一个干冷烧杯的操作，出现淡蓝色火焰且烧杯内壁上有水珠的现象，说明阴极产生了 H_2。在两极附近均滴加酚酞试液，阴极区域变红，而阳极区域则无明显变化，说明阴极附近溶液显碱性，产生了碱性物质，而阳极则没有。

【提问】 为什么会出现上述的现象呢？请同学们结合有关知识，分析产生这种现象的原因。

【讲述】 结合上节课学习的电解原理，我们知道饱和食盐水中含有的离子有 Na^+、Cl^-、H^+ 和 OH^-。当接通电源后会产生外加电场，Na^+ 与 H^+ 在外加电场作用下定向移动至阴极，根据阳离子放电顺序，H^+ 优先放电获得电子转变为 H_2，由于阴极区域上大量 H^+ 消耗的同时产生了大量的 OH^-，使溶液中 $c(OH^-)$ 大于 $c(H^+)$，故阴极区域溶液显碱性，滴入酚酞试液后变红。

【板书】（一）氯碱工业

1. 原理

（1）阴极：$2H^+ + 2e^- = H_2\uparrow$

【讲述】 而 Cl^- 与 OH^- 会在外加电场作用下定向移动至阳极，根据阴离子放电顺序，Cl^- 优先放电失去电子转变为 Cl_2，由于在该区域同时消耗 H^+ 与 OH^- 并且消耗量相同，反应过程中始终保持 $c(OH^-)$ 等于 $c(H^+)$，故阳极区域溶液呈中性，滴入酚酞试液后无明显现象。

【板书】（2）阳极：$2Cl^- - 2e^- = Cl_2\uparrow$

【讲述】 请同学们尝试写出该反应的总反应方程式。

【板书】（3）总反应：$2Cl^- + 2H_2O \xlongequal{电解} H_2\uparrow + 2OH^- + Cl_2\uparrow$

$$2NaCl + 2H_2O \xlongequal{电解} 2NaOH + H_2\uparrow + Cl_2\uparrow$$

【提问】 在氯碱工业生产中需要注意哪些问题？如何解决这些问题？

【讲述】 我们要注意避免 Cl_2 与 NaOH 溶液接触发生反应，使产品不纯；另外还要注意避免

生成物 H_2 和 Cl_2 混合，因为两者混合遇火或遇强光易发生爆炸。

【板书】2. 注意问题

(1) 避免 Cl_2 与 NaOH 溶液接触发生反应，使产品不纯

(2) 避免生成物 H_2 和 Cl_2 混合遇火或遇强光易发生爆炸

【投影】氯碱工业生产装置示意图

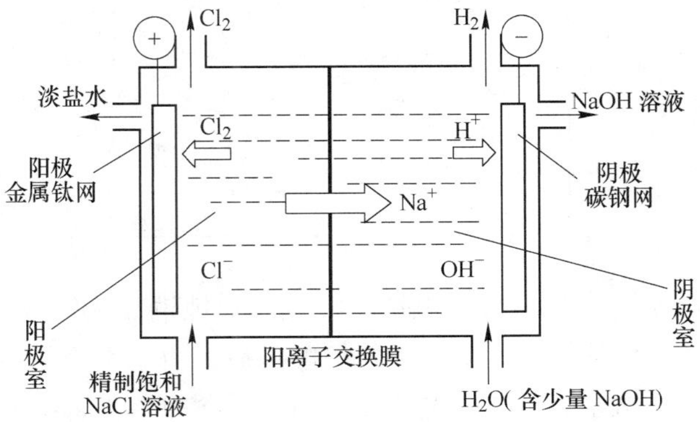

【讲述】为了解决上述问题，氯碱工业生产中通常会借助离子交换膜。离子交换膜只允许对应的离子通过，比如阳离子交换膜只允许阳离子通过，气体与阴离子则无法通过，此时能把电解槽隔成阴极室和阳极室。

【讲述】这个装置叫做离子交换膜电解槽。该装置中的阴极是碳钢网，阳极是金属钛网，中间使用的离子交换膜是阳离子交换膜，膜的左侧是阳极室，膜的右侧是阴极室。

【讲述】通常在阳极室通入精制的饱和 NaCl 溶液，阴极室通入含少量 NaOH 的水。当接通外接电源后，精制的饱和 NaCl 溶液中所含的 Cl^- 在阳极金属钛网上失电子生成 Cl_2，由于阳离子交换膜的存在，Na^+ 与 H^+ 能够在外加电场作用下，通过阳离子交换膜定向移动至阴极碳钢网处，Cl_2 与 Cl^- 则无法通过。

【讲述】在阴极区的 H^+ 在阴极碳钢网上得电子生成 H_2，并释放出大量 OH^-，从而在阴极室区域产生了大量的 NaOH，而且 H_2 与 OH^- 无法通过阳离子交换膜。通过刚才的分析，我们能够发现阳离子交换膜的使用有效地避免了 Cl_2 与 NaOH 溶液接触发生反应以及生成物 H_2 与 Cl_2 的混合。

2. 铜的电解精炼

【过渡】在生活中能够随处见到各种导线，我们都知道导线中有铜丝，铜是一种导电性良好的金属，这种金属一般在工业生产中是通过火法进行冶炼的。然而一般通过火法冶炼得到的粗铜中含有多种杂质（如锌、铁、镍、银、金等），这种粗铜的导电性远不能满足电气工业的要求，如果用以制作电线，就会大大降低电线的导电能力，因此必须利用电解的方法精炼粗铜。

【提问】已知粗铜中含有 Zn、Fe、Ni、Ag、Au 等杂质，试讨论如何通过电解的方法将粗铜提纯？阴、阳极上分别发生什么反应？

【投影】电解精炼铜的原理示意图

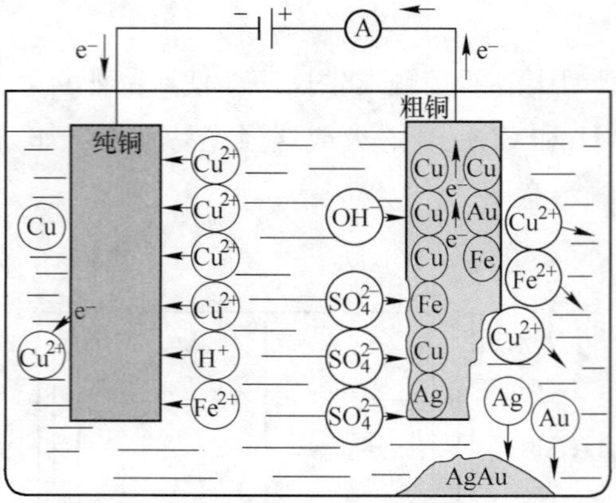

【讲述】通常是将粗铜作为阳极与电源正极相连，纯铜作为阴极与电源负极相连，$CuSO_4$溶液作为电解质溶液。当接通外接电源后，由于阳极是活泼金属作电极，根据放电顺序，活泼金属优先放电，故粗铜中所含的杂质 Zn、Fe、Ni 与金属 Cu 均失电子转变为 Zn^{2+}、Fe^{2+}、Ni^{2+} 与 Cu^{2+} 进入电解质溶液当中。然后 Zn^{2+}、Fe^{2+}、Ni^{2+} 与 Cu^{2+} 在外加电场的作用下发生定向移动转移至阴极，根据阴离子放电顺序，Cu^{2+} 优先放电转变为金属 Cu 附着在纯铜电极上。

【板书】（二）电解精炼铜

阴极：$Cu^{2+} + 2e^- = Cu$

阳极：$Zn - 2e^- = Zn^{2+}$　$Fe - 2e^- = Fe^{2+}$　$Ni - 2e^- = Ni^{2+}$　$Cu - 2e^- = Cu^{2+}$

【提问】电解完后，$CuSO_4$溶液的浓度有何变化？

【讲述】$CuSO_4$溶液的浓度是减小的。因为阳极粗铜中铜单质和活泼金属失去电子转变为金属阳离子进入 $CuSO_4$溶液中，电子经导线流向阴极，吸引溶液中阳离子定向移动至阴极，阳离子中 Cu^{2+} 氧化性较强，优先放电。由于提供的电子来自于粗铜中的活泼金属和铜单质两部分，一部分电子由粗铜中铜单质形成的铜离子获得，另一部分电子被 $CuSO_4$溶液中本身含有的铜离子获得，因此 $CuSO_4$溶液的浓度减小。

3. 电镀

【过渡】电解精炼后的铜能广泛运用在生产与生活当中。然而，通过九年级第八单元“金属与金属材料”的学习，我们知道每年因金属的腐蚀而造成的经济损失占国内生产总值的2%~4%，约合人民币3000亿元，因此我们必须重视金属的防护。在九年级学习的其中一种防护措施是电镀上一层耐腐蚀的金属，这里面有一个词“电镀”是大家一直以来都很陌生的。

【提问】请同学们思考，什么叫做电镀？

【板书】（三）电镀

1. 定义：利用电解原理在某些金属表面镀上一薄层其他金属或合金的过程

【投影】电镀的装置示意图

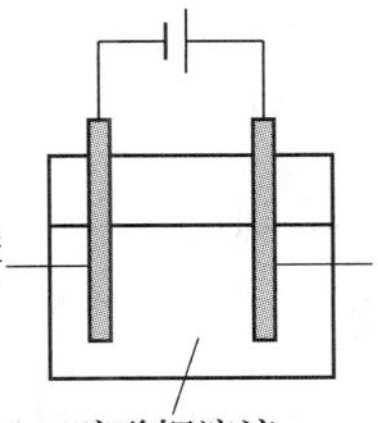

【讲述】现以铁片上镀铜为例进行说明。在这个装置中，铁片是待镀金属，也叫镀件，作阴极与电源负极相连；铜是镀层金属，铜片作阳极与电源正极相连；电解质溶液，又叫电镀液，为含镀层金属阳离子 Cu^{2+} 的 $CuSO_4$溶液。当接通外接电源后，阳极活泼金属 Cu 失去电子转变为 Cu^{2+} 进入电解质溶液中，并在外加电场的作用下定向迁移至阴极，然后 Cu^{2+}在阴极铁片上获得电子转变为金属铜附着在铁片上。

【副板书】阳极：$Cu - 2e^- = Cu^{2+}$

阴极：$Cu^{2+} + 2e^- = Cu$

【讲述】现在我们一起来总结电镀的原理及装置。一般来说，镀层金属作阳极与电源正极相连，待镀金属（镀件）作阴极与电源负极相连，电解质溶液（电镀液）为含镀层金属离子的溶液。

【板书】2. 装置

（1）阳极：镀层金属（与电源正极相连）

（2）阴极：待镀金属制品（与电源负极相连）

（3）电镀液：含镀层金属离子的溶液

【讲述】当接通外接电源后，镀层金属失去电子转变为镀层金属离子进入电解质溶液中，并在外加电场的作用下定向移动至阴极，然后在待镀金属上获得电子被还原为镀层金属附着在待镀金属上，此过程能够用电极反应式概括为以下内容。

【板书】3. 电极反应式

（1）阳极（镀层）：$M - ne^- = M^{n+}$

（2）阴极（待镀）：$M^{n+} + ne^- = M$

【提问】请同学们思考在电镀金属的过程中，电解液的成分有什么变化？

【讲述】在电镀的过程中，电镀液的成分及酸碱性是保持不变的。因为镀层金属中金属单质失去电子转变为金属阳离子进入电解质溶液中，电子经导线流向阴极，吸引溶液中阳离子定向移动至阴极。由于提供的电子完全来自于镀层金属，由阳极镀层金属转变来的镀层金属离子完全获得，因此电镀液的成分及酸碱性是保持不变的。

4. 电冶金

【提问】请同学们思考电解饱和 NaCl 溶液能否得到金属钠？

【讲述】通过前面的学习我们知道电解饱和 NaCl 溶液是不能得到金属钠的，得到的产物是烧碱、氢气和氯气。

【提问】该如何制取金属钠呢？

【讲述】在必修 2 中，我们已经学过，金属冶炼就是使矿石中的金属离子获得电子，从它们的化合物中还原出来，该过程可以表示为 $M^{n+} + ne^- = M$。对于金属钠、镁、铝这些活泼的金属来说，我们应该使用电解法进行金属的冶炼。

【提问】如何通过电解的方法得到金属钠？请同学们进行小组讨论。

【投影】电解熔融氯化钠的装置原理示意图

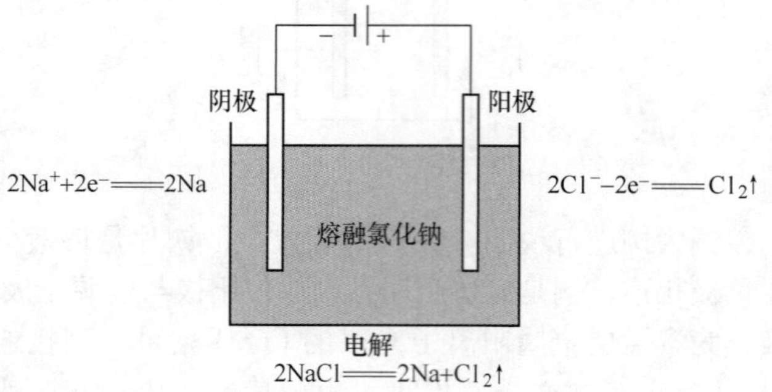

【讲述】在工业生产中通常通过电解熔融氯化钠得到金属钠，也就是说该电解装置中电解质为熔融氯化钠，电极为两个惰性电极。

【讲述】当接通电源后，熔融 NaCl 中所含的 Na^+在外加电场的作用下定向移动至阴极，在阴极上获得电子转变为金属钠；Cl^-则在外加电场的作用下定向移动至阳极，在阳极上失去电子转变为氯气。

【板书】（四）电冶金

1. 电解熔融的 NaCl 制取单质 Na

（1）阳极：$2Na^+ + 2e^- = 2Na$

（2）阴极：$2Cl^- - 2e^- = Cl_2\uparrow$

（3）总反应式：2NaCl（熔融）$\xlongequal{电解}$ $2Na + Cl_2\uparrow$

【讲述】在工业生产中，同样能运用相同的原理电解熔融的 $MgCl_2$制取单质 Mg。请同学们写出电解熔融 $MgCl_2$制取单质 Mg 的电极反应式和总反应方程式。

【板书】2. 电解熔融的 $MgCl_2$制取单质 Mg

（1）阳极：$Mg^{2+} + 2e^- = Mg$

（2）阴极：$2Cl^- - 2e^- = Cl_2\uparrow$

（3）总反应式：$MgCl_2$（熔融）$\xlongequal{电解}$ $Mg + Cl_2\uparrow$

【提问】能否通过电解熔融 $AlCl_3$制取单质 Al？为什么？

【讲述】金属 Al 不能通过电解熔融 $AlCl_3$制得，因为 $AlCl_3$是共价化合物，在高温熔融状态时是不能电离出自由移动离子的，因此不能通过电解熔融 $AlCl_3$制得单质 Al。

【讲述】在实际工业生产中，通常是通过电解熔融 Al_2O_3制取金属 Al 的。请同学们写出电解熔融 Al_2O_3制取单质 Al 的电极反应式和总反应方程式。

【板书】3. 电解熔融 Al_2O_3制取金属 Al

（1）阳极：$6O^{2-} - 12e^- = 3O_2\uparrow$

（2）阴极：$4Al^{3+} + 12e^- = 4Al$

（3）总反应式：$2Al_2O_3$（熔融）$\xlongequal[冰晶石]{电解}$ $4Al + 3O_2\uparrow$

【讲述】在该过程中会使用一种特殊的物质——冰晶石，其主要成分是六氟合铝酸钠（Na_3AlF_6），是一种助熔剂，用来降低 Al_2O_3的熔点。

环节三：归纳总结

【总结】 通过本节课的学习，我们了解了电解原理在工业生产中的应用，分别是氯碱工业、电镀、电冶金以及电解精炼铜。由此可见，化学与实际生产、生活是密不可分的，希望同学们能够时刻关注身边的化学知识，完成课本第 83 页的 4~6 题并预习下节课“金属的电化学腐蚀与防护”的有关内容。

七、板书设计

4.3.2 电解池

二、电解原理的应用

（一）氯碱工业

1. 原理

（1）阴极：$2H^+ + 2e^- = H_2\uparrow$

（2）阳极：$2Cl^- - 2e^- = Cl_2\uparrow$

（3）总反应：$2Cl^- + 2H_2O \xlongequal{电解} H_2\uparrow + 2OH^- + Cl_2\uparrow$

$2NaCl + 2H_2O \xlongequal{电解} 2NaOH + H_2\uparrow + Cl_2\uparrow$

2. 注意问题

（1）避免 Cl_2 与 NaOH 溶液接触发生反应，使产品不纯

（2）避免生成物 H_2 和 Cl_2 混合遇火或遇强光易发生爆炸

（二）电解精炼铜

阴极：$Cu^{2+} + 2e^- = Cu$

阳极：$Zn - 2e^- = Zn^{2+}$　$Fe - 2e^- = Fe^{2+}$　$Ni - 2e^- = Ni^{2+}$　$Cu - 2e^- = Cu^{2+}$

（三）电镀

1. 定义：利用电解原理在某些金属表面镀上一薄层其他金属或合金的过程

2. 装置

（1）阳极：镀层金属（与电源正极相连）

（2）阴极：待镀金属制品（与电源负极相连）

（3）电镀液：含镀层金属离子的溶液

3. 电极反应式

（1）阳极（镀层）：$M - ne^- = M^{n+}$

（2）阴极（待镀）：$M^{n+} + ne^- = M$

（四）电冶金

1. 电解熔融的 NaCl 制取单质 Na

（1）阳极：$2Na^+ + 2e^- = 2Na$

（2）阴极：$2Cl^- - 2e^- = Cl_2\uparrow$

（3）总反应式：2NaCl（熔融）$\xlongequal{电解} 2Na + Cl_2\uparrow$

2. 电解熔融的 $MgCl_2$ 制取单质 Mg

（1）阳极：$Mg^{2+} + 2e^- = Mg$

（2）阴极：$2Cl^- - 2e^- \xlongequal{} Cl_2\uparrow$

（3）总反应式：$MgCl_2$（熔融）$\xlongequal{电解} Mg + Cl_2\uparrow$

3. 电解熔融 Al_2O_3制取金属 Al

（1）阳极：$6O^{2-} - 12e^- \xlongequal{} 3O_2\uparrow$

（2）阴极：$4Al^{3+} + 12e^- \xlongequal{} 4Al$

（3）总反应式：$2Al_2O_3$（熔融）$\xlongequal[冰晶石]{电解} 4Al + 3O_2\uparrow$

第四节　金属的电化学腐蚀与防护

一、教材分析

本节内容选自人教版高中《化学(选修 4)》第四章“电化学基础”第四节“金属的电化学腐蚀与防护”。依据课程标准“能解释金属发生电化学腐蚀的原因，认识金属腐蚀的危害，通过实验探究防止金属腐蚀的措施”的要求，本节课安排了“金属的电化学腐蚀与防护”的教学内容。

教科书首先通过文字叙述与图片展示的方式介绍了金属腐蚀的危害，引起学生对了解金属腐蚀的原因和掌握防止金属腐蚀的方法的高度重视。其次详细介绍了金属腐蚀的概念、原理、分类等有关内容。然后以钢铁为例，在原电池原理的基础上重点阐述了金属电化学腐蚀的本质，以文字叙述、微观示意图与实验探究相结合的方式，主要介绍了钢铁的析氢腐蚀和吸氧腐蚀的原理，并用电极反应式与总反应方程式对两种常见的电化学腐蚀的原理进行了符号表达。最后在原电池原理与电解池原理的基础上，具体介绍了“金属的电化学防护”常见的两种方法（牺牲阳极的阴极保护法与外加电流的阴极保护法）的原理与具体措施，并在“科学探究”栏目中通过实验验证“牺牲阳极的阴极保护法”，加深学生对有关知识的认识与理解，同时在“实践活动”栏目中，通过开展查阅有关防治钢铁腐蚀方法的资料并进行交流的活动，培养学生信息搜集与处理的能力并拓宽学生的科学视野。

本节内容一方面是本章理论知识的实际应用，另一方面是对以往学生获取的零散知识的一个整理，既能促进学生体会到电化学知识在生产、生活等方面的重要作用，又能帮助学生对电化学基础知识进行巩固和深化。

二、学情分析

通过前面的学习，学生已经初步理解与掌握了原电池和电解池的有关知识，同时在九年级的学习过程中对金属腐蚀的有关知识有了一定的认识与理解，这为本节课相关教学活动的开展奠定了知识基础，但学生对电化学保护的有关知识并未了解。学生在生活中对金属腐蚀的危害已有所见闻，具备一定的分析问题、解决问题以及实验操作能力，这都为本节课分组实验和相关知识的学习奠定了能力和情感基础。

三、教学目标

知识与技能	（1）知道金属腐蚀的概念、本质及类型，认识金属腐蚀的危害。 （2）理解与掌握析氢腐蚀和吸氧腐蚀的电化学原理。 （3）知道防止金属腐蚀的常见方法，理解与掌握电化学防护的原理
过程与方法	（1）通过分组进行“金属腐蚀”的模拟实验，学会通过实验探究的方法学习化学知识，强化实验探究的能力。 （2）通过在“宏-微-符”视角下学习电化学腐蚀的有关知识，进一步强化化学“三重表征”的思维方法

续表

情感态度与价值观	（1）通过学习金属的电化学腐蚀的有关知识，形成“要一分为二的看待事物”的辩证唯物主义思想。 （2）通过分组实验探究金属腐蚀的原因，形成小组合作学习的团队意识，养成实事求是的科学精神，树立正确的科学态度

四、教学重点和难点

（1）教学重点：金属的电化学腐蚀及金属的电化学防护。

（2）教学难点：钢铁发生吸氧腐蚀和析氢腐蚀的电化学原理。

五、知识结构

- 金属的电化学腐蚀与防护
  - 金属腐蚀
    - 定义：金属或合金跟接触的物质直接发生氧化还原反应而腐蚀损耗的过程
    - 本质：金属失去电子转变为金属离子的过程，即 $M - ne^- \xlongequal{} M^{n+}$
    - 类型
      - 化学腐蚀
        - 定义：金属与接触到的干燥气体或液体直接发生氧化还原反应而引起的腐蚀
        - 影响因素：温度越高，化学腐蚀的速度越快
      - 电化学腐蚀
        - 定义：不纯金属与电解质溶液接触，形成原电池，使金属失去电子被氧化而引起的腐蚀
        - 类型
          - 析氢腐蚀
            - 定义：金属在较强酸性溶液中发生腐蚀并有氢气产生的电化学腐蚀
            - 原理
              - 负极：$Fe - 2e^- \xlongequal{} Fe^{2+}$
              - 正极：$2H^+ + 2e^- \xlongequal{} H_2\uparrow$
              - 总反应式：$Fe + 2H^+ \xlongequal{} Fe^{2+} + H_2\uparrow$
          - 吸氧腐蚀
            - 定义：金属在酸性很弱或中性溶液里，空气里的氧气溶解于金属表面水膜中而发生的一种电化学腐蚀
            - 原理
              - 负极：$2Fe - 4e^- \xlongequal{} 2Fe^{2+}$
              - 正极：$O_2 + 2H_2O + 4e^- \xlongequal{} 4OH^-$
              - 总反应式：$2Fe + O_2 + 2H_2O \xlongequal{} 2Fe(OH)_2$
  - 金属的防护
    - 改变金属的内部结构
    - 形成保护层：非金属涂层、金属的氧化处理、电镀保护层
    - 改善腐蚀环境
    - 金属的电化学防护
      - 牺牲阳极的阴极保护法：形成原电池反应时，让被保护金属做正极，不反应，起到保护作用，而活泼金属反应受到腐蚀
      - 外加电流的阴极保护法：将被保护金属与另一附加电极作为电解池的两个极，使被保护的金属作为阴极，在外加直流电的作用下使阴极得到保护，常用于防止土壤、海水及水中金属设备的腐蚀

六、教学过程

环节一：新课导入

【导入】通过前面的学习，我们能够认识到原电池与电解原理运用在生活生产中能够带来极大的便利与发展。然而事物总是有两面性的，尽管原电池与电解原理的运用给我们的生产生活带来了便利与发展，但是它们也存在着对我们生产生活不利的一面，请同学们阅读一则材料。

【投影】

> **阅读：你有何感想？**
>
> **金属腐蚀**
>
> 我国作为世界上钢铁产量最多的国家（2005 年全国生产钢材 37117.02 万吨），每年被腐蚀的铁占到我国钢铁年产量的十分之一，因为金属腐蚀而造成的损失占到国内生产总值的 2%~4%；约合人民币：3000 亿元（ 2005 年我国国内生产总值将达 15 万亿元）。根据各国调查结果，一般说来，金属腐蚀所造成的经济损失大致为该国国民生产总值的 4%左右。另据国外统计，金属腐蚀的年损失远远超过水灾、火灾、风灾和地震（平均值）损失的总和，在这里还不包括由于腐蚀导致的停工、减产和爆炸等造成的间接损失。金属腐蚀的主要危害，不仅在于金属本身的损失，更严重的是金属制品结构损坏所造成的损失比金属本身要大到无法估量。腐蚀不仅造成经济损失，也经常对安全构成威胁。国内外都曾发生过许多灾难性腐蚀事故，如飞机因某一零部件破裂而坠毁；桥梁因钢梁产生裂缝而塌陷；油管因穿孔或裂缝而漏油，引起着火爆炸；化工厂中储酸槽穿孔泄漏，造成重大环境污染；管道和设备跑、冒、滴、漏，破坏生产环境，有毒气体如 Cl_2、H_2S、HCN 等的泄漏，更会危及工作人员和附近居民的生命安全。

【讲述】金属的腐蚀给社会生产带来了巨大的经济损失。在日常生活中，我们经常可以看到一些美丽的金属器皿使用一段时间后会失去表面的光泽，如铁器会生锈，铜器会出现铜绿等。同学们可否想过，为什么金属会发生腐蚀？该如何进行防护？本节课就让我们一起来学习“金属的电化学腐蚀与防护”的有关内容。

【板书】4.4　金属的电化学腐蚀与防护

环节二：展开新课

1. 金属的腐蚀

【过渡】金属发生化学腐蚀的现象是什么呢？下面就让我们一起通过实验来进行探究。

【分组实验】分别对两支试管进行标号，然后分别在试管 1 和试管 2 中加入 5mL 稀硫酸；然后在试管 1 中加 1g 纯铁粉，在试管 2 中加 1g 纯铁粉和 0.5g 炭粉。仔细观察实验现象并思考以下三个问题：

(1) 哪一支试管中产生气泡的速度快？

(2) 分析试管 1 和 2 中产生气泡速度不同的原因？

(3) 你能否联系过去所学的原电池知识进行分析实验 1 与实验 2 的差异原因？

【讲述】通过实验，我们能够观察到两支试管均会产生气泡，但试管 1 中比试管 2 中产生气泡速度慢，主要原因是试管 1 中发生的仅仅是铁与硫酸直接的置换反应，试管 2 中加入碳粉后，满足了原电池组成的条件——铁与碳粉形成两个电极，其他铁与它们接触形成外电路，浸泡在硫酸溶液之中，形成了无数的微型原电池，发生原电池反应，加快了该反应的化学反应速率。

【讲述】刚才的这个实验模拟的就是金属腐蚀的过程。无论是试管 1 还是试管 2，均是金属与接触的液体发生氧化还原反应的过程，在化学中我们将金属或合金跟接触的气体或发生氧化还原反应而腐蚀损耗的过程叫做金属的腐蚀，其本质是金属失去电子转变为金属离子的过程。

【板书】一、金属的电化学腐蚀

1. 金属的腐蚀

(1) 定义：金属或合金跟接触的物质直接发生氧化还原反应而腐蚀损耗的过程

(2) 本质：金属失去电子转变为金属离子的过程，即 $M - ne^- = M^{n+}$

【讲述】在刚才的实验中，试管 1 中演示的是金属与接触到的液体直接发生化学反应而引起腐蚀的过程，像这种金属与接触到的干燥气体或液体而直接发生化学反应而引起的腐蚀叫做化学腐蚀。一般来说，温度越高，化学腐蚀的速度越快。

【板书】2. 化学腐蚀

(1) 定义：金属与接触到的干燥气体或液体等直接发生氧化还原反应而引起的腐蚀

(2) 影响因素：温度越高，化学腐蚀的速度越快

【讲述】试管 2 中演示的是不纯金属与电解质溶液接触，形成原电池，使金属失去电子被氧化而引起的腐蚀，像这种腐蚀在化学中叫做电化学腐蚀。

【板书】3. 电化学腐蚀

(1) 定义：不纯金属与电解质溶液接触，形成原电池，使金属失去电子被氧化而引起的腐蚀

【讲述】刚才我们提到，试管 2 中演示的是铁因形成原电池而发生了电化学腐蚀，请同学们绘制出实验 2 中一个微型原电池的装置图。

【投影】微型原电池装置图

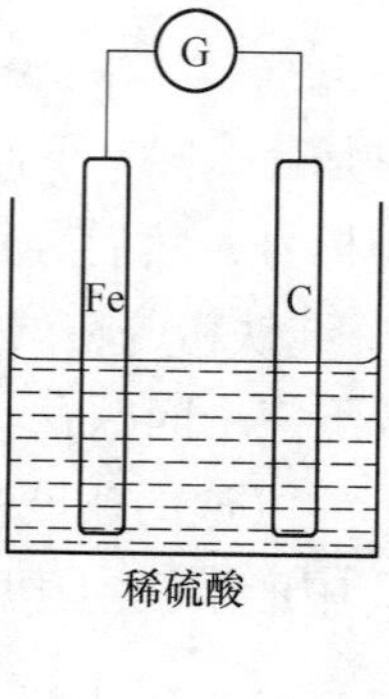

稀硫酸

【讲述】通过这个模拟实验装置，我们可以看到这种腐蚀是铁在较强酸性环境中发生的，并且产生了氢气，我们将金属在较强酸性溶液中发生腐蚀并有氢气产生的电化学腐蚀叫做析氢腐蚀。

【板书】（2）类型

1）析氢腐蚀

定义：金属在较强酸性溶液中发生腐蚀并有氢气产生的电化学腐蚀

【提问】如何对上述原电池装置中铁电极和碳电极上发生的反应进行描述呢？

【讲述】在该装置中铁作负极，Fe 失去电子转变为 Fe^{2+}，其电极反应式为 $Fe-2e^- = Fe^{2+}$；碳作为正极，溶液中 H^+ 在正极上得到电子转变为 H_2，其电极反应式为 $2H^+ +2e^- = H_2\uparrow$；两个电极反应式相加即得到总反应的离子方程式 $Fe+2H^+ = Fe^{2+}+H_2\uparrow$，而这三个反应式就是析氢腐蚀的原理。

【投影】析氢腐蚀原理示意图

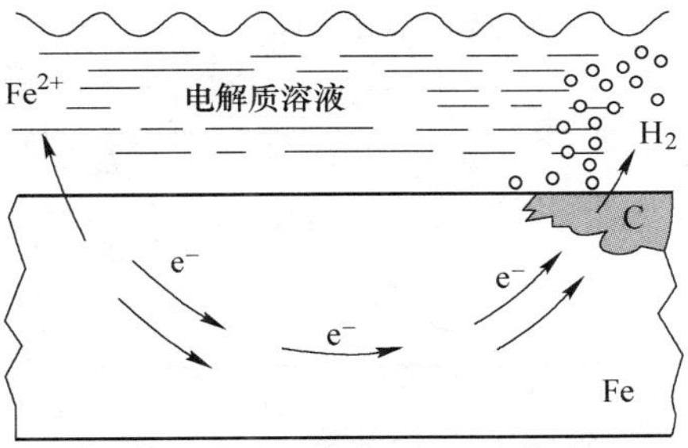

【讲述】钢铁在潮湿的空气中表面形成一层水膜，水膜又溶解了 CO_2、SO_2、H_2S 等气体，使水膜中含有一定的 H^+，于是就形成了酸性水膜，然后钢铁、少量的碳和酸性水膜构成了原电池，于是就发生了铁的析氢腐蚀。

【板书】原理

负极：$Fe - 2e^- = Fe^{2+}$

正极：$2H^+ + 2e^- = H_2\uparrow$

总反应式：$Fe + 2H^+ = Fe^{2+} + H_2\uparrow$

【提问】金属的腐蚀造成了大量的经济损失，那么金属的电化学腐蚀仅仅只有析氢腐蚀吗？也就是说，这些金属始终都处在酸性环境之中吗？事实上，大多数金属都不会处在酸性较强的环境之中，那它们又是怎样被腐蚀的呢？

【讲述】生活中常见的金属多数是处在自然环境条件中的，有的金属是处于弱酸性或中性的潮湿环境条件中，但是仍然会被腐蚀。下面我们来进行一个实验，看看它们被腐蚀的原因是什么。

【实验】将经过酸洗除锈的铁钉，用饱和食盐水浸泡一下，放入下图的具支试管中，几分钟后，观察导管中水柱的变化。

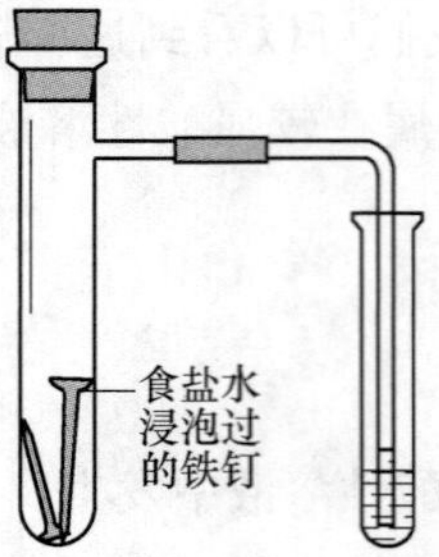

【讲述】通过实验，我们看到导管中有水柱上升，铁钉表面有铁锈产生。该现象说明大试管内气体压强减小，有气体参加反应。

【讲述】在刚才的这个实验中，装置中铁、碳和饱和食盐水构成了原电池，发生了一种特殊的电化学腐蚀——吸氧腐蚀。

【过渡】吸氧腐蚀是怎样的一种电化学腐蚀呢？接下来让我们一起来学习“吸氧腐蚀”。

【投影】吸氧腐蚀微观原理示意图

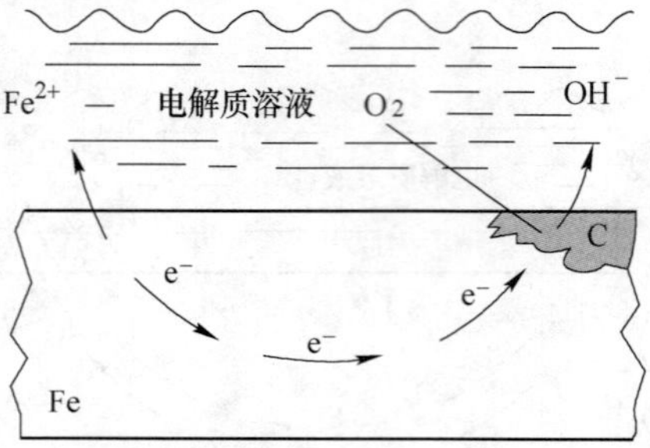

【讲述】通过观察示意图，我们能够发现通常情况下，在潮湿的空气中，钢铁表面凝结一层溶解有氧气的水膜，通常呈中性或弱酸性，它与钢铁中的碳和铁形成了多个微小的原电池。该腐蚀是一种金属在酸性很弱或中性溶液里，空气里的氧气溶解于金属表面水膜中而发生的电化学腐蚀。

【板书】2）吸氧腐蚀

定义：金属在酸性很弱或中性溶液里，空气里的氧气溶解于金属表面水膜中而发生的一种电化学腐蚀

【讲述】在该微小的原电池中，Fe 作负极，失去电子发生氧化反应转变为 Fe^{2+}；C 作正极，O_2获得电子，发生还原反应转变为 OH^-，该腐蚀过程的总反应式则为 $2Fe + O_2 + 2H_2O = 2Fe(OH)_2$。

【板书】原理

负极：$2Fe - 4e^- = 2Fe^{2+}$

正极：$O_2 + 2H_2O + 4e^- = 4OH^-$

总反应式：$2Fe + O_2 + 2H_2O = 2Fe(OH)_2$

【讲述】一般情况下，析氢腐蚀与吸氧腐蚀同时存在，只是吸氧腐蚀比析氢腐蚀更为普遍。

【提问】在刚才的实验中，我们看到铁钉上产生了铁锈，铁锈的主要成分是 Fe_2O_3，在吸氧腐蚀中为什么会产生 Fe_2O_3呢？

【讲述】吸氧腐蚀的产物 $Fe(OH)_2$会进一步被氧化为 $Fe(OH)_3$，$Fe(OH)_3$会进一步分解生成铁锈的成分 $Fe_2O_3 \cdot xH_2O$，该过程能够用化学方程式表示为以下形式。

【副板书】$4Fe(OH)_2 + O_2 + 2H_2O = 4Fe(OH)_3$

$2Fe(OH)_3 = Fe_2O_3 \cdot xH_2O + (3-x)H_2O$

2. 金属的电化学防护

【过渡】相信通过刚才的介绍，同学们对金属腐蚀的电化学原理以及金属腐蚀的危害有了深刻地认识。既然金属腐蚀对我们的社会生活、生产带来了危害，我们必须采取相应的措施来进行金属的防护，那么具体该怎么做呢？接下来，就让我们一起来学习“金属的防护”。

【提问】在九年级化学学习第八单元金属与金属材料时，老师已经给同学们介绍过金属防护的一些措施，请同学们回想一下，在九年级我们学过哪些金属防护的措施呢？

【讲述】在实际社会生产生活中，我们常常采用的金属防护措施有以下几种方法：

（1）改变金属的内部结构。即根据不同的用途选择不同的材料组成耐蚀合金，或在金属中添加合金元素，提高其耐腐蚀性，如在钢中加入镍制成不锈钢。

（2）形成保护层。即在金属表面覆盖各种保护层，把被保护的金属与腐蚀性介质隔开，是防止金属腐蚀的有效方法，常采用以下方法：非金属涂层，即用非金属物质如油漆、塑料等涂覆在金属表面上形成保护层；金属的氧化处理，即金属经过浓硝酸等强氧化剂钝化后，表面形成一层致密的膜，保护内层金属不被腐蚀；电镀保护层，即利用电镀原理镀上一层纯金属，从而不能形成原电池，保护了内层金属。

（3）改善腐蚀环境，比如保持铁制品表面干燥和洁净等等。

【板书】二、金属的防护

1. 改变金属的内部结构

2. 形成保护层：（1）非金属涂层；（2）金属的氧化处理；（3）电镀保护层

3. 改善腐蚀环境

【过渡】尽管金属能够因电化学原理而发生腐蚀，但是事物总是有两面性的，我们不能因为金属会因电化学原理发生腐蚀造成危害，就全盘否定电化学原理给我们社会生产生活带来的好处，同样也能够运用电化学的原理进行金属的防护。

【板书】4. 金属的电化学防护

【讲述】通过前面的学习，我们知道金属在发生电化学腐蚀时，总是作为原电池的负极（阳极）的金属被腐蚀，作为正极（阴极）的金属不被腐蚀。如果能让被保护金属成为正极（阴极），则该金属就不会被腐蚀。要达到这个目的，通常采用“牺牲阳极的阴极保护法”和“外加电流的阴极保护法”两种方法。首先我们来学习“牺牲阳极的阴极保护法”。

【投影】牺牲阳极的阴极保护法原理示意图

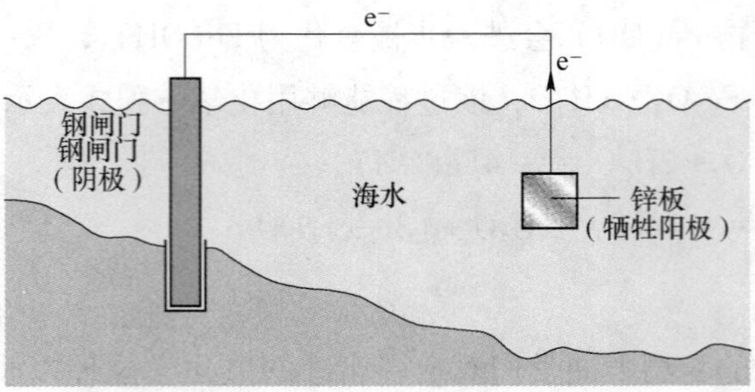

【讲述】通常是在被保护的钢铁设备上装上若干镁合金或锌块。镁、锌比铁活泼，它们就成为了原电池的负极（阳极），不断遭受腐蚀，定期予以拆换，而作为正极（阴极）的钢铁设备就被保护了下来。其利用的原理是形成原电池反应时，让被保护金属作正极不反应，起到保护作用，而活泼金属因反应受到腐蚀。

【板书】（1） 牺牲阳极的阴极保护法

原理：形成原电池反应时，让被保护金属作正极不反应，起到保护作用，而活泼金属因反应受到腐蚀

【过渡】刚才的“牺牲阳极的阴极保护法”运用的是原电池原理进行金属的电化学防护，接下来，我们来学习另一种运用电解池原理来进行金属电化学防护的方法——外加电流的阴极保护法。

【投影】外加电流的阴极保护法原理示意图

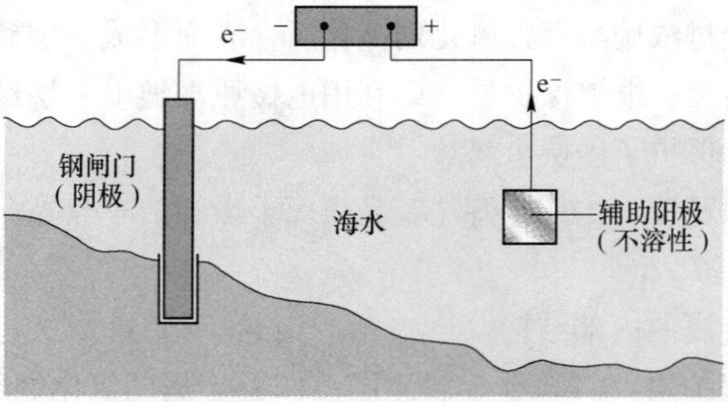

【讲述】通常是将被保护的钢铁闸门作为阴极，用惰性电极作为辅助阳极，两者均存在于电解质溶液（海水）里，接外加直流电源。通电后，电子被强制流向被保护的钢铁设备，使钢铁表面腐蚀电流降至零或接近于零，从而起到保护作用。

【讲述】该方法运用的原理是将被保护金属与另一附加电极作为电解池的两个极，使被保护的金属作为阴极，在外加直流电的作用下使阴极得到保护，此法主要用于防止土壤、海水及水中金属设备的腐蚀。

【板书】（2） 外加电流的阴极保护法

1）原理：将被保护金属与另一附加电极作为电解池的两个极，使被保护的金属作为阴极，在外加直流电的作用下使阴极得到保护

2）用途：防止土壤、海水及水中金属设备的腐蚀

环节三：归纳总结

【总结】本节课我们学习了金属的腐蚀与防护的有关内容。金属被腐蚀后，在外形、色泽以及机械性能方面就会发生变化，从而使机器设备、仪器、仪表的精度、灵敏度降低，直至报废。同时还会使桥梁、建筑物的金属构架强度降低而造成坍塌等危害。因此，我们必须采取相应的措施来防止金属的腐蚀，通常采用改变金属的内部结构、形成保护层、改善腐蚀环境和金属的电化学防护来防护金属，而金属的电化学防护通常采用“牺牲阳极的阴极保护法”和“外加电流的阴极保护法”两种方法。请同学们课后复习本节课的有关内容，并完成课本第 83 页的 1、2、4、5、6 题。

七、板书设计

4.4　金属的电化学腐蚀与防护

一、金属的电化学腐蚀

1. 金属的腐蚀

（1）定义：金属或合金跟接触的物质直接发生氧化还原反应而腐蚀损耗的过程

（2）本质：金属失去电子转变为金属离子的过程，即 $M-ne^- = M^{n+}$

2. 化学腐蚀

（1）定义：金属与接触到的干燥气体或液体等直接发生氧化还原反应而引起的腐蚀

（2）影响因素：温度越高，化学腐蚀的速度越快

3. 电化学腐蚀

（1）定义：不纯金属与电解质溶液接触，形成原电池，使金属失去电子被氧化而引起的腐蚀

（2）类型

1）析氢腐蚀

定义：金属在较强酸性溶液中发生腐蚀并有氢气产生的电化学腐蚀

原理

负极：$Fe - 2e^- = Fe^{2+}$

正极：$2H^+ + 2e^- = H_2\uparrow$

总反应式：$Fe + 2H^+ = Fe^{2+} + H_2\uparrow$

2）吸氧腐蚀

定义：金属在酸性很弱或中性溶液里，空气里的氧气溶解于金属表面水膜中而发生的一种电化学腐蚀

原理

负极：$2Fe - 4e^- = 2Fe^{2+}$

正极：$O_2 + 2H_2O + 4e^- = 4OH^-$

总反应式：$2Fe + O_2 + 2H_2O = 2Fe(OH)_2$

续表

二、金属的防护 1. 改变金属的内部结构 2. 形成保护层：（1）非金属涂层；（2）金属的氧化处理；（3）电镀保护层 3. 改善腐蚀环境 4. 金属的电化学防护 （1）牺牲阳极的阴极保护法 原理：形成原电池反应时，让被保护金属作正极不反应，起到保护作用，而活泼金属因反应受到腐蚀 （2）外加电流的阴极保护法 1）原理：将被保护金属与另一附加电极作为电解池的两个极，使被保护的金属作为阴极，在外加直流电的作用下使阴极得到保护 2）用途：防止土壤、海水及水中金属设备的腐蚀

参 考 文 献

[1] 刘丽华，洪杰．整合教材厘清概念，提高思辨力——以“焓变反应热”概念教学为例［J］．学苑教育，2016（24）：94~95.

[2] 倪婷婷．化学反应热的计算［J］．数理化学习（高中版），2016（10）：60.

[3] 罗殿义．反应热（Q）与焓变（ΔH）解析［J］．中学生数理化（学习研究），2016（1）：68.

[4] 李伟．关于焓变的几个问题讨论［J］．中学化学，2015（10）：27~28.

[5] 尹红菊，侯能邦，李俊莉，王嘉麟．关于中和反应热测定的实验改进研究［J］．中学化学教学参考，2014（17）：54~55.

[6] 武海军．热化学方程式和盖斯定律［J］．中学化学，2014（3）：27~28.

[7] 彭冬香．高考中的热点——热化学方程式［J］．数理化解题研究（高中版），2012（6）：62~63.

[8] 陈绍麟．高考新考点——盖斯定律［J］．高中数理化，2011（17）：50~51.

[9] 王文震．“化学反应热的计算”教学设计［J］．化学教育，2010（S2）：45~47，135.

[10] 乔家健．盖斯定律及其应用［J］．中学生数理化（教与学），2010（12）：58.

[11] 唐纪轩．化学反应热的计算四法［J］．数理化学习（高中版），2010（15）：58~59.

[12] 李忠元．测定中和反应的反应热实验的教学设计［J］．实验教学与仪器，2009，26（10）：23~24.

[13] 张奉国．热化学方程式书写和应用中的误区［J］．中学生数理化（高二版），2009（9）：65~68.

[14] 刘志英．热化学基础（四） 反应热的计算［J］．中学化学教学参考，1981（Z1）：8~22.

[15] 中华人民共和国教育部．普通高中化学课程标准（实验）［S］．北京：人民教育出版社，2004：23~25.

[16] 宋心奇，何少华．普通高中课程标准实验教科书化学选修4化学反应原理［M］．北京：人民教育出版社，2004：16~90.

[17] 李朝东，李祥水，沈桂彬．教材解析高中化学选修4化学反应原理［M］．宁夏：宁夏人民教育出版社，2014：34~189.

[18] 左海芳，李建红，李菁华．教材解读高中化学选修4化学反应原理［M］．北京：人民教育出版社，2014：28~145.

[19] 任志鸿，刘庆端，朱小云，赵德钰．高中优秀教案化学选修4化学反应原理［M］．海南：南方出版社，2012：66~282.

[20] 王希俭．基于“问题化”理念下的“化学平衡移动”教学［J］．化学教学，2012（9）：42~44.

[21] 徐泓．“化学反应进行的方向”教学设计［J］．化学教学，2012（2）：30~31.

[22] 马夏君，张文华．对“化学平衡常数”教学的反思与探索［J］．化学教学，2014（3）：37~41.

[23] 何敬荣．人教版选修4“化学反应进行的方向”教学设计［J］．中学化学教学参考，2014（5）：33~34.

[24] 于鹰，吴培，刘刚．“外界条件对化学平衡的影响”教学设计［J］．化学教育，2010（增刊Ⅱ）：25~29.

[25] 张福涛．“原电池的工作原理”教学设计及课堂实录［J］．化学教育，2014（17）：13~17.

[26] 阳江．《原电池》教学设计及反思［J］．化学教与学，2013（7）：68~69.

[27] 胡琴艳，李铜．人教版选修4“原电池”教学设计［J］．教学仪器与实验，2013（8）：17~18.

[28] 黄明．人教版选修4“原电池”教学设计［J］．中学化学教学参考，2016（6）：29.

[29] 郑琳匀，束明华．人教版化学选修四化学反应原理第四章电化学基础第二节《化学电源》教学设计［J］．广西化工，2016（13）：292~293.

[30] 浪春英．《电解池》教学设计与反思［J］．中学生数理化（学研版），2013（4）：96~97.

[31] 朱征，刘江田．“电解池”教学实录与反思［J］．化学教学，2012（9）：36~38.

[32] 莘赞梅．促进学生“微粒观”建构和发展的教学研究——以人教版选修4“电解池”教学为例［J］．中学化学教学参考，2012（11）：7~9.
[33] 姬世熙．电解池教学设计［J］．学周刊，2013（10）：129.
[34] 刘亚俊，何彩霞．基于模型建构发展学生科学思维——以高中化学选修4“电解池”教学为例[J]．教学仪器与实验，2015（9）：13~18.
[35] 姚远远，陈凯．基于生活情境和微粒观实验表征的“电解池”教学［J］．化学教学，2013（2）：22~25.
[36] 吴殿更．以核心概念为本的“电解池”教学设计［J］．化学教育，2013（12）：41~43.
[37] 索金龙．以实验为素材 创认知冲突 教深层原理——以人教版选修4“电解池”教学为例［J］．教学仪器与实验，2015（3）：16~19.
[38] 高杰，刘银．“金属的电化学腐蚀与防护”的探究教学设计［J］．化学教育，2015（9）：26~29.
[39] 陆军．“金属的电化学腐蚀与防护”教学设计［J］．化学教学，2008（9）：42~44.
[40] 莘赞梅．“金属的防护与腐蚀”的教学设计［J］．中学化学教学参考，2011（3）：25~26.
[41] 辛鹤亮．《金属的腐蚀与防护》教学设计［A］．河北省教师教育学会第四届中小学教师教学设计论坛论文集［C］．河北省教师教育学会：河北省教师教育学会，2014.
[42] 何彩霞，莘赞梅．围绕化学概念本质的理解设计实验活动——以《金属的电化学腐蚀和防护》教学为例［J］．教学仪器与实验，2011（5）：6~9.